2017

한
류
백
서

2017
HALLYU WHITE PAPER

한류백서

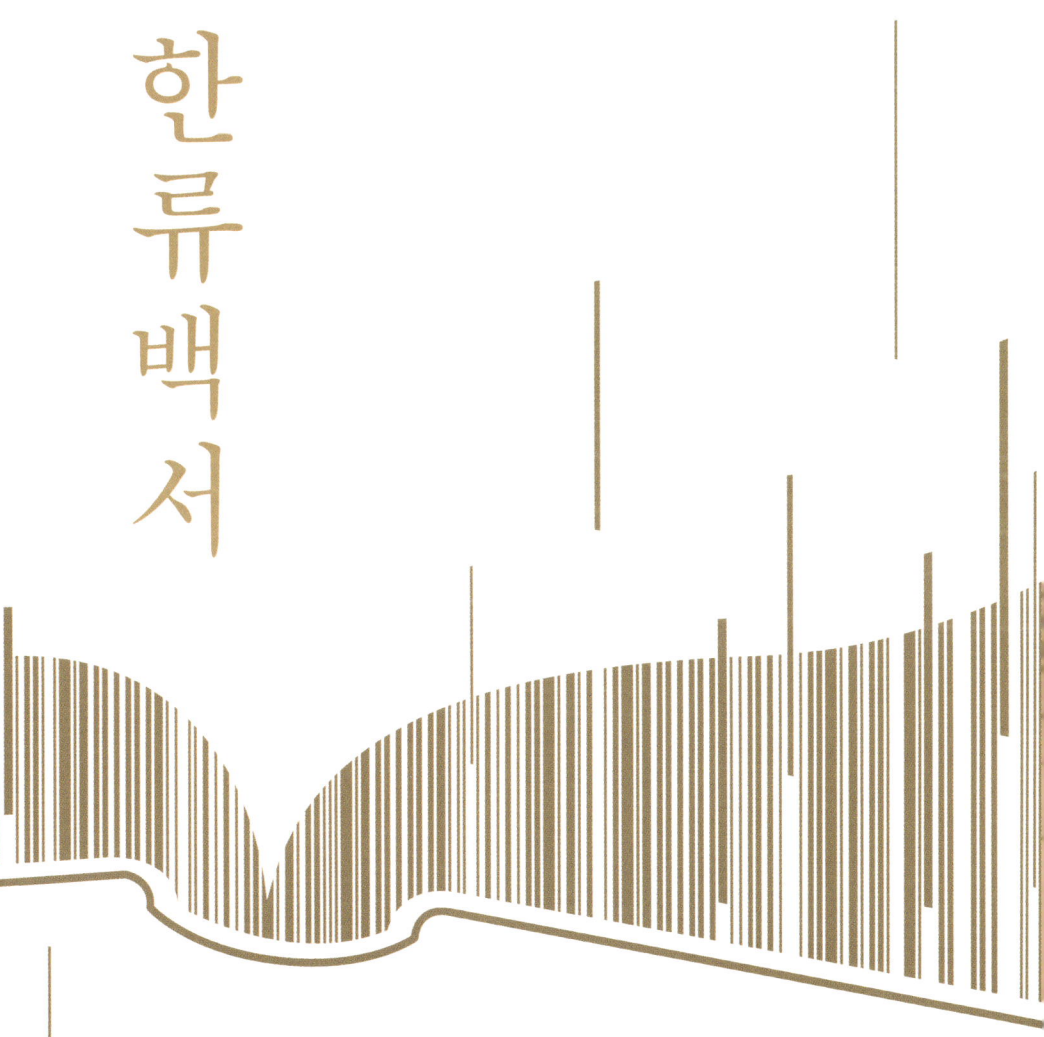

KOFICE

| 일러두기

1. 외래어 표기는 국립국어연구원 외래어 표기법을 기준으로 삼되, 용례집에 없는 경우 브리태니커 백과사전을 참고했습니다.

2. 신문, 잡지, 음반 명은 《 》, 기사, 영화, 노래, 방송 프로그램 명은 〈 〉, 단행본은 『 』, 논문, 보고서, 시, 소설 등 개별 작품은 「 」로 표기했습니다.

책머리에

'정말 사드 때문일까?'

사드THADD(고고도미사일방어체계) 배치에 발끈한 중국이 보복 차원에서 한한령限韓令을 내렸다는 소문이 정설이 된 한 해였습니다. 문화의 영역마저 정치 논리에 포함시키려는 중국 사회의 범정치화 현상은 '사드'와 '한한령'으로 그 상징성을 드러냈습니다. 그런데 돌이켜보면 아주 새로운 장면은 아닙니다. 외국산 콘텐츠 제한령인 한외령限外令이 발표된 때는 무려 6년 전인 2012년. 온라인 콘텐츠까지 규제하고 나선 것도 3년 정도 앞선 2015년의 일입니다. 중국발 악재로 고개 숙인 한류, 언젠가 보고 겪은 듯한 슬픈 기시감이었습니다.

하지만 슬픈 기시감도 때로는 무기가 됩니다. 수입은 않고 수출만 하는 한류 채권주의, 한국 만세를 외치는 한류 민족주의 모순을 해제하려는 움직임이 그 증거입니다. 그 덕에 중국 이외의 동아시아를 새롭게 상상하는 일도 곳곳에서 마련됐습니다. 꽉 막힌 문화교류의 혈을 뚫고 합리적인 대안을 찾아 공생의 샛바람을 불러일으키는 일, 결론은 하나였습니다.

사려 깊은 분석과 적극적인 사유에 나서자.

INTRO

『2017 한류백서』는 방송, 영화 등 대중문화 콘텐츠에서 음식, 관광과 같은 소비재에 이르기까지 10대 한류 핵심 분야를 세밀하게 추적한 보고서입니다. 단행본의 외피를 빌려 대중에게 쉽게 다가가려 애쓰는 한편, 촘촘한 분석도 놓치지 않았습니다. 성공 사례의 백화점식 나열 대신 쟁점을 다루기에 집중한 것도 그런 이유에서입니다. 핵심 진출국과 진출 경로는 물론, 콘텐츠 수출 규모와 확산 정도를 나타나는 객관적인 데이터를 허리 삼아 현재 한류의 위치를 반추했습니다. 2018년도 한류를 예측하는 데는 정책과 산업, 두 개의 관점이 동원됐고, 소망 아닌 전망의 방식을 취했습니다.

한류의 본질이 '교류'라는 점을 떠올린다면, 서로를 올바로 바라볼 기회는 끊이지 않아야 합니다. 2008년『한류총서』로 시작해『한류백서』(2013~2015),『한류 메이커스』(2016)를 지나 다시『한류백서』로 돌아왔습니다. 이들 모두 과거 한류를 돌아보는 후시경이자, 당대 한류를 진단하고 미래 한류를 예측하는 계기판으로 그 역할을 다해왔습니다. 이번 백서에도 스무 명에 달하는 한류 관련 산·학·연 전문가, 진흥원 연구진이 참여해 분야별 한류의 면면을 쉽게 살필 수 있도록 했습니다.

D U C T I O N

  빠르게 사느라 잊고 있었던 반성의 연속은 우리를 더욱 성숙하게 만듭니다. 한류의 꼴을 있는 그대로 바라보는 작업이 우선이고, 그것이 여실히 파악된다면 다음 단계로 나아갈 수 있습니다. 사드에 집착하는 사람들이 우리를 헷갈리게 하는 상태를 방치하지 말고, 우리의 노력과 선택을 그들에게 이야기할 때입니다. 한류의 시세와 처지가 어떠한가를 차근차근 살펴보는 것으로 그 일을 시작해보려 합니다.

2018년 4월
한국국제문화교류진흥원 원장 김 용 락

목차

책머리에

0 | 한류 연대기 _10

1 | 글로벌 한류 트렌드 _18

2 | 분야별 한류 동향
_ 6대 대중문화 콘텐츠 분석

방송 한류 | 글로벌 한류 확장, 방송 콘텐츠로 제2의 도약을 꿈꾸다 _29
영화 한류 | 한국 영화 기술, 중국을 향하다 _63
음악 한류 | K-팝, 더 넓은 세계로 _91
공연 한류 | 은근하게, 위대하게 _127
게임 한류 | 게임 한류의 새 지평을 연 〈배틀그라운드〉 _159
만화 한류 | 웹툰, 만화 한류의 중심에 서다 _185

C O N T E N T S

3 | 분야별 한류 동향
_4대 소비재·서비스 산업과 콘텐츠 기업 분석

패션 한류 | 차이나 플러스와 커뮤니티형 플랫폼 속에서 재도약을 꿈꾸다 _ 213

뷰티 한류 | 혁신 기술과 만난 뷰티 한류, 글로벌 시장 도약의 해 _ 237

음식 한류 | 편견을 뛰어넘어 다양화·다각화로 승부한다 _ 269

관광 한류 | 관광 한류韓流 vs. 관광 한류寒流 _ 293

콘텐츠 기업 분석 | 카지노 기업·드라마 제작사·영화 제작사·엔터테인먼트사·아이돌 그룹 _ 331

참고 자료 _ 349

0 | 한류 연대기

한류 연대기

1993년부터 2017년까지

1993

방송
- 드라마 〈질투〉 중국 수출

1996

방송
- 드라마 〈파일럿〉, 〈화려한 휴가〉, 〈질투〉 일본 TVQ 규슈 방송(10월, 시청률 1~2%)

1997

방송
- 드라마 〈별은 내 가슴에〉 중국, 대만, 홍콩 PhonixTV 방영
- 드라마 〈사랑이 뭐길래〉 중국 CCTV 방영, 역대 수입 외화 사상 최고 시청률 2위 기록(4.3%)

음악
- 김완선 대만앨범 《지두메이리》極度魅力 10주 연속 1위 기록

1998

방송
- 드라마 〈느낌〉, 〈첫사랑〉 등 베트남서 인기리에 방영

음악
- 클론 대만 공연 성공리 개최
- H.O.T.(5월) 중국 내 한국 음반 제1호 앨범 《행복》 공식 발표, 출시 한 달 만에 5만 장 이상 판매고 기록

1999

음악
- 클론 중국 북경 단독 콘서트 개최(11월)

'한류韓流' 용어, 1998년 중국 《북경청년보》에서 "한국의 유행이 밀려온다"는 의미로 처음 언급

2000

방송
- 드라마 〈대장금〉 이영애 주연 대만 GTV 방영

음악
- H.O.T. 중국 북경에서 단독 콘서트 개최(2월)

영화
- 영화 〈쉬리〉 일본 개봉(1월), 120만 명 관람으로 18.5억 엔약 185억 원 흥행 수익, 비디오 출시 15억 엔약 150억 원 수익 기록

2001

음악
- 보아 일본 진출(5월 30일) 싱글앨범 《ID:Peace B》 발매, 오리콘 주간 싱글차트 20위권 진입

영화
- 〈엽기적인 그녀〉 중국 DVD 출시

2002

방송
- 한일 합작 드라마 〈프렌즈〉 원빈 주연 일본 TBS 방영 (2월 4~5일)

음악
- 보아 일본 첫 정규 음반 《Listen to My Heart》 오리콘 앨범 차트 1위(100만 장 판매, 3월 30일)

2003

방송
- 드라마 〈겨울연가〉 배용준, 최지우 주연 일본 NHK-BS2 방영(4월~9월)/재방송(12월)

2004

방송
- 드라마 〈겨울연가〉 일본 NHK-2TV 방영(4월), 관동지역 20.6%, 관서지역 23.8% 시청률 기록

- 드라마 〈대장금〉 일본 NHK 방영

영화
- 영화 〈올드보이〉 박찬욱 감독 칸영화제 심사위원 대상 수상

2005

방송
- 드라마 〈대장금〉 홍콩 TVB 방영, 최고 시청률 47% 기록
- 드라마 〈풀하우스〉 정지훈, 송혜교 주연 태국 방영 최종회 74% 시청률 기록

음악
- 동방신기 일본 데뷔(4월 27일)
- 보아 베스트앨범 《Best of Soul-Perfect Edition》 밀리언셀러 기록
- 장나라 중국음반협회 주관, 골든디스크상 수상

영화
- 영화 〈봄 여름 가을 겨울 그리고 봄〉 김기덕 감독 폴란드 영화인협회 최우수작 선정

- 영화 〈내 머리 속의 지우개〉 이재한 감독, 정우성·손예진 주연 일본 상영 30억 엔약 300억 원 흥행 수익 달성

2006

방송
- 드라마 〈대장금〉 이란 국영 TV IRIB Ch2 방영(10월), 최고 시청률 90% 기록

음악
- 비 《타임TIME》지 발표 '세계에서 가장 영향력 있는 100인' 선정

영화
- 영화 〈왕의 남자〉 이준익 감독 프랑스 도빌아시아영화제 심사위원상 수상
- 영화 〈괴물〉 봉준호 감독 프랑스 전역 223개 상영관 개봉 65만 805달러 약 7억 1,588만 원 수입

2007

영화
- 영화 〈괴물〉 봉준호 감독 미국 116개 극장 개봉 220만 달러 약 24억 2,000만 원 수입

- 영화 〈밀양〉 이창동 감독의 전도연, 한국 배우 최초 칸 영화제 여우주연상 수상

2008

방송
- 드라마 〈아내의 유혹〉 장서희 주연 몽골 방영 시청률 80% 기록
- 드라마 〈대장금〉 헝가리 국영방송국 MTV 방영 시청률 30~37% 기록

음악
- 동방신기 일본 오리콘차트 싱글 1위 최다 기록

- 보아 미국 진출 선언(10월), 《Eat You Up》 디지털 싱글 발매(미국 음악사이트 아이튠스iTunes 댄스 부문 2위)

2009

방송
- 드라마 〈주몽〉 송일국 주연 이란 방영 최고 시청률 85% 기록

음악
- 빅뱅 일본 데뷔(6월) 《My Heaven》 첫 주 2만 6,000장 판매(오리콘 주간 3위 기록)
- 동방신기 '4th 라이브투어 2009~더시크릿코드~파이널 인 도쿄돔' DVD 일본 오리콘 영상 부문 종합차트 1위 기록
- 원더걸스 미국 데뷔 〈노바디 Nobody〉 빌보드 '핫Hot 100' 76위 기록(10월 22일)

영화
- 〈과속 스캔들〉 강형철 감독, 차태현 주연 홍콩 개봉 첫 주 박스오피스 4위 기록

2010

방송
- 드라마 〈아이리스〉 이병헌·김태희 주연 지상파 TBS 황금시간대 방영(저녁 9시)
- 드라마 〈미남이시네요〉 장근석 주연 일본 후지TV 방영, 동시간대 시청률 1위 기록

음악
- 소녀시대, 카라 일본 데뷔

영화
- 이창동 감독 영화 〈시〉 칸 국제영화제 경쟁 부문 진출 각본상 수상

2011

음악
- 슈퍼주니어Super Junior 대만 KKBOX 차트 최장기간 1위 기록(63주)
- 〈SM타운 월드 투어 라이브 인 파리〉 개최(6월 10~11일, 관객 1만 4,000명)

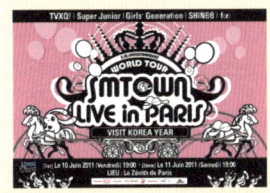

2012

음악
- 싸이 정규 앨범 6집 《강남스타일》 미국 빌보드 차트 '핫 100' 7주 연속 2위 기록, 세계 최초 유튜브 조회 수 10억 건 달성(12월 22일)

- 세계 최대 K-Culture 페스티벌 〈KCON〉 개최(미국)

영화
- 영화 〈피에타〉 김기덕 감독 세계 3대 영화제 베니스영화제 '황금사자상' 수상

✈ 한국 방문 외래관광객 수 사상 첫 1,000만 명 돌파 (1,113만 명)

2013

방송
- 드라마 〈대장금〉 10주년 전 세계 87개국 수출

음악
- 싸이 〈젠틀맨GENTLEMAN〉 뮤직비디오 2013년 유튜브 최다 조회 동영상 기록(6억 뷰 돌파)
- 엑소EXO 정규 1집 앨범 《XOXO(Kiss&Hug)》 100만 장 판매 돌파

2013

영화
- 영화 〈설국열차〉 봉준호 감독 프랑스 개봉(10월 30일)을 시작으로 전 세계 167개국 판매, 총 2,000만 달러약 220억 원 흥행 수입

- 해외 한류 동호회 78개국 987개, 회원 수 928만 명

- 세종학당 52개국 120개소 운영

2014

방송
- 드라마 〈별에서 온 그대〉 전지현·김수현 주연 중국 온라인 동영상 사이트 아이치이 爱奇艺, iQiyi 조회 수 40억 뷰 돌파

- 예능 프로그램 〈런닝맨〉, 〈나는 가수다〉, 〈1박 2일〉, 〈아빠! 어디가?〉 포맷 중국 수출 확대

음악
- 싸이 〈강남스타일〉 유튜브 최대 조회 수 21억 돌파(5월 31일)

- 한류 수지·개인·문화·여가 서비스 수지 12년 만에 흑자 기록, 9억 5,000만 달러약 1조 450억 원 달성(전년 대비 30.6% 증가)

2015

음악
- 엑소EXO 미국 빌보드 '2015년 연말 결산 차트2015 Year End Charts' 내 '월드 앨범World Albums' 부문 K-팝 앨범 사상 최초 TOP 10 진입 (8위)

영화
- 영화 〈국제시장〉 윤제균 감독, 황정민·김윤진 주연 북미 43개 극장 상영 228만 달러 약 25억 원 흥행 기록

 아모레퍼시픽 매출 1조 원 달성

 외래관광객 3년 연속 1,000만 명 기록

2016

방송
- 드라마 〈태양의 후예〉 송중기·송혜교 주연 중국 온라인 동영상 사이트 아이치이 25억 7,000뷰 돌파

- 〈꽃보다 할배〉 한국 예능 프로그램 최초 미국 수출 및 리메이크판 〈Better Late than Never〉 NBC 방송국 동시간대 시청률 1위 달성

음악
- 방탄소년단BTS 미국 빌보드 앨범 차트 '빌보드 200' 내 한국 가수 최고 순위(26위) 달성

영화
- 영화 〈부산행〉연상호 감독, 공유·정유미 주연 30개국 개봉, 4,600만 달러약 506억 원 매출 달성

- 영화 〈아가씨〉박찬욱 감독, 김민희·김태리·하정우·조진웅 주연 한국 영화 최다 수출 기록(176개국)

- 영화 〈수상한 그녀〉황동혁 감독, 나문희·심은경 주연 중국판 〈20세여 다시 한 번〉 역대 한중 공동제작 영화 최고 흥행(1,200만 명, 약 657억 원) 기록, 총 8개 언어로 제작

✈ 외래 관광객 역대 최대 1,700만 명 돌파

2017

방송
- 드라마 〈굿닥터〉 미국 리메이크판 〈The Good Doctor〉, ABC 방송국 평균 시청자 수 1,740만 명. 첫 회 시청률 2.2% 동시간대 1위 기록

음악
- 방탄소년단 '2017 빌보드 뮤직어워드Billboard Music Awards 2017' 톱 소셜 아티스트 부문 수상(5월), '2017 아메리칸뮤직어워드American Music Awards 2017' 출연(11월), 빌보드 연말 결산 '2017톱 아티스트' 차트 10위 등극(12월)

- 트와이스TWICE, 일본 NHK 〈홍백가합전〉 출연. 오리콘 차트 연간 랭킹 '신인 부문' 3관왕 차지(2017년도 신인 아티스트 토털 세일즈, 신인 아티스트 싱글 랭킹, 신인 아티스트 앨범 랭킹)

영화
- 영화 〈옥자〉봉준호 감독, 틸다 스윈튼·폴 다노·안서현 주연 미국 《뉴욕타임스》 선정 올해 최고의 영화 TOP 10, 제70회 칸국제영화제 경쟁 부문 후보 진출

👤 해외 한류 동호회 92개국 1,594개, 회원 수 7,312만 명

📖 세종학당 54개국 171개소 운영

1 | 글로벌 한류 트렌드

1. 한국 연상 이미지

K-팝 > 북한 > IT산업 > 드라마 > 한식

한국하면 떠오르는 이미지 1위는 'K-팝(16.6%)'이었다. 지난 6차 조사에서 응답 비율이 크게 감소했던 'K-팝'이 다시 1위로 상승하였으며, 그 외의 연상 이미지들은 모두 10% 이하로 나타났다.

단위(%)

7차 (2017년 11월)	K-팝 12.1	북한 8.5	IT 산업 7.7	드라마 7.6	한식 7.5
6차 (2016년 11월)	한식 12.5	K-팝 12.1	IT 산업 10.2	드라마 9.9	북한 7.8
5차 (2015년 11월)	K-팝 20.1	한식 12.1	IT 산업 9.7	드라마 9.5	미용 9.2
4차 (2014년 11월)	K-팝 17.2	한식 10.5	IT 산업 10.4	드라마 9.9	미용 7.9
3차 (2014년 2월)	IT 산업 14.5	K-팝 12.0	한식 10.7	드라마 8.4	한국전쟁 6.0
2차 (2012년 11월)	한식 15.8	드라마 12.9	전자제품 12.3	K-팝 12.0	한국전쟁 7.9
1차 (2012년 2월)	드라마 18.3	K-팝 14.9	한식 14.5	전자제품 14.0	한국전쟁 6.7

- 아시아 : K-팝 18.7%
- 미주 : K-팝 22.6%
- 유럽 : 북한 11.5%
- 중동 : K-팝 15.0%
- 아프리카 : 북한 15.5%

2. 한류 콘텐츠 유형별 인기 요인

TV드라마
- 배우의 매력적인 외모 14.7%
- 스토리가 짜임새 있고 탄탄함 12.8%

온라인·모바일 게임
- 그래픽·그림 21.9%
- 게임 플레이 방식 및 게임 구성 21.1%

예능 프로그램
- 재밌는 게임 및 소재 사용 15.0%
- 한국 생활 및 문화에 대한 간접 경험 13.1%

패션·뷰티
- 품질이 우수 17.0%
- 제품 종류 및 스타일이 다양 15.7%

영화
- 스토리가 짜임새 있고 탄탄함 14.8%
- 배우의 매력적인 외모 13.1%

한식
- 한식의 맛 23.6%
- 한국의 전통적인 식사 문화 16.7%

K-팝
- 가수·그룹·아이돌의 매력적인 외모와 스타일 14.8%
- 중독성 강한 후렴구와 리듬 14.7%

도서(출판물)
- 한국 문화만의 독특함 17.4%
- 한국 생활 및 문화에 대한 간접 경험 16.0%

애니메이션·만화·캐릭터
- 그림체, 색채, 그래픽 등의 영상미 19.5%
- 캐릭터 생김새·디자인 14.9%

3. 가장 인기 있는 한류 콘텐츠

대중적인 인기가 가장 높은 한류 콘텐츠는 '한식(42.7%)'이며, 다음은 '패션·뷰티(39.8%)', 'K-팝(38.9%)' 순으로 나타났다.

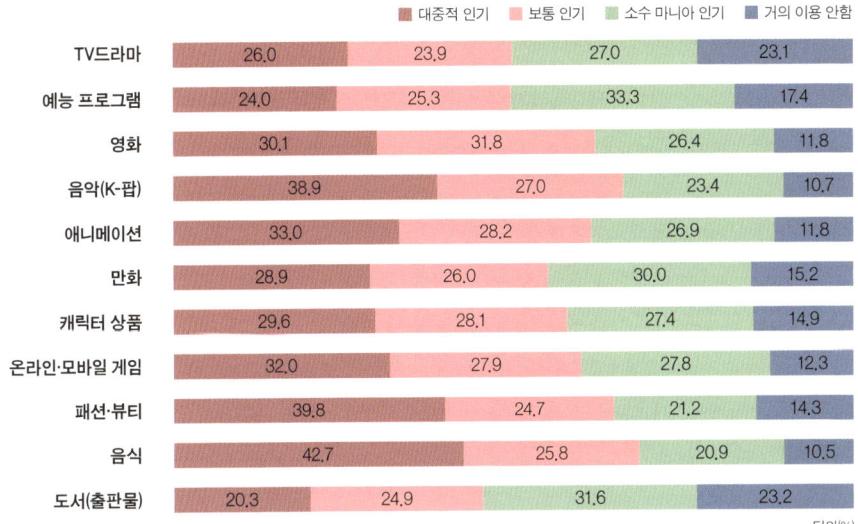

4. 한류 콘텐츠 접촉 경로

온라인·모바일 스트리밍의 강세

작년에 비해 무료 온라인·모바일 스트리밍을 이용하여 콘텐츠를 시청하는 사람들이 늘어난 것으로 나타났다. 영상 콘텐츠 영역(드라마, 예능, 영화)은 여전히 TV를 통해 콘텐츠를 시청하는 비중이 가장 높았으나, 작년에 비해 온라인·모바일 스트리밍 이용자가 증가했다. 애니메이션과 음악은 무료 온라인 스트리밍, 캐릭터·만화·게임·도서는 온라인을 통해 콘텐츠를 접하는 비중이 가장 높은 것으로 나타났다.

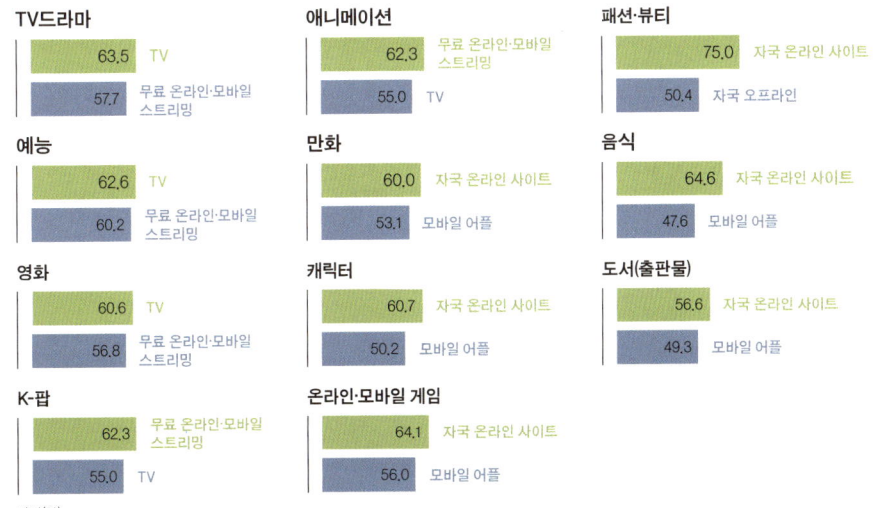

5. 한류 콘텐츠 미래 소비 심리

한국 대중문화 관심도 및 소비지출 의향 지속될 전망

한류 콘텐츠에 대한 관심

전체 응답자의 82.7%가 1년 후 한류 콘텐츠에 대한 관심이 비슷 또는 증가할 것으로 예상하였으며, 이는 2016년에 비해 2.1% 증가한 수치이다.

관심도와 소비지출 의향이 앞으로 증가할 것이라는 응답비중이 높은 국가

인도, 인도네시아, 브라질, 태국

한류 콘텐츠에 대한 소비지출 의향

전체 응답자의 83.4%가 1년 후 한류 콘텐츠에 대한 소비지출 의향이 비슷 또는 증가할 것으로 예상하였으며, 이는 2016년에 비해 3% 증가한 수치이다.

관심도와 소비지출 의향이 앞으로 증가할 것이라는 응답비중이 낮은 국가

일본, 프랑스, 영국, 호주

6. 만나고 싶은 한류 스타 Top 5

싸이 > 이민호 > 송중기 > 송혜교 > 방탄소년단

싸이
전 세계 한류 팬들이 가장 만나고 싶어 하는 한류 스타는 싸이었다. 특히 미주(13.6%), 유럽(13.5%), 아프리카(16%)에서 여전히 싸이의 인기가 뜨거웠다.

송중기·송혜교
중화권에서는 여전히 송중기와 송혜교의 인기가 높았다. 중국에서는 각각 9.6%, 12.8%로 나타났으며, 대만에서도 6.3%와 9.3%로 한류 스타 중 가장 인기가 높았다.

방탄소년단
방탄소년단은 올해 처음으로 인기 순위 Top 5에 이름을 올렸다. 미주(4.9%)와 유럽(2.5%), 그중에서도 특히 브라질(5.8%), 프랑스(5.0%), 영국(4.0%)에서 인기 있는 한류 스타였다.

이민호
이민호는 아시아(9.4%) 지역과 중동(12.8%) 지역에서 가장 만나고 싶은 한류 스타로 꼽혔다. 작년에 이어 인도네시아 한류 팬들의 인기를 독차지하고 있으며, 중국, UAE, 인도에서도 10%를 웃도는 인기를 보였다.

7. 선호하는 한국 캐릭터 Top 5

뿌까 > 뽀로로 > 라바 > 또봇 > 로보카 폴리

올해는 작년에 비해 한국 캐릭터에 대한 선호도가 높아졌으며, 작년에 이어 '뿌까(29.3%)'가 가장 인기 있는 한국 캐릭터로 꼽혔다. 그리고 '뽀로로(15.1%)', '라바(14.2%)', '또봇(9.1%)', '로보카 폴리(8.9%)' 등 어린이 애니메이션에 등장하는 캐릭터들의 인기가 높았다.

뿌까	뽀로로	라바	또봇	로보카 폴리
미주	아시아, 아프리카, 중동	아시아	아프리카, 중동	유럽
미국 43.0%	말레이시아 22.2%	태국 38.6%	남아공 18.2%	러시아 16.8%
브라질 55.2%	남아공 17.8%, UAE 17.5%	인도네시아 37.1%	UAE 12.6%	프랑스 11.7%

8. 한류 콘텐츠 이용 시 불편한 점

공용어나 자국어 등 다국어로 된 정보 부족

전년도에 이어 '공용어나 자국어 등 다국어로 된 정보 부족(32.8%)'이 한류 콘텐츠 이용에 있어 가장 불편한 점이었으며, '한국 대중문화를 경험할 수 있는 기회 자체 부족(20.7%)', '한국 대중문화 관련 상품을 구매할 수 있는 곳이 부족(17.5%)', '경험하기에 콘텐츠 가격이 비쌈(16.2%)', '콘텐츠 자막·더빙이 부족하거나 불완전(11%)'이 그 뒤를 이었다.

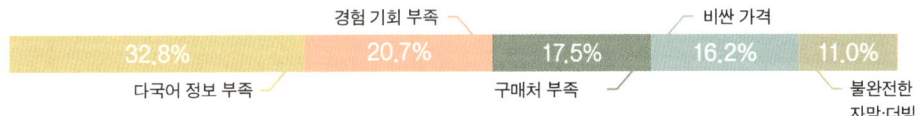

- 다국어 정보 부족 32.8%
- 경험 기회 부족 20.7%
- 구매처 부족 17.5%
- 비싼 가격 16.2%
- 불완전한 자막·더빙 11.0%

9. 한류 콘텐츠 소비에 대한 한국 관련 이슈의 영향

한국 관련 주요 이슈들이 한류 콘텐츠 소비에 상당한 영향을 미치는 것으로 나타났으며, 해외 한류 팬들이 압도적으로 많이 접해본 한국 이슈는 '북한의 핵·미사일(70.4%)'이었다.

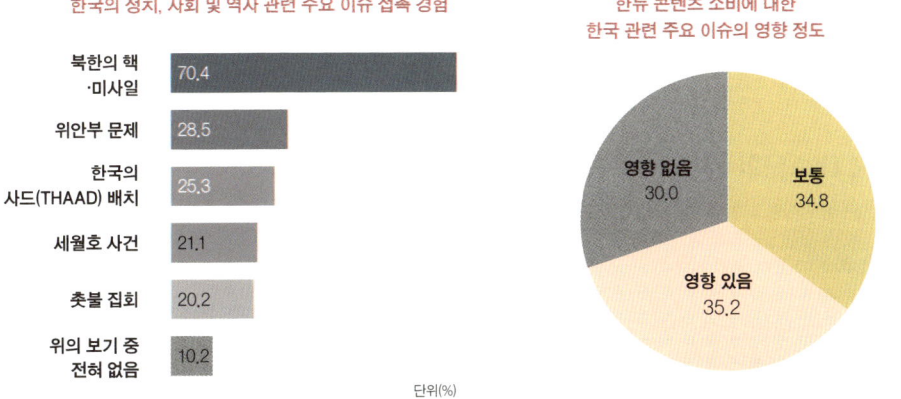

한국의 정치, 사회 및 역사 관련 주요 이슈 접촉 경험
- 북한의 핵·미사일 70.4
- 위안부 문제 28.5
- 한국의 사드(THAAD) 배치 25.3
- 세월호 사건 21.1
- 촛불 집회 20.2
- 위의 보기 중 전혀 없음 10.2

단위(%)

한류 콘텐츠 소비에 대한 한국 관련 주요 이슈의 영향 정도
- 보통 34.8
- 영향 있음 35.2
- 영향 없음 30.0

10. 한류 콘텐츠에 대한 부정적 인식과 원인

한류 콘텐츠에 대한 부정적 인식에 대한 공감도 31.0%, 전년 대비 10% 증가
중국, 인도, 태국, 프랑스, 미국 등의 국가에서 한류 콘텐츠에 대한 부정적 인식에 대한 공감도가 상대적으로 두드러졌다.

한류 콘텐츠 부정적 인식 공감도 상·하위 5개국

상위 5개국

- 중국 49.4%
- 인도 41.3%
- 태국 40.3%
- 프랑스 37.5%
- 미국 35.6%

단위(%)

부정적 인식 공감 이유

'남북분단 및 북한의 국제적인 위협관련 보도'가 가장 큰 이유였고, 그다음은 '콘텐츠가 지나치게 상업적', '한국과의 정치 및 외교적 갈등' 순으로 나타났다. 북한에 대한 이슈로 인해 한국 콘텐츠에 관한 부정적 인식 형성에 대해 크게 공감하는 지역은 유럽(20.9%), 아프리카(20.5%), 미주(17.8%)였다. '한국과의 정치 외교적 갈등'은 작년과 마찬가지로 중국(17.8%)과 일본(20.3%)에서 상대적으로 높은 이유로 나타났다.

- 러시아 14.3%
- 남아공 22.0%
- 인도네시아 23.3%
- 일본 23.6%
- 대만 24.8%

하위 5개국

부정적 인식 공감 이유

남북 분단 및 북한의 국제적인 위협 관련 보도	콘텐츠가 지나치게 상업적	한국과의 정치 및 외교적 갈등	자국 콘텐츠 산업의 보호 필요	한국과의 역사적인 관계
17.4%	14.0%	11.3%	11.3%	10.5%

11. 한국 대중문화 경험 이후 한국에 대한 인식 변화

한국의 콘텐츠를 경험한 이후 한국에 대한 인식이 긍정적으로 변했다고 응답한 비율은 60.4%였다. 인도, 브라질, 태국, 인도네시아 등에서 한류 콘텐츠를 접한 후 한국에 대한 인식이 긍정적으로 변화했다는 응답률이 70%이상이었던 데에 반해, 일본에서는 26.8%로 매우 낮게 나타났다.

■ 긍정 변화(4+5점)　■ 변화 없음(3점)　■ 부정 변화(1+2점)

| 60.4% | 34.3% | 5.3% |

HALLYU TREND

2017
HALLYU
WHITE
PAPER

2 | 분야별 한류 동향

_6대 대중문화 콘텐츠 분석

방송 한류

영화 한류

음악 한류

공연 한류

게임 한류

만화 한류

방송 한류

글로벌 한류 확장, 방송 콘텐츠로 제2의 도약을 꿈꾸다
한국콘텐츠진흥원 방송유통지원팀 책임연구원 김영수

2017 HALLYU WHITE PAPER

방송 한류 현황

방송 한류, 글로벌 한류 확산의 일등 공신

한류 20년을 대표하는 콘텐츠로 방송, 그중에서도 한국 드라마를 꼽는 것에 이의를 제기할 사람은 아마도 없을 것이다. 글로벌 한류의 시작을 알린 MBC 드라마 〈사랑이 뭐길래〉의 1997년 중국 방영 이후, 약 20여 년 동안 〈가을동화〉, 〈겨울연가〉, 〈대장금〉, 〈별에서 온 그대〉, 〈태양의 후예〉 등의 드라마가 연이어 히트를 치면서 콘텐츠 수출 시장 성장과 한류 진흥에 기여했다. 특히 〈대장금〉은 동아시아에 국한되던 방송 한류를 중동·미주·아프리카·유럽 등 세계 각지로 광범위하게 확장시키는 한편, 음식·복장·생활상·의학 등 다양한 전통문화를 결합해 한류의 가능성을 보여주었다는 측면에서 방송 한류의 '마루'로 평가된다.*

방송이 한류의 꽃이라는 사실은 여러 곳에서 증명된다. 국내에서 2013년 말부터 2014년 초까지 방영되었던 〈별에서 온 그대〉는 회당 3만 5,000달러(약 3,850만 원)에 중국판 넷플릭스인 아이치이(愛奇藝, iQIYI)와 계약, 조회 수 37억 회에 달하는 등 큰 성공을 거뒀다. 2016년에는 〈태양의 후예〉가 또다시 종전의 흥행 기록을 갈아치웠다. 총 32여 개국에

---

* 드라마 〈대장금〉은 세계 91개국에 수출됐으며, 이란 86%, 헝가리 40%, 홍콩 47% 등의 높은 시청률은 물론 수출액 130억 원, 생산유발 효과 1,119억 원 등 총 경제가치가 3조 원에 이르는 것으로 나타났다(제1차 K-컬처 정책포럼, 2015).

수출되어 판매액만 100억 원에 이를 만큼 역대 최고의 흥행을 올렸다. 아이치이에서도 40억 뷰 조회 수 기록과 1조 원 이상의 경제적 파급 효과*를 낸 바 있다.

2016년 상반기는 〈태양의 후예〉를 시작으로 방송 드라마 한류가 강세를 보였지만, 2017년은 방송 한류의 최대 소비국인 중국의 유통 규제 강화(온라인 플랫폼 사전심의제 도입 등)와 사드 배치에 따른 한한령 여파로 수출 환경이 급속히 냉각되었다. 한편, 버라이어티 등 오락물과 드라마 포맷에서 수출 호조세와 중국·일본 등으로 편중되던 방송 한류 진출 시장이 미국·동남아 등에서의 관심과 수요로 연결된 것은 방송 한류 외연 확장에 있어 긍정적인 신호이기도 하다. 특히 드라마 〈굿닥터〉의 미국판 〈The Good Doctor〉는 현지 평균 시청자 수가 1,740만 명에 달했다. 완성 콘텐츠가 아닌 포맷 수출을 통한 미국 시장 진출이라는 측면에서 2017년 방송 한류의 새로운 전기를 마련했다고 평가할 수 있다.

방송 콘텐츠 수출 규모는 회복세

2015년 다소 감소했던 지상파방송 콘텐츠 수출이 2016년 들어 회복세로 돌아섰다. 2015년의 수출 감소세는 수출입 통계를 시작한 1997년 이래 처음 있는 일로, 지상파방송 수출이 큰 폭으로 감소한 것으로

---

* 직접 수출로는 중국 400만 달러(약 44억 원), 일본 160만 달러(약 18억 원) 등의 수익을 올렸다. 32개국에 수출되어 관련 소비재 및 한류 관광 수출액 약 1,480억 원, 자동차 수출액 약 1,500억 원, 이를 통한 생산유발액 약 6,000억 원 등 직·간접 광고 효과까지 감안하면 약 1조 원 이상으로 평가된다(한국수출입은행, 2016).

나타났다. 2015년에도 방송채널사용사업의 수출은 증가했지만 방송 콘텐츠 수출의 80% 이상을 차지하는 지상파방송의 수출 실적 악화가 부정적 영향을 미쳤다. 하지만 2016년에는 지상파방송 수출이 소폭 성장한 데 반해 방송채널사용사업은 큰 폭으로 성장했다. 전자는 주요 수출 대상국 비중이 여전히 중국과 일본에 치우쳐 있지만, 후자는 미국을 비롯한 여러 국가로 판매 비중이 확대됨은 물론, 다양한 국가로 포맷 수출도 활발히 이뤄져 특정 지역 편중 현상이 줄어들었다.

국내 방송 콘텐츠 수출액은 크게 지상파방송, 방송채널사용사업, 방송영상독립제작사로 구분할 수 있다. 2016년 기준, 지상파방송, 방송채널사용사업(해외교포 지원방송·비디오/DVD 판매·타임블럭·포맷·방송프로그램 포함), 방송영상독립제작사의 수출 총액은 전년 대비 28.3% 증가한 4억 1,121만 달러(약 4,523억 3,100만 원)를 기록했다.

이 중 지상파방송과 방송채널사용사업의 2016년 총수출액은 3억 4,731만 달러(약 3,820억 4,100만 원)로 전체 방송 콘텐츠 수출액의 84.5% 비중을 차지한 가운데 2015년에 2014년 대비 8.3% 감소했으나, 2016년에는 전년 대비 13.3% 증가한 2억 7,852만 달러(약 3,063억 7,200만 원)를 기록했다. 같은 기간 방송채널사용사업의 수출은 22.3% 증가한 6,879만 달러(약 756억 6,900억 원)로 나타났다. 지상파방송의 방송 콘텐츠 수출은 드라마와 오락 분야가 호조를 보였고, 방송채널사용사업은 다큐멘터리, 드라마 분야가 두각을 나타냈다.

한편, 방송영상독립제작사의 2016년 수출액은 6,391만 달러(약 703억 원)로 전체 방송 콘텐츠 수출액의 15.5%의 비중에 불과했으나 2015년 1,844만 달러(약 203억 원) 대비 4,547만 달러(약 500억 원)로 246.6% 증가한 것으로 나타났다. 2016년은 사드 배치 결정에 따른 한

2012~2016년 방송 콘텐츠 수출 규모 (단위: 천 달러, %)

구분	2012	2013	2014	2015	2016	2012~2016 연평균증감률
방송사	216,986	287,755	313,808	301,994	347,307	12.5
방송영상 독립제작사	16,835	21,644	22,211	18,440	63,906	39.6
합계	233,821	309,399	336,019	320,434	411,213	15.2

출처: 과학기술정보통신부·방송통신위원회 (2017), 「2017년 방송산업 실태조사 보고서」, p. 197, 402.
; 한국콘텐츠진흥원 (2017), 「2017 방송영상독립제작사 실태조사 보고서」, p. 39. 재구성.

한령으로 방송 콘텐츠뿐만 아니라 콘텐츠 산업 전 분야에 걸쳐 수출 비중이 높은 중국 진출에 많은 어려움이 있었다. 그러나 영화제작 배급사가 사전 제작한 방송 콘텐츠의 흥행과 대형 상장사들의 해외 수출 호조에 힘입어 수출액은 오히려 증가했다. 방송영상독립제작사의 해외 수출 방식으로는 해외 전시회, 해외 유통사, 온라인 해외 판매 등을 통해 수출하는 직접 수출 방식이 32.3%, 국내외 에이전트를 통한 간접 수출 방식이 67.6%로 직접 수출 대비 간접 수출 방식이 약 두 배가량 더 높은 것으로 나타났다.

미주 지역의 한국 드라마 소비 확대에 주목

지난 20년 동안 방송 한류는 중국과 일본 등 동아시아 한류 확산의 트리거Trigger로 작용해왔다. 동아시아라는 지리적 근접성, 유교 문화 등의 동질성은 한국 방송 콘텐츠 소비에 적잖은 영향을 미쳤다. 그런데 최근 들어 동남아 지역은 물론, 미주 지역 소비자들의 관심이 크게 늘고 있다. 미주 지역은 지리적 거리·언어·사회문화 등에서 많은 차이가 있지만, 온라인 동영상 산업의 확산에 힘입어 한국 드라마 유통과 소비는 점차 가속화되고 있다.

미국, 브라질 거주자의 한류 드라마 소비 현황은 다음과 같다.*

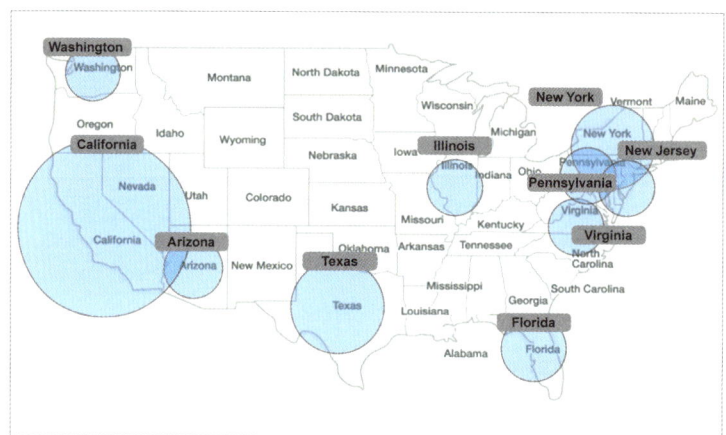

미국

브라질

미주 지역 소비자 조사표본의 지역별 분포
출처: 한국콘텐츠진흥원 (2017). 「미국/브라질 한류 소비자조사 보고서(드라마)」.

---

* 총 5,274개(미국 4,753개, 브라질 521개)의 유효표본을 확보했다. 조사항목은 한국 드라마 시청기간, 시청 경로, 소비 패턴, 선호 장르, 소비 요인, 순위 등이다(한국콘텐츠진흥원, 2017).

미국

전체 유효표본 4,753명 중 여성 비중이 92.4%를 차지한 가운데, 한국 드라마 시청 기간은 59.8%가 '3년 이상 시청'했다고 응답했다. 이어 '2~3년(13.7%)', '1~2년(13.7%)' 등의 순으로 나타나 소비 경험이 적지 않음을 알 수 있다. 한국 드라마 인지 계기는 K-팝 등 다른 한류 콘텐츠와 지인의 추천이 전체의 62.2%를 차지했다.

미국의 한국 드라마 선호 순위 상위 20

순위	방송사	방영 기간	영문 제목	빈도 수	국문 제목
1	KBS	'16. 02. 24.~04. 14.	Descendants of the Sun	800	태양의 후예
2	SBS	'16. 08. 29.~11. 01.	Moon Lovers: Scarlet Heart Ryeo	615	달의 연인-보보경심 려
3	MBC	'16. 07. 20.~09. 14.	W	350	W
4	tvN	'16. 08. 12.~10. 01.	Cinderella and Four Knights	240	신데렐라와 네 명의 기사들
5	MBC	'15. 01. 07.~03. 12.	Kill Me, Heal Me	187	킬미 힐미
6	KBS2	'15. 11. 16.~'16. 01. 05.	Oh My Venus	177	오 마이 비너스
7	MBC	'15. 09. 16.~11. 11.	She Was Pretty	133	그녀는 예뻤다
8	SBS	'16. 06. 20.~08. 23.	Doctors	128	닥터스
9	tvN	'15. 11. 06.~'16. 01. 16.	Reply 1988	128	응답하라 1988
10	KBS2	'16. 07. 06.~09. 08.	Uncontrollably Fond	116	함부로 애틋하게
11	KBS2	'14. 12. 08.~'15. 02. 10.	Healer	109	힐러
12	tvN	'16. 01. 22.~03. 12.	Signal	96	시그널
13	tvN	'15. 07. 03.~08. 22.	Oh My Ghostess	95	오 나의 귀신님
14	tvN	'16. 01. 04~03. 01.	Cheese in the Trap	88	치즈인더트랩
15	KBS2	'16. 08. 22.~10. 18.	Love in the Moonlight	87	구르미 그린 달빛
16	tvN	'16. 09. 23.~11. 12.	The K2	74	K2-더 케이투
17	tvN	'16. 05. 02.~06. 28.	Another Oh Hae Young	66	또 오해영
18	SBS	'16. 08. 24~11. 10.	Jealousy Incarnate	58	질투의 화신
19	tvN	'16. 07. 11.~08. 30.	Hey Ghost, Let's Fight	54	싸우자 귀신아
20	JTBC	'16. 07. 22.~08. 27.	Age of Youth	48	청춘시대

출처: 한국콘텐츠진흥원 (2017). 「미국 한류 소비자조사 보고서(드라마)」.

시청 경로는 응답자의 63.9%가 '드라마피버Dramafever'를 꼽았다. 이어 온라인 스트리밍 사이트인 '비키Viki(19.1%)', '넷플릭스Netflix(2.8%)', '유튜브Youtube(2.8%)', '온디맨드 코리아Ondemandkorea(2.0%)' 등의 순으로 아시아 드라마 영상 스트리밍 서비스 이용이 절대적임을 알 수 있다. 소비 패턴으로는 평균 '주당 9시간 이상' 시청자 비중이 30.7%, '5~7시간' 20.5%, '3~5시간' 20.4%, '1~3시간' 14.3% 등의 순으로 한국 드라마를 시청하는 것으로 집계되었다.

한국 드라마의 선호 장르는 '로맨틱 코미디'가 61.8%, '멜로드라마(11.7%)', '역사(9.9%)', '액션/범죄(9.2%)', '의학(2.5%)' 등의 순으로 나타났다. 주요 소비 요인으로는 절반 이상인 51.9%가 '스토리'를 꼽았으며, 이어 '캐스팅(35.7%)', '장르(8.0%)', '감독 및 작가(0.9%)' 등의 순으로 고려한다고 밝혔다. 한편 한국 드라마 선호도 질문에는 〈태양의 후예〉, 〈달의 연인-보보경심 려〉, 〈W〉, 〈신데렐라와 네 명의 기사들〉, 〈킬미 힐미〉 등의 순으로 나타나 앞선 응답에서와 같이 '로맨틱 코미디' 장르의 드라마를 선호하는 것으로 파악된다.

| 브라질

브라질 역시 전체 유효표본 521명 중 여성 비중이 96.5%로 다수를 차지했다. 한국 드라마 시청 기간은 응답자의 54.1%가 '3년 이상 시청'했다고 응답했고, 이어 '2~3년(17.1%)', '1~2년(12.3%)' 등의 순으로 나타나 미국의 소비 경험과 유사한 수준이다. 한국 드라마 인지 계기는 K-팝 등 다른 한류 콘텐츠와 지인의 추천이 전체의 68.9%를 차지했다.

브라질 내에서 한국 드라마를 소비하는 주된 시청 경로로는 '비키(45.1%)'가 가장 큰 비중을 차지했으며, '드라마피버(34.0%)', '넷플릭스(6.3%)', '유튜브(1.5%)' 순이다. 평균 '주당 3~5시간' 시청 비중이 23.2%, '9시간 이상' 22.3%, '1~3시간' 21.3%, '5~7시간' 19.2%로 중시청 소비자와 경시청 소비자가 고루 분포하는 것으로 나타났다.

선호하는 한국 드라마 장르는 '로맨틱 코미디'가 59.7%, '액션/범죄(13.6%)', '멜로드라마(9.6%)', '역사(6.3%)', '의학(4.6%)' 등의 순으로 나타났다. 무엇보다 '스토리(38.4%)'가 좋고, '캐스팅(34.9%)', '장르(20.0%)', '감독 및 작가(0.8%)' 등의 요인으로 인해 한국 드라마를 선호한다고 응답해 미국과 큰 차이를 보이지 않았다. 한편, 미국의 결과와 마찬가지로 '로맨틱 코미디' 장르의 드라마를 선호하고 있었다. 선호 드라마는 〈태양의 후예〉, 〈W〉, 〈달의 연인-보보경심 려〉, 〈오 마이 비너스〉, 〈킬미 힐미〉 등의 순이다.

브라질의 한국 드라마 선호 순위 상위 12

순위	방송사	방영 기간	영문 제목	빈도 수	국문 제목
1	KBS	'16. 02. 24.~04.14.	Descendants of the Sun	116	태양의 후예
2	MBC	'16. 07. 20.~09.14.	W	40	W
3	SBS	'16. 08. 29.~11.01.	Moon Lovers: Scarlet Heart Ryeo	30	달의 연인-보보경심 려
4	KBS	'15. 11. 16.~'16. 01. 05.	Oh My Venus	26	오 마이 비너스
5	MBC	'15. 01. 07.~03. 02.	Kill Me, Heal Me	26	킬미 힐미
6	SBS	'16. 06. 20.~08. 23.	Doctors	16	닥터스
7	KBS	'14. 12. 08.~'15. 02. 10.	Healer	14	힐러
8	MBC	'15. 09. 16.~11. 11.	She Was Pretty	13	그녀는 예뻤다
9	tvN	'15. 07. 03.~08. 22.	Oh My Ghostess	13	오 나의 귀신님
10	tvN	'15. 11. 06.~'16. 01. 16.	Reply 1988	13	응답하라 1988
11	tvN	'16. 01. 04.~03. 01.	Cheese in the Trap	13	치즈인더트랩
12	KBS	'15. 04. 27~06. 16.	Who Are You: School 2015	13	후아유-학교 2015

출처: 한국콘텐츠진흥원 (2017). 「브라질 한류 소비자조사 보고서(드라마)」

방송 한류 핫이슈

한한령 위기, 방송 한류 '수출 절벽'의 현실화

국내 콘텐츠 수출액의 절대 비중을 차지하는 중국은 방송 콘텐츠뿐만 아니라 다양한 분야의 한류 수출과 밀접한 관계에 있다. 시진핑 주석은 중국 공산당 제18대 전당대회에서 '정층설계顶层设计, top-level design'를 강조하며 중국 정부가 문화산업과 창작 방향성을 제시하는 중추적 역할을 담당하겠다는 의지를 표현했다. 다시 말해 중국의 '정부주도형 문화산업 발전 모델'은 정부가 시장 시스템을 정착시키는 동시에 엄격한 검열 제도를 존속시켜 문화산업 발전과 문화 콘텐츠 통제를 동시에 추진하겠다는 의도로 풀이된다. 여기에는 문화산업을 새로운 성장동력으로 인식하고, 자국 문화산업 보호를 위해 외산 콘텐츠 수입과 유통 제한에 적극 관여하겠다는 의미가 포함된다.

2012년 2월 중국 국가신문출판광전총국(이하 광전총국)에서 발표한 '해외 영화와 드라마의 수입과 방영 관리에 대한 강화 및 개선에 관한 통지关于进一步加强和改进境外影视剧引进和播出管理的通知(이하 한외령)'는 2016년부터 2017년까지 지속된 한한령의 전주곡이었을까? 한외령은 중국 전체 방송국이 한 해 동안 방영하는 외산 영화 및 드라마 편수를 50편으로 제한하는 것을 골자로 한다. 황금시간대 방영 금지, 채널당 하루 총 방영 시간의 25% 이내로 제한한다는 구체적 규제 조항도 담고

중국 문화산업의 주요 정책 내용(방송 부문)

	정책 명칭	주요 내용	발표 시기 및 기관
1	해외 영화와 드라마의 수입과 방영 관리에 대한 강화 및 개선에 관한 통지(关于进一步加强和改进境外影视剧引进和播出管理的通知)	• 고화질 해외 드라마 수입을 우선으로 함 • 편당 50회를 넘지 않아야 하며, 황금시간대(19:00~22:00) 방영 금지 • 해외 영화 및 드라마는 해당 방영 채널의 일일 영화/드라마 총 방영 시간의 25%를 초과할 수 없음	발표: 2012. 02. 09. 시행: 2012. 02. 09. 기관: 광전총국
2	웹드라마 및 마이크로 무비 등 온라인 동영상 프로그램 관리를 한층 더 강화하는 데 관한 통지(关于进一步加强和改进境外影视剧引进和播出管理的通知)	• 인터넷 동영상 사이트는 인터넷 드라마와 마이크로 무비 등 인터넷 동영상물에 대해 전면 심사 후 전송 가능 • 인터넷 동영상 산업협회는 업계 자율기준을 제정 실시 • 정부관할부서는 법에 의거하여 사업주체 진입/퇴출 관리	발표: 2012. 07. 09. 시행: 2012. 07. 09. 기관: 광전총국, 국가인터넷정보판공실
3	웹드라마, 마이크로 무비 등 온라인 동영상 프로그램 관리를 개선하는 데 관한 보충 통지(关于进一步完善网络剧、微电影等网络视听节目管理的补充通知)	• 웹드라마, 마이크로 무비 등의 인터넷 영상물 제작 기관은 방송영상행정부의 'TV프로그램 제작경영 허가증' 취득 의무화	발표: 2014. 01. 02. 시행: 2014. 01. 02. 기관: 광전총국
4	2014년 TV 위성채널 프로그램 편성 및 등록 사업에 관한 통지(关于做好2014年电视上星综合频道节目编排和备案工作的通知)	• 프로그램 구조의 최적화, 유형의 다양화를 위해 TV 위성종합채널의 뉴스, 경제, 문화, 교육, 과학, 생활, 애니메이션, 어린이 프로, 다큐멘터리, 농업 등 프로그램의 주간 송출비중 30% 이상으로 늘림 • 교양, 윤리 프로그램 6:00~24:00 사이에 1회 방영, 매일 국산 다큐멘터리 30분 방영 • 8:00~21:30 사이에 국산 애니메이션 혹은 어린이 프로그램 30분 방영 • 창의성 원칙 견지, 수입 관리 강화를 위해 TV 위성종합채널은 매년 해외 프로그램 포맷 1개 초과 구입 또는 19:30~22:00 사이에 방영 불가 • 과도한 오락화, 동질화 방지를 위해 시즌별로 가수 오디션 프로를 선정하여 황금시간대에 방영	발표: 2013. 10. 20. 시행: 2013. 10. 20. 기관: 광전총국
5	인터넷 해외 드라마 관리 관련 규정을 이행하는 데 관한 통지(关于进一步落实网上境外影视剧管理有关规定的通知)	• 인터넷상에 해외 영화, 드라마를 방영할 때 국가신문출판광전총국에서 발행하는 '영화방영허가증' 또는 '드라마방영허가증' 등 비준하는 문건 취득 • 허가증 미취득시 인터넷에 영상물 방영 불가	발표: 2014. 09. 02. 시행: 2015. 04. 01. 기관: 광전총국
6	해외 영화 드라마 관련 정보 온라인 신고 등록 업무 진행에 관한 통지(关于开展网上境外影视剧相关信息申报登记工作的通知)	• 해외 영화 드라마 수입 정보를 온라인과 통합해 등록 플랫폼을 구축 • 2015년 해외 영화 드라마 수입 계획을 신고하도록 관리	발표: 2015. 01. 19. 시행: 2015. 01. 19. 기관: 광전총국
7	리얼리티쇼 프로그램을 강화하는 데 관한 통지(关于加强真人秀节目管理的通知)	• 프로그램 포맷을 수입함에 있어서 수입 수량을 적당하게 통제하고 한 지역 또는 한 국가에 과도하게 집중 자제	발표: 2015. 07. 14. 시행: 2015. 07. 14. 기관: 광전총국
8	어린이 제한 명령(限童令)	• 미성년자 리얼리티 쇼 프로그램 출연 통제	발표: 2016. 02. 시행: 2016. 02. 기관: 광전총국
9	방송 프로그램의 자주혁신 업무를 대폭 추진하는 데 관한 통지(关于大力推动广播电视节目自主创新工作的通知)	• 2개월 전 심사 승인, 해외 판권 및 포맷 수입 프로그램 수량 제한, 리얼리티 쇼 1년 1시즌 방송	발표: 2016. 06. 14. 시행: 2016. 06. 14. 기관: 광전총국

출처: 한국콘텐츠진흥원 (2017). 「중국 내 한류콘텐츠 동향 종합보고서」, pp. 76~83. 재구성.

있다. 실제로 2012년 총 106편 방영되었던 외산 영화 및 드라마 편수는 2013년 54편으로 급감했다.

이후 광전총국은 '해외 영화 드라마 관련 정보 온라인 신고 등록 업무 진행에 관한 통지关于开展网上境外影视剧相关信息申报登记工作的通知'를 통해 TV 등 전통 매체뿐만 아니라 온라인 플랫폼을 통해 유통되는 외산 콘텐츠에 대한 직접 규제를 공표했다. 각 동영상 사이트에서 2015년부터 새로 수입한 해외 드라마는 반드시 수입 계획, 내용 정보 등을 광전총국의 관리 사이트에 등록하고, 2014년 12월 31일 전에 수입 승인을 얻었거나 이미 방영 중인 해외 영화 및 드라마는 2014년 내 방영을 마치도록 유도했다.

드라마를 넘어 예능 프로그램에 대한 규제까지 강화되는 시점이던 2016년 7월, 한국 정부는 고고도미사일방어체계THAAD 배치를 결정했다. 중국 정부는 노골적인 불만을 표시했고, 이는 곧 한국 방송업계에 영향을 미쳤다. 암묵적으로 한류 스타의 중국 프로그램 출연을 제한하는 조치가 이루어졌다는 소문이 돌기 시작했다. 중국과의 신규 합작 프로그램들조차 중국 정부의 승인을 받지 못했다. 〈태양의 후예〉처럼 사전 제작 후 중국과 동시 방영을 준비하던 드라마들은 중국의 심의 지연으로 방영 일자와 내용을 조정하느라 애를 먹었다. 실제 한국과 중국의 공동 투자로 제작한 〈푸른 바다의 전설〉은 중국 심의를 통과하지 못하고 국내에서 단독 방영을 시작했다. 〈사임당, 빛의 일기〉 역시 심의 지연이 계속되자 결국 국내 방영으로 선회했다.

약 10만여 개의 국내 문화 콘텐츠 기업 중 연매출 10억 원 미만의 영세 기업이 전체의 90%를 상회하는 상황에서 피해와 고충은 그 어느 때보다 심각했다. 「중국 진출 문화산업 기업 피해조사 보고서」에 따르면, 응답한 기업의 직접적 피해액은 1,124억 원으로, 피해 응답 기업당 평균액으로 따지면 19억 7,000만 원이다. '계약 체결의 보류, 협의 지연', '(계약 체결 후) 계약 이행의 지연', '계약·행사의 파기·취소'가 주된 피해 유형으로 나타났다. 기회비용 측면에서의 피해도 적지 않았는데, 정상적으로 중국에 진출했을 경우 기대수익은 약 2,809억 원, 기업당 평균 기대수익은 약 53억 원에 육박했다. 이는 직접적 피해액의 약 2.6배이다.

'포스트 차이나' 시장으로 '동남아시아' 본격 진출

전술했듯 2017년은 한한령으로 인한 중국 진출 경색이 최고조에 달했던 시기다. 한류 콘텐츠 수출이 중국과 일본에 편중되어 있어 새로운 시장 확대로 이를 개선해야 한다는 목소리가 높았다. 신한류의 새로운 전기를 마련할 시장으로 주목한 곳은 동남아시아다. 동남아는 6억이 넘는 인구, 전 세계 총 GDP의 3%가 넘는 생산량, 2조 5,000억 달러(약 2,750조 원)가 넘는 교역량을 자랑한다. 풍부하고 값싼 노동력은 물론 역내 협력 강화가 이뤄져 차세대 글로벌 시장으로 부상하고 있다.

「콘텐츠산업 동남아시장 진출 확대방안 연구」에 따르면, 동남아 주요 6개국의 콘텐츠 시장 규모는 2016년 기준, 472억 달러(약 52조 원)로 전년 대비 8.8% 고성장을 기록했다. 동남아 한류로 인한 고용 유발효과 증가율은 15.8%로 전 세계 한류로 인한 고용 유발효과 증가율 4.7%에 비하면 매우 높은 수준이다. 사실 동남아 한류의 시작과 확산은 드라마, 영화, K-팝을 통해 이루어졌는데 해당국 대부분은 외래 문물 수요에 개방적이고, 한국과 정서적으로 공유되는 부분 또한 적지 않다.

경제 규모와 인구수 등을 고려했을 때 동남아를 약 10개국으로 정리할 수 있다. 이들 국가는 지리적으로 크게 대륙부와 해양부로 나뉜다. 대륙부에는 태국 · 미얀마 · 라오스 · 캄보디아 · 베트남이 해당되고, 해양부는 인도네시아 · 말레이시아 · 싱가포르 · 필리핀 · 브루나이가 포함된다.

인도네시아는 인구수 세계 4위(2억 5,000명), GDP 세계 17위(동남아 1위), 콘텐츠 시장 규모 동남아 1위의 거대 시장으로 한류 소비 인구도 가장 많다. 〈가을동화〉, 〈겨울연가〉로 시작된 인도네시아 방송 한류 열풍은 〈대장금〉, 〈꽃보다 남자〉, 〈시크릿 가든〉에 이어 2016년에는 〈태양의 후예〉로 이어졌다. 인도네시아에서는 〈태양의 후예〉가 온라인 스트리밍 서비스를 통해 소비됐고, 아이튠즈iTunes 차트에 〈태양의 후예〉 OST가 상위권에 랭크되기도 했다. 최근 국내 콘텐츠의 수출 단가 상승으로 지상파방송 채널보다는 케이블을 중심으로 한류 드라마가 주로 편

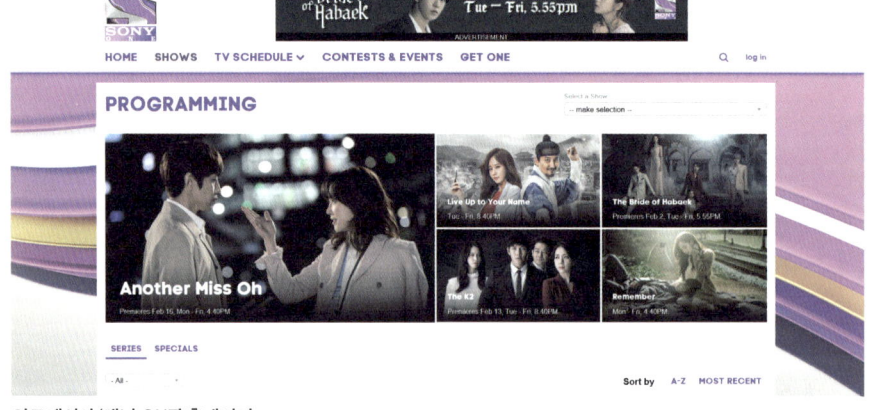

인도네시아 '채널 ONE' 홈페이지
출처: ONE 홈페이지

성되고 있는데, 그중 한류 콘텐츠 전문 편성채널인 '채널 ONE'의 인기가 급상승 중이다.

국내 콘텐츠 기업들도 하나둘씩 동남아 지역 진출을 서두르고 있다. CJ E&M은 tvN아시아 채널을 두고 인도네시아 · 싱가포르 · 말레이시아 등 6개국에 한국 방송 콘텐츠를 제공하는 한편, OTT · 앱 등 온라인 유통에도 박차를 가하고 있다. 이는 동남아 국가뿐만 아니라 미주 지역 등 타 지역에도 확산되고 있다. 이러한 노력에 힘입어 2017년 상반기 해외 수출액으로 1,403억 원을 기록해 전년 동기 대비 129% 성장했다.

태국은 이미 외산 콘텐츠의 수용과 소비에 가장 개방적인 국가다. 특히 수도 방콕에는 방송, 애니메이션, 음악, 영화, 게임 등 시청각 콘텐츠 산업과 관련된 다국적 기업들이 오래전부터 다수 진출해 있다. 이 지역은 인근 동남아 국가들의 거점이자 외산 콘텐츠 소비와 유통의 중심지다. 그간 정부 및 협업단체의 산업 지원 거버넌스Governance와 정책이 유기적으로 구현되어 왔고, 개방적 비즈니스가 자리 잡은 덕분이다.

지리적 이점도 있다. 태국은 현재 한류의 중심지인 중국 대륙을 거쳐 동남아시아 한류의 종착지인 인도네시아의 중간 지대에 있다. K-팝 투어의 경우, 태국은 아시아 대표국 중 어렵지 않게 들를 수 있는 기착지다. 상대적으로 물가가 저렴한 반면 상당한 수준의 공연 인프라를 갖고 있어 K-팝 한류 지속에 유리한 조건을 갖추고 있다.

드라마에서 시작한 태국 한류는 K-팝의 인기로 인해 외연이 확장되고 있다. 2016년 〈태양의 후예〉 성공 이후 2016년 상반기에만 한국 드라마가 34편 방영되는 등 방송 한류의 열기가 고조됐다. 지난 10년간 태국은 총 359편의 한국 드라마를 수입해 방영(연평균 35.9편)했으며, 공영방송 채널인 '채널7'에서 가장 많은 한국 드라마를 방영했다. 현재

최근 10년간 태국 방송 채널별 한국 드라마 방영 작품 수　　　　　　　　　　　　　　　　(단위: 편)

구분	2007	2008	2009	2010	2011	2012	2013	2014	2015	2016	합계
Channel 3(공영)	7	17	11	4	9	10	6	5	4	3	76
Channel 5(공영)	0	0	0	0	1	0	0	0	0	0	1
Channel 7(공영)	12	10	15	13	13	10	26	10	13	11	133
Channel 8(공영)	0	0	0	0	0	0	0	0	0	3	3
Channel 9(공영)	0	7	6	2	4	0	0	1	0	0	20
iTV(상업)	3	0	0	0	0	0	0	0	0	0	3
PPTV(상업HD)	0	0	0	0	0	0	0	19	9	5	33
TRUE(상업SD)	1	9	11	8	10	8	11	3	3	5	69
Workpoint(상업SD)	0	0	0	0	0	0	2	2	5	4	13
One 31(상업HD)	0	0	0	0	0	0	0	0	0	2	2
Mono 29(상업SD)	0	0	0	0	0	0	0	3	2	1	6
합계	23	43	43	27	37	28	45	43	36	34	359

출처: 《브릿지매거진》 (2016). 〈한국 드라마 태국 기상도 여전히 맑음〉.

　　태국에서는 '채널3'과 '채널7' 외에도 'PPTV', 'TRUE' 등 신규 채널에서의 한국 드라마 편성이 증가하고 있다. 드라마 외에도 〈런닝맨〉 등 예능 프로그램도 인기다. 〈커피프린스 1호점〉, 〈풀하우스〉 등은 태국에서 리메이크되기도 했다.

　　반면 난제도 많다. 태국은 대표적인 불교국가로서 사회문화 전반에 불교의 영향력이 세다. 거버넌스 또한 불교철학과 무관하지 않다. 대가 없는 증여give, 공유share, 보여주기show 등의 정신이 국민 정서를 뿌리 깊게 관통하고 있어 유료 콘텐츠 구매 및 지불의사가 낮은 상황이다. 국가의 오피니언 리더라 할 수 있는 종교인, 철학자들조차 저작권 보호에 대한 인식 수준이 낮은 편이다. 학교 등 교육 시설과 사찰에서 불법 콘텐츠가 버젓이 노출되기 때문에 태국 시민들의 의식 수준 개선에 많은 시간이 필요할 것으로 예상된다.

미국판 〈굿닥터〉, 포맷 수출의 반쪽 성공

> "드라마 〈굿닥터〉가 미국에서 리메이크될 수 있었던 이유는
> 드라마 내의 감정이 풍요롭고 강렬하며
> 미국 드라마가 전혀 다루지 않았던 주인공 캐릭터 때문이었습니다."
> _〈The Good Doctor〉 제작자 대니얼 대 김 Daniel Dae Kim

포맷 산업은 프로그램의 현지화로 문화적 할인 Cultural Discount을 극복할 수 있는 장점을 지녔다. 특정 국가 또는 지역에서 성공한 포맷을 국가별로 다양한 방식을 통해 적용함으로써 실패에 대한 리스크는 줄이고 성공 확률을 높일 수 있다.

1990년 이래 글로벌 방송포맷 시장은 꾸준히 성장해왔다. 최근 포맷의 장르 다변화, 지식재산권 강화, 세계 경기 회복 둔화에 따른 제작비 압박 등으로 인해 글로벌 방송영상 시장에서 포맷 산업의 비중은 점차 강화되고 있다. 스위스 방송 시장 조사기관인 더 위트 The Wit에 따르면, 2015년 기준 전 세계 약 44%에 해당하는 국가가 타국의 게임쇼 포맷을 수입했으며, 엔터테인먼트 20%, 드라마 6%로 나타났다. 방송포맷을 가장 많이 보유한 국가로는 영국이 1위를 차지했으며, 이어 미국, 네덜란드, 이스라엘, 스페인 순이었다.

글로벌 포맷 시장에서 버라이어티 중심의 장르 포맷이 인기를 끌고 있는 가운데 중국 역시 버라이어티 포맷이 전성기를 맞았다. 한국 방송의 포맷 수출은 2010년 이후부터 본격화됐고, 2013년 342만 달러(약 37억 6,200만 원)에서 2016년에는 5,493만 달러(약 604억 2,300만 원)로 16배 이상 성장했다. 〈아빠! 어디가?〉, 〈런닝맨〉, 〈나는 가수다〉, 〈복면

가왕〉 등의 포맷이 큰 성공을 거둔 바 있다.

한국 예능 포맷 최초로 미국 시장에 진출해 흥행한 CJ E&M의 〈꽃보다 할배〉는 2016년 미국 NBC에서 〈배터 레이트 댄 네버Better Late Than Never〉로 리메이크되어 시청률 1위를 기록했다. 시즌1[*]의 성공에 힘입어 시즌2가 제작되어 2018년 1월부터 방영을 시작했다. 〈꽃보다 할배〉는 과거 미국에 이어 중국, 프랑스, 핀란드, 독일, 덴마크, 호주, 이탈리아, 터키 9개국에도 수출된 바 있다. 출연자들 사이의 관계를 중심으로 코믹하게 이야기를 전개했던 한국판에 비해 미국판은 서구의 시선에서 바라본 아시아의 문화적 충격과 코믹 요소를 강조했다.

지난 2013년 국내에서 방영된 KBS 드라마 〈굿닥터〉는 2017년 9월, 미국 4대 메이저 방송사 중 하나인 ABC에서 〈더 굿 닥터The Good Doctor〉라는 이름으로 방영을 시작했다. 서번트 신드롬을 앓고 있는 외과 의사가 미국 최고 병원의 소아과 병동에 채용되면서 일어나는 일들을 그린 20부작 휴먼 메디컬 드라마다.

2017년 10월 9일 방영된 3화의 경우 누적 시청자 수가 1,820만 명으로 집계되었는데, 이는 1,790만 명을 기록한 최고의 인기 시트콤 〈빅뱅 이론The Big Bang Theory〉을 추월한 수치다. 2017~2018년 정규 시즌 프로그램 가운데 최대 시청자 수를 기록한 프로그램으로도 꼽혔다.[**]

---

[*] 미국판 시즌1은 일본, 홍콩, 한국, 태국 총 4개의 에피소드로 구성됐다. 에피소드 1 〈Welcome to Tokyo〉(시청자 수: 735만 명), 에피소드 2 〈Kyoto and Hong Kong: Less Talky, More Sake〉(시청자 수: 733만 명), 에피소드 3 〈Seoul Brothers〉(시청자 수: 691만 명), 에피소드 4 〈A Thai Goodbye〉(시청자 수: 764만 명).

[**] Andreeva, N. (2017. 10. 25). 'The Good Doctor' Tops Weekly Rankings As Most Watched Program For First Time. Deadline. Retrieved from: http://deadline.com/2017/10/the-good-doctor-weekly-rankings-most-watched-program-ffirst-time-1202194643/

최근 대표 한국 방송포맷의 미국 진출 현황
출처: 각 사 홈페이지

버라이어티

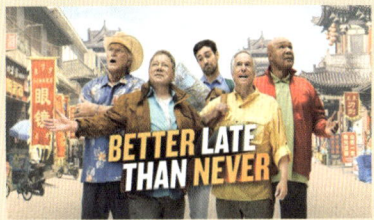

원작명	〈꽃보다 할배〉	원작명	〈슈퍼맨이 돌아왔다〉
제작사	CJ E&M	제작사	KBS
미국 작품명	〈Better Late Than Never〉	미국 작품명	〈Project Dad〉
매체명	NBC	매체명	Discovery, TLC
미국 방영일	2016. 08. 23.~09. 13.	미국 방영일	2016. 11. 01.~12.
비고	2018년 시즌2 방영		

드라마

원작명	〈신의 선물〉	원작명	〈굿닥터〉
제작사	SBS	제작사	KBS
미국 작품명	〈Somewhere Between〉	미국 작품명	〈The Good Doctor〉
매체명	ABC	매체명	ABC
미국 방영일	2017. 07. 24.~09. 19.	미국 방영일	2017. 09. 25.~

지난 21년간 ABC에서 방영한 주간 드라마 중 가장 큰 성공을 거둔 사례로, 당초 13부작으로 예정됐으나 높은 시청률과 흥행에 힘입어 18부작으로 확대 편성되었다. 주연은 국내에서도 많은 인기를 누린 영화 〈찰리와 초콜릿 공장Charlie And The Chocolate Factory〉과 〈어거스트 러쉬August Rush〉를 통해 이름을 알린 배우 프레디 하이모어Freddie Highmore가 맡았다.

〈The Good Doctor〉가 현지 방영되기까지는 우여곡절이 있었다. 2013년에 피칭Pitching(기획 개발 단계의 프로젝트를 공개하고 설명하는 일종의 투자 설명회) 이후 미국 현지화 작업은 CBS가 맡아 진행하고 제작은 CBS 스튜디오가 담당했으나, 2016년 파일럿 대본 피칭 단계에서 무산되었다. 여러 사정 끝에 미국 인기 의학 드라마 〈하우스House〉의 제작자 겸 작가이자 미국 작가협회장을 맡은 데이비드 쇼어David Shore가 대본을 집필하면서 현지화 작업이 급물살을 타기 시작했고, 2017년 1월 ABC에서 파일럿 제작을 결정했다. 미국판 파일럿 제작 결정은 방송사 입장에서 볼 때 수익 보장을 전제로 한다. 특히 자체 기획을 선호하는 미국 방송사가 외국 원작 기획안에 해당하는 〈굿닥터〉를 선정한 것은 매우 이례적인 성과다.

> "현재 미국에서 현지화 작업이 진행되고 있는 한국 드라마들이 어떠한 이유로 진행이 되지 않는다고 단언하기는 어렵다. 미국 내 방송사에서는 연간 1,000여 개 작품에 대한 피칭을 받는 것이 일반적인데, 이 가운데 100여 개 정도가 파일럿 대본으로 만들어지고 또다시 이 가운데 10%인 10개 작품만이 최종 채택되어 파일럿 제작에 들어가게 된다. 또한 시리즈물 작품은 그중 절반 내외에 불과하다."
> ― 〈The Good Doctor〉 총괄 프로듀서 데이비드 쇼어

다수의 한국 드라마가 미국에서 현지화 작업을 시도하고 있지만, 활발히 거래되는 한국 예능 포맷과는 달리 답보 상태인 작품도 여럿이다. 이는 단순한 스크립트 포맷Script Format 수출의 한계를 방증한다. 드라마와 같은 스크립트 포맷 비중은 점차 늘고 있지만, 포맷 바이블Format Bible 부재라는 문제가 있다. '원 히트 원더One Hit Wonder'에 만족해야 하는 것 아니냐는 지적도 이와 무관하지 않다. 2013년 한국 드라마 최초로 미국 포맷 수출에 성공한 CJ E&M의 드라마 〈나인: 아홉 번의 시간 여행〉 역시 파일럿 제작 단계에서 실패했다. 최근 몇 년간 해외 리메이크 확정 후 미국 현지 제작을 준비하던 작품들이 돌연 중단되거나 계약 만료 등의 이유로 빈번하게 무산되기도 했다. 스타콜라보 미디어사업본부 이사 김연성은 한국 드라마의 스토리와 아이디어가 뛰어나 해외에서 드라마 포맷을 구입하지만 이를 '현지화Localization'하는 과정에서 스토리가 잘 풀리지 않거나 본래 매력이 반감되면서 파일럿 제작으로 이어지지 못함을 지적한 바 있다.

현지화의 실패 요인을 정리하면 다음과 같다. 첫째, 한국 드라마가 포맷 시장에서 풀 패키지(포맷 바이블) 방식이 아닌 단순 스크립트 방식으로 수출되기 때문이다. 둘째, 현지에서 파일럿 대본을 제작하는 과정에서 원작자 또는 제작자가 원작에서 표현하고자 했던 세계관이나 캐릭터관 등의 주요 요소를 정확하게 반영하기 어렵기 때문이다. 한국과 달리 미국이나 유럽의 경우, 원작 드라마의 기획 단계에서부터 제작, 방송, 유통까지의 아이디어와 구성을 기반에 두고 스토리텔링 형태로 제작한다. 경우에 따라서는 현지에 해당 포맷의 연출자를 파견해 현지화를 밀착 진행한다.

드라마 포맷이 수출되면 현지화 과정을 거쳐야 한다. 여기서 꼭 필요한 것이 '포맷 바이블'이다. 해당 지역의 사회문화적 속성을 반영한 현지화를 수용하는 한편, 드라마 콘텐츠 제작의 원칙과 기준 등 기존 포맷을 유지하기 위해서다. 그러나 한국 드라마는 현지화를 위한 제작 방식, 시스템, 포맷 바이블 등의 세부 자료가 없어서 포맷 현지화에 많은 어려움이 있다. 드라마 판권이 해외로 수출되어 리메이크가 결정되었다고 해도, 그들의 문화를 원작 포맷에 맞게 현지화할 수 있는 기준이 없어 제작까지 많은 시간이 소요된다.

> "외산 드라마를 미국에서 현지화하는 과정에서 가장 중요한 것이 파일럿 대본이다. 파일럿 대본을 작성하는 작가는 원작자나 원작 제작자와의 커뮤니케이션이 필요하다. 해당 원작의 세계관, 캐릭터 특성 등에 대한 내용을 수렴해야 하기 때문이다. 미국 대부분의 파일럿 작가는 원작의 영상 또는 스크립트만으로는 대본 작업에 돌입하지 않는 것이 일반적이다. 미국 드라마가 시즌제를 염두에 두기 때문인 것으로 보인다. 반면 한국 드라마의 경우, 스크립트 위주로 리메이크가 진행되다 보니 현지화에 많은 시간과 예산이 요구된다. 따라서 한국 버라이어티 포맷과 같이 드라마도 포맷 바이블이 갖추어진다면 현지화에 많은 도움이 될 것이다. 미국은 드라마, 버라이어티뿐만 아니라 다큐 등 교양 프로그램에 이르기까지 전 장르에 걸쳐 포맷 바이블을 갖추고 있다."
> ─ 〈The Good Doctor〉 총괄 프로듀서 데이비드 쇼어

〈The Good Doctor〉가 미국 현지의 시즌 드라마로 선정됐다는 사실은 포맷을 통한 방송 한류 진출의 새로운 전환점을 마련한 것으로 평가할 수 있다. 세계 최고 수준의 방송 시장인 미국에 진출했다는 것

만으로도 시사하는 바가 크다. 〈굿닥터〉 이후 방송 한류의 지속가능성은 단편적인 스크립트 판매가 아닌 현지화를 고려한 포맷 바이블 준비에 있다. 드라마의 기획·제작 단계에서 원작의 세계관과 캐릭터 특성을 적극 반영할 수 있는 장치가 필요하다.

주요 진출국 및 진출 경로

아시아 국가를 중심으로 수출, 핵심 장르는 드라마

방송 콘텐츠의 국가별 수출 비중은 지상파방송(94.6%), 방송채널사용사업(85.7%) 모두 아시아 국가 수출 비중이 압도적이다. 지상파 방송 콘텐츠는 일본이 6,053만 달러(약 665억 8,300만 원/35,365편)로 전체의 31.6%를 차지했다. 이어 중국(5,866만 달러, 약 645억 원/5,621편/30.6%), 대만(1,919만 달러, 약 211억 원/4,238편/10.0%), 홍콩(980만 달러, 약 108억 원/3,505편/5.1%), 베트남(914만 달러, 약 101억 원/4,615편/4.8%), 미국(775만 달러, 약 85억 원/632편/4.0%), 태국(587만 달러, 약 65억 원/1,953편/3.1%) 순이다. 방송채널사용사업의 방송 콘텐츠는 중국이 1,952만 달러(약 215억 원, 2,162편)로 전체의 30.9%를 차지했다. 이어 일본(1,937만 달러, 약 213억 원/4,867편/30.7%), 미국(677만 달러, 약 74억 원/10,897편/10.7%), 홍콩(598만 달러, 약 66억 원/2,342편/9.5%), 대만(355만 달러, 약 39억 원/2,163편/5.6%), 싱가포르(166만 달러, 약 18억 원/912편/2.6%), 태국(153만 달러, 약 17억 원/919편/2.4%) 등의 순으로 나타났다.

한편 지상파방송 콘텐츠의 수출 실적을 장르별로 살펴보면, 드라마 비중이 전체 수출액의 80.9%로 2015년(85.9%)에 비해 소폭 감소했으며 이어 오락(18.1%), 다큐멘터리(0.4%), 보도(0.4%) 등의 순으로 나타났다. 방송채널사용사업의 경우, 지상파방송과 같이 수출액이 가장 높은 장르가 드라마로 74.4% 비중을 차지했고 오락(19.2%), 교양(2.1%), 애니메이션(1.9%) 등의 순이었다.

지상파방송의 국가별 수출 현황 (단위: 만 달러)

주: 해외교포 방송지원과 비디오/DVD 판매, 타임블럭과 포맷 판매를 제외한 방송 프로그램의 수출 현황임.
출처: 문화체육관광부·한국콘텐츠진흥원 (2018). 『2017 방송영상산업백서』, p. 463.

방송채널사용사업의 국가별 수출 현황 (단위: 만 달러)

주: 해외교포 방송지원과 비디오/DVD 판매, 타임블럭과 포맷 판매를 제외한 방송 프로그램의 수출 현황임.
출처: 문화체육관광부·한국콘텐츠진흥원 (2018). 『2017 방송영상산업백서』, p. 463.

지상파/방송채널사용사업의 장르별 수출 현황

	구분	수출 편수(편)	수출 금액(천 달러)	장르 비중(%) (수출액 금액 기준)
지상파	장르 총계	71,281	191,473.6	100.0
	드라마	63,013	154,835.6	80.9
	다큐멘터리	427	791.1	0.4
	애니메이션	0	0.0	0.0
	영화	0	0.0	0.0
	오락	6,795	34,564.9	18.1
	교육	0	0.0	0.0
	교양	176	223.5	0.1
	보도	-	774.2	0.4
	기타	870	284.3	0.1
방송채널 사용사업	장르 총계	30,393	63,139.8	100.0
	드라마	17,729	46,980.3	74.4
	다큐멘터리	1,026	942.2	1.5
	스포츠	-	8.0	0.0
	애니메이션	1,693	1,214.6	1.9
	영화	2	25.0	0.0
	오락	7,778	12,153.9	19.2
	음악	424	264.0	0.4
	교육	0	0.0	0.0
	교양	1,019	1,322.8	2.1
	보도	-	33.0	0.1
	기타	722	196.0	0.3

출처: 문화체육관광부·한국콘텐츠진흥원 (2018), 『2017 방송영상산업백서』, pp. 464~465. 재구성.

에이전트 활용, 라이선스 판매가 핵심

| 해외 수출 방식

방송 콘텐츠의 해외 수출 방식은 직접 수출과 간접 수출로 나뉜다. 전자는 해외 전시회, 해외 유통사, 온라인 해외 판매 등을 통하며, 후자

방송영상독립제작사 해외 수출 방식

(단위: %)

수출방법	진출 경로 구분	2008	2009	2010	2011	2012	2013	2014	2015	2016	비율
직접수출	해외 전시회 및 행사 참여	16.3	17.2	15.9	23.5	12.0	10.5	12.2	12.7	9.4	32.3
	해외 유통사 접촉	36.1	38.3	38.8	25.6	25.5	23.7	23.0	21.6	16.8	
	온라인 해외 판매	0.7	-	-	5.0	1.0	0.0	1.1	0.0	0.1	
	해외 법인 활용	3.6	4.2	3.9	11.5	2.3	21.1	16.7	17.1	6.0	
간접수출	국내 에이전트 활용	10.2	5.0	4.6	23.3	44.6	36.8	39.8	45.9	55.2	67.6
	해외 에이전트 활용	33.1	35.3	36.8	11.1	15.5	7.9	7.2	2.7	12.5	
	합계	100.0	100.0	100.0	100.0	100.0	100.0	100.0	100.0	100.0	100.0

출처: 한국콘텐츠진흥원 (2017). 『2017 방송영상독립제작사 실태조사 보고서』, p. 40.

는 국내외 에이전트가 매개 역할을 한다. 한국콘텐츠진흥원의 「2017 방송영상독립제작사 실태조사 보고서」에 따르면, 방송영상독립제작사의 경우, 2016년 기준 직접 수출 32.3%, 간접 수출 67.6%로 나타났다. 수출 방식을 세분화하면, 국내 에이전트 활용이 전체의 55.2%로 가장 높았고, 그다음으로 해외 유통사 접촉(16.8%), 해외 에이전트 활용(12.5%), 해외 전시회 및 행사 참여(9.4%), 해외 법인 활용(6.0%), 온라인 해외 판매(0.1%) 등의 순으로 나타났다.

| 해외 수출 형태

방송영상독립제작사의 해외 진출 형태는 대부분 라이선스License 판매(71.9%)다. 기술 서비스(21.3%), 완제품 수출(6.5%), 기타 수출(2.3%) 등도 수출 형태에 포함된다. 완제품 수출과 OEM 수출은 지속적으로 감소 추세인 반면, 기술 서비스는 증가세에 있으며 라이선스는 70~80% 내외로 지속 유지하고 있다.

방송영상독립제작사 해외 수출 형태   (단위: %)

수출 형태	2008	2009	2010	2011	2012	2013	2014	2015	2016
완제품 수출	4.5	4.3	3.1	10.0	14.3	15.8	11.4	14.9	6.5
라이선스	67.8	68.2	71.7	79.5	75.7	73.7	78.7	78.0	71.9
OEM 수출	13.2	12.6	11.2	-	4.3	0.0	3.2	0.0	0.0
기술 서비스	12.3	12.9	10.8	5.7	3.1	5.3	4.4	4.8	21.3
기타	2.2	2.0	3.2	4.8	2.6	5.3	2.3	2.3	0.3
합계	100.0	100.0	100.0	100.0	100.0	100.0	100.0	100.0	100.0

출처: 한국콘텐츠진흥원 (2017). 「2017 방송영상독립제작사 실태조사 보고서」. p. 42.

| 국가별 방송포맷 수출 현황

지난 10여 년간 전 세계적으로 활발하게 진행된 방송 콘텐츠의 포맷 거래는 한국 방송 콘텐츠의 해외 수출에도 적지 않은 비중을 차지한다. 포맷 라이선스 수출은 리메이크 권리remake right를 판매하는 것으로, 이를 구매한 사람은 자국 방송 시장 및 실정에 맞게 원작을 리메이크 할 수 있다. 특히 중국에서는 국내에서 흥행이 검증된 지상파방송 콘텐츠 중 오락 프로그램을 리메이크해 방영하는 사례가 빈번했고, 지상파 포맷 수출 실적도 중국이 가장 높았다.

지상파방송 콘텐츠의 경우 중국이 4,922만 달러(약 541억 원)로 전체의 96.1%로 압도적 비중을 차지했고, 이어 이탈리아(61만 달러, 약 6억 7,100만 원/1.2%), 중남미(52만 달러, 약 5억 7,200만 원/1.0%) 등의 순으로 나타났다. 반면 방송채널사용사업은 지상파에 비해 다양한 국가로 포맷 수출이 이루어졌는데 1위는 일본으로 373만 달러(약 41억 원/71.7%)를 기록했다. 이어 중국(38만 달러, 약 4억 1,800만 원/10.1%), 미국(29만 달러, 약 3억 1,900만 원/7.8%) 순이다.

지상파/방송채널사용사업의 국가별 포맷 수출 현황

구분			수출 금액(천 달러)	장르 비중(%) (수출액 금액 기준)
지상파		국가 합계	51,201.9	100.0
	아시아	일본	36.2	0.1
		중국	49,222.1	96.1
		대만	60.0	0.1
		태국	226.3	0.4
		베트남	77.6	0.2
		필리핀	180.4	0.4
		캄보디아	16.6	0.0
		인도	9.5	0.0
	미주	미국	38.1	0.1
		중남미	522.0	1.0
	유럽	우크라이나	204.5	0.4
		이탈리아	608.6	1.2
방송채널 사용사업		국가 합계	3,728.7	100.0
	아시아	일본	2,673.5	71.7
		중국	376.0	10.1
		베트남	82.9	2.2
		태국	80.5	2.2
		싱가포르	69.8	1.9
		인도네시아	48.0	1.3
		터키	0.0	0.0
	미주	미국	289.1	7.8
	유럽	독일	24.7	0.7
		프랑스	21.1	0.6
		영국	15.1	0.4
		러시아	14.2	0.4
		이탈리아	8.0	0.2
		스웨덴	5.3	0.1
		기타	20.6	0.6

출처: 문화체육관광부·한국콘텐츠진흥원 (2018). 『2017 방송영상산업백서』, pp. 466~467. 재구성.

2018
방송 한류
전망

과거 방송 콘텐츠 유통은 개별 프로그램 단위의 수출 형태가 일반적이었다. 그러나 방송 시장을 둘러싼 미디어 환경이 급변하면서 지식재산권Intellectual Property, IP을 기반으로 한 플랫폼 단위의 수출 형태가 늘고 있다. 구글Google, 애플Apple, 아마존Amazon, 넷플릭스Netflix, 훌루Hulu 등 비非네트워크 기반 플랫폼 사업자들이 방송영상 콘텐츠 시장을 주도할 조짐과도 무관하지 않다. 실제 기존의 레거시 미디어legacy media는 온라인 동영상 플랫폼에 의해 점차 자리를 빼앗기는 모양새다. 지상파방송사, 케이블TV, 위성방송과 같은 네트워크 기반의 플랫폼 사업자들은 협소한 내수 시장에 갇혀 있는 반면, 비非네트워크 기반의 플랫폼 사업자들은 국내외로 영향력을 확대할 수 있어 각국에 서비스 론칭시 파급 효과가 상당할 것으로 예상된다.

온라인 동영상 플랫폼 서비스 업체들도 이러한 경쟁 국면에서 나름의 수익모델을 구축하고 이용자 확보에 열을 올리고 있다. 예컨대 넷플릭스는 2018년 1월 기준, 전 세계 190개 국가, 1억 1,700만 가입자, 1일 평균 1억 1,400만 뷰를 확보한 거대 글로벌 온라인 동영상 서비스 업체다. 넷플릭스는 2017년에 신규 가입자 수가 급증했는데, 2분기에만 520만 명이 순증했다. 예상치보다 200만 명을 초과한 수치다. 신규 가입자 증가는 넷플릭스의 오리지널 콘텐츠 제작 덕분이라는 견해가 우세하다. 지난 2012년 2월 코미디 드라마 〈릴리해머Lilyhammer〉를 시작으로 본격 개시된 넷플릭스 오리지널 콘텐츠 전략은 〈하우스 오브 카드House of Cards〉, 〈오렌지 이즈 뉴 블랙Orange is the New Black〉에 이르기까지 오리지널 드라마 시리즈를 발판으로 성장해왔다. 오리지널 콘텐츠 제작 경쟁은 넷플릭스뿐만 아니라 다른 온라인 동영상 플랫폼에도 퍼져나갔다.

한편 동남아를 비롯한 미주 지역 한류의 주요 소비계층은 10~20대의 젊은 층으로 이들은 주로 온라인 매체를 선호하는 세대다. 실제 말레이시아에서는 현지에서 방영되지 않은 〈치즈인더트랩〉과 〈태양의 후예〉 등의 드라마가 유튜브와 온라인 스트리밍 서비스를 통해 제공되면서 큰 인기를 얻은 바 있다. 한국콘텐츠진흥원의 「브라질 한류콘텐츠

OTT 사업자들의 오리지널 콘텐츠 제공 경쟁 현황

사업자	현황
넷플릭스	• 2018년 70억 달러(약 7조 7,000억 원) 예산 투입 예정
아마존	• 연 40억 달러(약 4조 4,000억 원) 예산 투입 • 2018년에는 45억 달러(약 4조 9,500억 원) 추가 투입 예정
훌루	• 스튜디오와 밀접한 관계 형성
유튜브	• 유튜브 레드를 이용해 오리지널 콘텐츠를 편성 • 2017년 말 50개의 신규 프로그램 독점 제공
애플	• 2017년 6월 초 애플뮤직을 통해 오리지널 TV쇼 〈Planet of the Apps〉 공개 • 2018년 오리지널 콘텐츠 제작에 10억 달러(약 1조 1,000억 원) 투자
페이스북	• TV 프로그램 수준의 오리지널 콘텐츠 제작을 위해 할리우드 스튜디오와 논의 중이며 에피소드 당 300만 달러(약 33조 원) 투자 계획(《월스트리트저널》, 2017. 06) • 광고를 삽입해 제작자에게 광고 수익 배분을 수익원으로 지원
스냅챗	• 모기업인 스냅이 오리지널 콘텐츠 제작을 위해 워너브라더스와 1억 달러(약 1,100억 원) 수준의 계약 체결
기타 SNS	• 트위터: 동영상 콘텐츠에 대한 집중적 투자 • 인스타그램: 60초 길이의 동영상 및 실시간 방송 서비스(라이브)를 제공하며 동영상 플랫폼으로 성장
기타 PP	• 프리미엄 유료 TV채널(HBO, Starz, Showtime 등)이 자체적인 온라인 동영상 서비스로 오리지널 프리미엄 콘텐츠 제공

출처: 한국콘텐츠진흥원 (2017). 『KOCCA 이슈분석: 넷플릭스의 오리지널 콘텐츠 제작의 취소』, p. 5. 재정리.

브라질 내 방송 드라마/버라이어티 이용경로

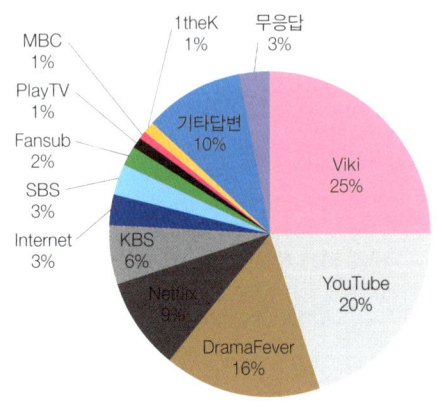

출처: 김영수 (2017), 「2017 브라질 한류콘텐츠 인식소비조사결과」, p. 6. 한국콘텐츠진흥원 내부자료.

인식소비조사결과」(브라질 한류엑스포 2017)*에서도 한국 드라마/버라이어티 이용 경로로 비키(24.8%), 유튜브(20.5%), 드라마피버(15.8%), 넷플릭스(8.6%) 등 온라인 동영상 플랫폼이라고 응답한 비중이 전체의 69.7%로 나타날 만큼 온라인 매체가 한류 방송 콘텐츠의 주류 유통채널로 확인되었다. 반면 국내 지상파방송의 해외 유통채널인 'KBS 아메리카America', 'MBC 아메리카America', 'SBS 인터내셔널International' 등의 이용 비중은 상대적으로 낮았다.

이에 맞서 지상파 3사는 미국 현지에서 한국 드라마와 예능 콘텐츠를 보다 쉽게 이용할 수 있는 온라인 동영상 플랫폼 서비스인 '코코와Korea Content Wave, KOCOWA'를 2017년 7월에 출시했다. 전 세계 한류 팬들이 쉽고 빠르게 한류 콘텐츠를 이용할 수 있도록 웹과 모바일을 통해 서비스를 제공하며, 미국을 비롯한 미주 지역을 시작으로 점차 확대한다는 계획이다. 코코와는 한국 콘텐츠 제작사들이 해외 플랫폼 사업자에게 한류 콘텐츠를 단순 공급하는 방식에서 벗어나, 자체 플랫폼을 통

---

* 조사개요: [기간] 2017년 11월 19~20일, [장소] 브라질 상파울루, [응답자] 1,158명.

해 한류 콘텐츠를 직접 유통하는 최초의 사례로, 앞으로 넷플릭스 같은 글로벌 OTT 사업자의 대항마로 커나가리라 기대하고 있다.

한편 글로벌 콘텐츠 기업 중 하나인 워너브라더스는 2016년 드라마피버를 인수한 후 한국 드라마와 버라이어티 공급에 열을 올리고 있다. 드라마피버는 미국을 비롯한 20개국에서 한국 드라마 스트리밍 서비스를 제공하는 기업으로, 전체 이용자의 3분의 2가 아시아인이며, 월평균 이용자는 약 800만 명이다. 드라마 〈상속자들〉, 〈내일도 칸타빌레〉 등 인기 한국 드라마의 제작 참여뿐만 아니라, 빅뱅 미국 투어 중계 등 차별화된 콘텐츠로 제작사로의 가능성도 인정받았다.

온라인 동영상 플랫폼은 중국, 일본 등에 국한된 한국 방송 콘텐츠의 커버리지를 동남아, 미주 등으로 확장하는 데 절대적인 영향을 미쳤다. 한류 콘텐츠 유통 패러다임이 플랫폼 기반으로 전환되는 시점에서 방송 한류 콘텐츠 제작 및 유통업계에서도 보다 적극적인 대응이 필요하다.

영화
한류

한국 영화 기술, 중국을 향하다
영화진흥위원회 산업정책연구팀 연구원 **박희성**

2017
HALLYU
WHITE
PAPER

영화
한류
현황

한국 영화 완성작 수출은 감소, 서비스 수출은 증가

2017년 한국 영화 완성작 수출의 계약 금액은 전년 대비 15.5% 상승한 3,477만 1,671달러(약 382억 4,884만 원)를 기록했다. 이는 2005년 이후 최고 금액이다. 반면, 현지 배급에 따른 수익은 595만 4,486달러(약 65억 4,993만 원)로 전년 대비 56.8%나 감소했다. 그 결과, 계약 금액과 추가 수익을 합친 완성작 수출 총액은 4,072만 6,157달러(약 447억 9,877만 원)로 전년 대비 7.2% 감소했다.

완성작 수출액을 구매 지역별로 살펴볼 때, 거의 대부분의 지역에서 전년 대비 하락했다. 그럼에도 불구하고 완성작 수출 계약 금액이 늘어난 데는 넷플릭스 등 글로벌 OTT사업자가 〈강철비〉, 〈염력〉 등의 한

2013~2017년 한국 영화 완성작 수출 현황

(단위: 달러, %)

연도	2013	2014	2015	2016	2017
완성작 수출액	37,071,445	26,380,475	29,374,098	43,893,537	40,726,157
계약 금액 (MG+Flat+기타)	34,156,895	18,636,519	16,823,335	30,106,468	34,771,671
현지 배급 수익 (Overage+직배+기타)	2,914,550	7,743,956	12,550,763	13,787,069	5,954,486
전년 대비 증감률	83.7	-28.8	11.3	49.4	-7.2

주: 1) 수출 편수에는 현지 배급 수익 발생 작품 수는 포함하지 않음.
　 2) 평균 수출가 = 계약 금액 / 수출 편수
출처: 영화진흥위원회 (2018. 02. 12), 「2017년 한국 영화산업 결산」, p. 4.

국 영화를 비교적 높은 구매가에 구입한 데 힘입은 바가 크다.* 글로벌 OTT사업자는 거의 전 세계 권역으로 구매 계약을 맺는다. 해외 극장 상영은 불가능하지만, OTT를 통해 전 세계 관객들에게 영화를 보여줄 기회를 얻는다는 장점이 있다. 2017년에는 일본 등지에서 극장 이후 윈도우window(DVD, 비디오, 유료 인터넷 다운로드, TV케이블 등)에서 얻어지는 수익 배분Revenue Share 금액보다는 한국 영화의 해외 직접 배급을 통한 수입이 현지 배급 수익의 대부분을 차지했다.

VFXVisual FX(시각 특수효과), DIDigital Intermediate(디지털 색보정) 영화 등 기술서비스 부문과 로케이션 유치 부문을 합친 서비스 수출액은 2017년 7,806만 2,722달러(약 858억 6,899만 원)로 2011년 조사를 시작한 이래 최대 수치를 기록했다. 기술서비스 부문은 7,018만 4,428달러(약 772억 287만 원)로 전년 대비 무려 81.8%나 증가한 반면, 외국 로케

2013~2017년 영상 분야 서비스 수출 현황

(단위: 달러, %)

연도	2013	2014	2015	2016	2017	전년 대비 증감률
기술서비스	18,950,929	14,042,809	21,372,505	38,613,215	70,184,428	81.8
VFX·DI	18,845,429	10,995,259	18,179,820	36,096,838	65,953,928	82.7
3D 관련	-	-	2,541,312	1,884,117	0	-100.0
사운드	89,000	102,600	54,000	231,400	30,500	-86.8
기타(특효 등)	16,500	2,944,950	597,373	400,860	4,200,000	947.8
외국 영상물 로케이션*	3,472,483	22,661,143	4,753,897	18,583,388	7,878,294	-57.6
합계	22,423,412	36,703,952	26,126,402	57,196,603	78,062,722	36.5

주: 외국 영상물이 한국에서 로케이션 촬영을 할 경우, 국내에서 집행한 금액임.
출처: 영화진흥위원회 (2018. 02. 12). 「2017년 한국 영화산업 결산」, p. 50.

---

* 영화진흥위원회 (2018. 02. 12). 「2017년 한국 영화산업 결산」, p. 47.

이션 팀의 국내 집행액은 7,878,294달러(약 866만 6,123원)에 머물러 전년 대비 57.6% 감소했다. 기술서비스의 증가는 중국 대작의 수주가 늘어난 데 힘입었고, 로케이션 부문의 감소는 할리우드 대작이나 글로벌 OTT사업자의 드라마 촬영 등이 감소했기 때문이다.*

2017년 화제작, 〈옥자〉 & 〈신과함께-죄와 벌〉

2017년 작품성에서 가장 관심을 모은 영화는 봉준호 감독의 〈옥자〉다. 2017년 칸영화제 경쟁 부문에 진출한 〈옥자〉는 세계 최대 동영상 스트리밍 업체인 넷플릭스가 제작비 전액을 투자한 영화다. 주인공 미자 역할을 맡은 안서현, 봉준호 감독과 네 번째 작품을 함께한 변희봉 등의 한국 배우들과 함께 틸다 스윈튼Tilda Swinton, 폴 다노Paul Franklin Dano 등 할리우드 배우들이 출연해 화제를 모았다.

예상치 못한 복병은 극장 개봉과 관련한 문제에 있었다. 〈옥자〉는 넷플릭스에서 제작한 오리지널 콘텐츠로, 기본적으로 극장 개봉이 불가능**했다. 그럼에도 불구하고 전 세계 1억에 가까운 가입자를 보유한 넷플릭스를 통해 보다 많은 해외 관객들이 작품을 접할 수 있는 장점이 있었다. 노출 정도나 확산성 면에서 〈옥자〉가 지닌 의의가 상당한 이유다.

상업성 면에서는 단연 〈신과함께-죄와 벌〉이 가장 돋보이는 활약을 펼쳤다. 2017년 12월 20일 국내 개봉한 이래 폭발적인 반응을 일으

---

* 영화진흥위원회 (2018. 02. 12), 「2017년 한국 영화산업 결산」, p. 50, 52.
** 《매일경제》(2017. 06. 07). '〈옥자〉 3대 극장 체인서 못 본다'; 〈옥자〉의 경우 한국·영국·미국에서만 제한적인 극장 개봉을 할 수 있도록 조건을 단 것으로 알려졌다.

〈옥자〉 해외 포스터	〈신과함께-죄와 벌〉 대만 포스터
출처: 〈옥자〉 공식 사이트	출처: 〈신과함께〉 공식 사이트

키며 1,430만 명이 넘는 관객을 동원, 한국 영화 역대 흥행 2위에 올랐다. 〈신과함께-죄와 벌〉은 국내 개봉 두 달여를 앞두고 열린 부산국제영화제BIFF 아시아필름마켓AFM에서 103개국에 선판매됐다.* 때문에 아시아 각국에서 국내와 큰 간격을 두지 않고 극장에서 개봉했다. 대만에서는 2017년 12월 22일에 개봉해 5주 연속 박스오피스 1위**를 차지하는 등 돌풍을 일으켰다. 2018년 1월 21일 기준 누적 흥행 수입만 해도 4억 대만달러(약 144억 원)를 넘어선다. 이는 2017년 대만 개봉작 중 〈분노의 질주: 더 익스트림〉(6억 5,078만 대만달러, 약 234억 2,808만 원)에 이어 2위에 해당되는 기록이자*** 〈부산행〉이 가지고 있던 역대 대만 개봉 한

---

* 《한국일보》(2018. 01. 27). 〈'신과함께', 아시아에서 잘 팔리네〉.
** 《일간스포츠》(2018. 01. 30). 〈아시아 휩쓴 '신과함께', 1400만 이상의 의미〉.
*** 《익스트림무비》(2018. 02. 06). URL: http://extmovie.maxmovie.com/xe/movietalk/

〈신과함께-죄와 벌〉 해외 극장 매출액(2018년 1월 기준) (단위: 달러)

국가/지역	개봉일	매출액(기준일)
대만	2017. 12. 22.	1,317만(2018. 01. 21)
미국	2017. 12. 22.	168만(2018. 01. 21)
베트남	2017. 12. 29.	100만(2018. 01. 25)
태국	2017. 12. 29.	52만(2018. 01. 22)
홍콩	2018. 01. 11.	439만(2018. 01. 23)
싱가포르	2018. 01. 11.	50만(2018. 01. 25)
말레이시아	2018. 01. 18.	44만(2018. 01. 25)

출처:《한국일보》(2018. 01. 27). 〈'신과함께', 아시아에서 잘 팔리네〉.

국 영화 중 흥행 1위를 갱신한 호기록이다. 홍콩에서는 2018년 1월 11일에 개봉, 2주 연속 주말 박스오피스 1위로 관객을 동원한 결과, 개봉 18일차인 1월 28일 기준 4,000만 홍콩달러(약 56억 원)를 돌파했다.* 이는 2016년 8월 25일에 개봉해 흥행에 성공한 〈부산행〉의 수익 6,800만 홍콩달러(약 95억 2,7000만 원, 2016년 홍콩 전체 흥행 2위)에 이은 홍콩 시장에서 개봉한 역대 한국 영화 중 2위의 기록이다.** 말레이시아에서도 박스오피스 1위***, 베트남에서는 박스오피스 2위, 태국과 인도네시아에서는 3위에 랭크****됐으며, 그밖에 싱가포르·라오스·캄보디아·미얀마·필리핀 등 아시아 전역에 걸쳐 좋은 반응을 얻고 있다.

29492832.

* 《일간스포츠》(2018. 01. 30). 〈아시아 휩쓴 '신과함께', 1400만 이상의 의미〉.
** 《익스트림무비》(2018. 02. 06). URL: http://extmovie.maxmovie.com/xe/movietalk/29492832.
*** 《익스트림무비》(2018. 02. 06). URL: http://extmovie.maxmovie.com/xe/movietalk/29492832.
**** Media Rising (2018. 02. 06). URL: http://www.hrising.com/movie/?mode=view&no=6719&search_type=&keyword=%EC%8B%A0%EA%B3%BC%ED%95%A8%EA%BB%98

영화 한류 핫이슈

〈옥자〉를 둘러싼 논란

넷플릭스가 만든 영화 〈옥자〉는 여러모로 논란의 대상이 되었다. 167개국에 수출된 〈설국열차〉로 세계적인 영화감독으로 주목받은 봉준호의 신작 〈옥자〉는 제70회 칸영화제 경쟁 부문 진출에 성공했다. 문제는 경쟁 부문 심사위원장을 맡은 스페인의 영화감독 페드로 알모도바르Pedro Almodovar가 극장에서 볼 수 없는 영화에 상을 줄 수 없다는 발언을 하면서 시작되었다. 〈옥자〉는 스트리밍 서비스를 전제로 만든 영화이기 때문이다. 이에 앞서 프랑스 극장협회FNCF는 칸영화제 경쟁 부문에 넷플릭스 영화가 출품된 것은 영화 생태계를 어지럽히는 처사라며 강하게 반발하기도 했다.

〈옥자〉는 미국 기준 2017년 6월 28일(한국 기준 6월 29일) 넷플릭스에서 서비스되는 한편, 한국·미국·영국에서는 극장 개봉도 동시에 진행할 계획이었다. 그러나 국내 CGV·롯데·메가박스 3대 극장 체인에서 넷플릭스 스트리밍 서비스를 통한 개봉과 극장 동시 상영을 받아들일 수 없다며 〈옥자〉의 상영을 거부하기도 했다.

당초 봉준호 감독이 넷플릭스로부터 한국 영화 사상 최대 제작비를 투자받아 영화를 만드는 것은 한국 영화의 해외 진출에 있어 상당히 고무적인 일로 평가되었다. 넷플릭스가 190여 개국에 걸쳐 1억 명의 가입자를 보유한 만큼 그 파급력이 지대할 것이라 여겼기 때문이다. 그러나 극장으로부터의 거센 반발, 플랫폼 다변화에 따른 '영화' 재정의 필요성 등의 논란이 일면서 〈옥자〉가 입은 피해 또한 적지 않다.

이 같은 논란을 겪는 속에서 〈옥자〉는 2018년 3월에 열리는 아카데미 시상식 시각효과 부문 예비후보에 이름을 올렸고, 유명 영화 평론 사이트인 로튼토마토Rotten Tomatoes에서 신선도 지수 83%를 기록하며, '2017년 최고의 SF·판타지 영화' 4위에 이름을 올리는* 등 작품성과 화제성 면에서 어느 정도 성과를 인정받았다.

〈옥자〉가 제기한 한 가지 논란은, 이 영화가 '한국 영화'인가 하는 문제다. 〈옥자〉는 한국에서 등급을 부여받을 때 제작사를 '미국'으로 국적을 표기해, '미국 영화'로 상영이 되었다. 〈옥자〉가 '한국 영화'가 아니라면 외국에서 얻은 성과를 영화 한류의 범주에 넣을 수는 없는 노릇이다. 이래저래 〈옥자〉는 '한국', '영화' 두 가지 단어 정의에 대한 새로운 논란거리들을 안겨준 문제작이라 하겠다.

한한령으로 인한 중국 시장 진출 난관

2016년 7월, 한국 내 고고도미사일방어체계THAAD(이하 사드) 배치 계획이 발표된 이래, 한국 영화의 중국 시장 진출은 크나큰 시련을 겪어야 했다. 2016년부터 2017년 말까지 한국 영화는 단 한 편도 중국 극

---

* 《OSEN》 (2018. 01. 04). 〈[Oh!llywood] '옥자', 로튼 토마토 선정 2017년 최고의 SF/판타지 영화〉.

장에서 상영되지 못했다.* 그나마 2016년에는 〈바운티 헌터스: 현상금 사냥꾼〉, 〈그래서 나는 안티팬과 결혼했다〉를 비롯한 다섯 편의 합작영화가 상영되었지만 2017년에는 그나마도 전무했다. 공식적인 합작영화 비준도 이뤄지지 않고 있는 상황이다. 중국의 대표적인 국제영화제인 베이징국제영화제北京國際電影節와 상하이국제영화제上海國際電影節에서 2017년에 한국 영화는 단 한 편도 상영되지 않았다.

2016년에 한국 영화 완성작 수출과 서비스 수출 양 부문에서 모두 1위를 차지했을 정도로 영화 한류의 주요 수요자였던 중국의 모습은 온데간데없어졌다. 2017년 영화 완성작 대對중국 수출액은 전년 대비 55% 감소했으며, 중국 작품의 한국 로케이션 유치는 0편(2016년 13편)**에 그치는 등 상대적으로 국적이 눈에 띄지 않는 VFX 등 기술서비스 분야를 제외하고는 한한령이 미치는 타격은 크고 광범위했다.

2017년 중국 극장 시장 규모는 전년 대비 13.4% 상승한 559.11억 위안(약 9조 5,049억 원)***으로 집계되었는데, 한국 영화의 시장 점유율은 0%에 그친 반면, 인도·일본·태국 등 다른 나라의 중국 시장 진출은 도약이 이뤄졌다.

한국 영화가 주춤하는 사이 인도 영화는 2017년 중국 시장 흥행 상위 10위에 2편이나 진입했다. 17억 5,260만 위안(약 2,890억 원)으로 4위를 차지한 〈쿵푸요가〉는 인도와 중국의 합작영화이고, 12억 9,912만 위안(약 2,208억 5,040만 원)으로 7위에 오른 〈당갈〉은 순수 인도 영화이다. 두 편의 박스오피스를 합치면 시장 점유율은 5.4%에 달하며, 〈당갈〉 한

---

* 2015년 9월 17일 중국에서 개봉된 〈암살〉이 가장 최근에 중국에서 개봉된 한국 영화이다.
** 영화진흥위원회 (2018. 02. 12). 「2017년 한국 영화산업 결산」, p. 50.
*** 《한국영화》 (2018. 01). 〈Global Box Office_12월 중국 흥행시장 분석〉.

편만으로도 2.3%를 차지하는 수치다.*

일본의 약진도 두드러졌다. 반일 감정이 강한 데다 2012년 벌어진 센카쿠 분쟁으로 인해 2013년과 2014년에 단 한 편도 자국 영화를 중국에 개봉시키지 못했지만 2017년엔 달랐다. 2016년 개봉한 〈너의 이름은.〉이 5억 7,675만 위안(약 980억 4,750만 원)을 기록하며 중국에서 개봉한 일본 영화 중 최고 기록을 세웠으며, 같은 해 총 11편의 개봉 실적을 올렸다. 2017년에는 중·일 합작영화 1편을 포함해 역시 11편의 일본 영화가 중국 극장에서 선보였다. 2017년에 일본 영화가 거둔 흥행 수입은 총 11억 위안(약 1,870억 원)으로 시장 점유율은 2.0% 정도이다. 이밖에 태국 영화 〈배드 지니어스〉가 2억 7,066만 위안(약 460억 1,220만 원)으로 의미 있는 흥행 수입을 기록하는 등 세계 2위 규모의 중국 시장은 각국 영화들의 치열한 경쟁으로 뜨거운 상황이다.**

2017년 10월에 있었던 한·중 관계 개선과 관련한 협의문 발표로 한한령이 해소될 기미가 있다고는 하지만 이후 한국 영화가 개봉일자를 잡은 사례는 없다. 이대로 중국 시장에서 한국 영화가 설 자리가 없어질 우려가 크다.

국경을 넘나드는 영화 자원들, '한국 영화'의 경계

교통과 통신의 발달을 넘어 인터넷이 보편화되고, 국경을 넘나드

---

* 《한국영화》 (2018. 01), 〈Global Box Office_12월 중국 흥행시장 분석〉.
** 《한국영화》 (2018. 02), 〈FOCUS 1_한한령 후 중국 극장가는?〉.

는 일이 매우 자연스러워지면서 영화 역시 국적을 정의하기 어려운 시대가 되었다. 더불어 '영화 한류'라는 개념 역시 다변화되고 복잡해지고 있다. 한국 영화는 오랫동안 한국에서, 한국 자본으로, 한국 사람이 만든 영화로서 한국에서 상영되던 것이었다. 2000년대 접어들기 전까지 한국 영화가 해외에서 상영되는 것은 영화제를 통해서만 가능했다. 그러다 〈쉬리〉, 〈8월의 크리스마스〉 등이 해외에서 좋은 반응을 얻기 시작하면서 본격적으로 한국 영화의 해외 진출이 시작되었다. 한국 영화를 통해 한국의 영화 인력과 기술이 해외에 나가기 시작했고, 해외에 진출한 한국의 극장 체인을 통해 한국 영화는 더욱 확산되었다. 당초 '한국 영화'의 수출과 해외 상영만이 '영화 한류'의 개념이었으나 그 방향이 점차 다각화된 것이다.

이뿐만 아니라 단순히 한국 영화 완성작만 해당되는 것이 아니라 한국 영화의 콘셉트와 시나리오가 해외에서 현지 영화로 재탄생되는 경우, 즉 현지 리메이크 영화 역시 영화 한류의 개념에 포함시키게 되었다. 단순히 리메이크 판권을 파는 경우도 있지만, 한국의 인력과 자본이 현지 영화 자원과 결합하는 공동제작의 형태가 늘어나고 있다. 〈선물〉을 리메이크한 〈이별계약〉, 〈블라인드〉를 리메이크한 〈나는 증인이다〉 등의 영화들이 공동제작 형태를 택했고, 이어 〈수상한 그녀〉의 사례가 등장했다.

〈수상한 그녀〉는 당초 한국의 시나리오를 기반으로 한국판 〈수상한 그녀〉와 중국판 〈20세여 다시 한 번〉이 동시에 제작될 예정이었지만, 사정상 한국판이 먼저 완성되어 한국에서 높은 흥행을 거뒀고, 이후 중국판은 공동제작으로 완성되어 추후 좋은 성적을 냈다. 베트남판인 〈내가 니 할매다〉, 인도네시아판 〈스위트 20〉 등도 모두 공동제작 형식으로 만들어 현지 흥행에 성공을 거뒀다. 이처럼 한국 영화에 기반을 둔 공동제작 영화들의 경우 한국 개봉 시 '한국 영화'로 인정받기도 하지만 (〈이별계약〉), 대부분은 현지에서의 성공을 목표로 제작되기 때문에 '한국 영화'로 규정받는 데는 크게 관심을 두지 않는 상황이다. 이러한 영화들을 '한국 영화'로 분류할 수 있는지, 이런 영화들의 성공을 '영화 한류'라고 볼 수 있는지, 이 문제에 쉽게 답하기란 어렵다.

넷플릭스에서 전액 투자한 〈옥자〉처럼, 해외 자본이 100% 투자하고 판권을 소유한 영화를 '한국 영화'로 볼 수 있느냐 하는 문제도 있다. 폭스와 워너브라더스 등 할리우드 회사들이 한국에서 투자 배급하는 영화들이 점점 늘어나고 있다. 2016년 폭스는 〈곡성〉으로, 워너브라더스는 〈밀정〉으로 작품성과 흥행성 두 마리의 토끼를 다 잡은 바 있으며, 이들은 2018년에 김지운 감독의 〈인랑〉, 박훈정 감독의 〈마녀〉 등을 제작할 계획이다.

그렇다면 이런 영화들을 '한국 영화'로 볼 수 있을까. 외국 자본이 100% 투입되긴 했지만 감독과 주연배우, 배경이 한국이라면 '한국 영화'로 봐야한다고 할지 모르겠다. 하지만 이러한 영화로 얻어지는 국내외 수익은 모두 투자제작사로 귀속되는데, 이것이 한국 영화의 성과라고 할 수 있을까. 영화진흥위원회와 같은 기관은 '한국 영화'를 지원한다. 그렇기 때문에 '한국 영화'가 무엇인지 정의내리는 작업은 반드시 필요하고 기준 역시 존재한다. 하지만 이처럼 날로 다양화되고 있는 영화 자원 간의 교류를 충분히 고려해, '한국 영화'라는 개념 역시 재정의가 필요하다. 그 목표는 한국 영화계와 영화인들이 해외 무대에서 제대로 된 권리를 확보할 수 있도록 돕는 데 두어야 할 것이다.

주요 진출국 및 진출 경로

중남미 제외 전 지역 수출 하락

2017년 한국 영화 완성작의 권역별 수출 현황을 살펴보면, 아시아 지역이 전체의 53.2%로 가장 많이 차지했다. 이를 다시 국가별로 살펴보면, 일본이 489만 5,393달러(약 53억 8,493만 원)로 전체의 12%를 차지했고, 대만과 중국이 2, 3위를 차지했다.* 2016년에는 중국이 1위를 차지했지만 2017년에는 일본이 1위를 되찾았다. 이는 일본 지역의 수출 증가라기보다는 한한령 등으로 인해 대(對)중국 수출액이 54.9%나 하락한 데 따른 원인이 크다.

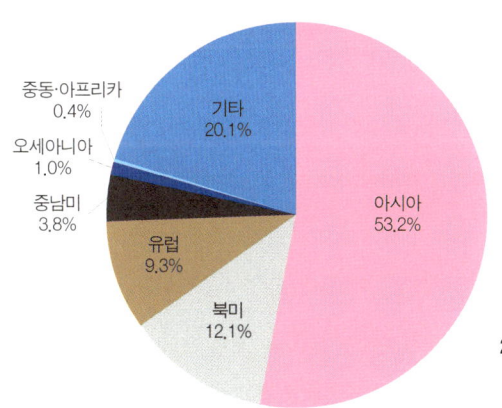

2017년 한국 영화 완성작 권역별 수출액 비중
출처: 영화진흥위원회 (2018. 02. 12).
「2017년 한국 영화산업 결산」, p. 48.

* 영화진흥위원회 (2018. 02. 12). 「2017년 한국 영화산업 결산」, pp. 48~49.

2017년 주요 15개국 한국 영화 완성작 수출 현황

(단위: 달러, %)

순번	국가/지역명	수출액	비중	전년 대비 증감률
1	일본	4,895,393	12.0	13.5
2	대만	3,326,513	8.2	-15.4
3	중국	3,172,200	7.8	-54.9
4	미국	3,102,633	7.6	-67.7
5	싱가포르	2,213,700	5.4	-8.6
6	프랑스	1,684,491	4.1	51.1
7	필리핀	1,648,000	4.0	-15.1
8	베트남	1,482,346	3.6	50.3
9	홍콩	1,233,829	3.0	-72.0
10	인도	967,500	2.4	276.5
11	태국	856,415	2.1	66.0
12	말레이시아	760,000	1.9	-14.6
13	호주	378,774	0.9	-20.2
14	독일	260,770	0.6	-63.8
15	기타(전 세계 판권 포함)	14,743,593	36.2	180.1
	합 계	40,726,157	100	-7.2

출처: 영화진흥위원회 (2018. 02. 12). 「2017년 한국 영화산업 결산」, p. 49.

　　권역별·국가별 완성작 수출 순위에도 드러나듯이 한국 영화 완성작의 수출은 여전히 아시아 지역에 의존하고 있음을 알 수 있다. 그런데 권역별에서는 기타가 20.1%로 2위, 국가별에서는 기타가 36.2%로 1위인 일본보다 앞섰다. 이는 기타에 전 세계 권역을 대상으로 하는 OTT사업자들에 대한 수출 금액이 포함되어 있기 때문이다. OTT사업자들이 영화 산업에 미치는 영향력이 확대되면서 이는 향후 영화 분야 해외 진출 판도에도 여러 변화를 불러올 것으로 예측된다. OTT사업자들은 전 세계 가입자 확보를 위해 좋은 콘텐츠를 독점으로 배급하려는 시도를 계속하고 있다. 넷플릭스가 〈옥자〉 등 오리지널 콘텐츠를 제작하는 것 역시 그러한 시도의 일환이다. 향후 극장 개봉이나 부가시장 배급 등 기존의 경로를 통한 해외 진출에 더해 OTT서비스를 통해 해외 관객을 접하는 경로에 더욱 주목해야 할 것이다.

중국 대작 영화에 참여하는 한국 VFX 기술

영화 한류가 영화 완성작의 수출에만 국한되지 않은 지는 꽤 오래됐다. 특히 영화 기술서비스 수출은 2012년을 전후로 꾸준히 늘어났으며, 2017년 기술서비스 수출액은 7,108만 4,428달러(약 781억 9,287만 원)로 완성작 수출액 4,027만 6,157달러(약 443억 377만 원)와 큰 격차를 보이기에 이르렀다.

기술서비스 수출액 중 94%에 달하는 6,595만 3,928달러(약 725억 4,932만 원)가 VFX·DI 분야에서 나왔다. 또한 중국이 전체의 78%를 차지하고, 홍콩이 19.7%를 차지해 중화권 국가의 비중이 87.7%에 달

2017년 한국 영화 기술서비스 권역/국가별 수주 현황 (단위: 달러, %)

권역	국가	금액	비중
아시아	중국	54,772,263	78.0
	홍콩	13,850,000	19.7
	일본	202,000	0.3
	기타	92,665	0.1
북미	미국	-	-
유럽		1,267,500	1.8
합계		70,184,428	100

주: 한국 영화 서비스 수출 부문의 실적은 2017년도 해외 수주 실적이 있는 분야 (VFX·DI, 3D·3D컨버팅, 사운드믹싱, 기타) 7개 업체를 대상으로 조사했다.
출처: 영화진흥위원회 (2018. 02. 12). 「2017년 한국 영화산업 결산」, p. 51.

했다.* 한한령에도 불구하고 중국 지역 기술서비스 수출액은 전년 대비 45% 증가했으며, 중국 대작들이 더 많이 한국 영화의 기술서비스를 찾았다. 한한령의 대상이 눈에 띄는 한국 감독과 한국 배우가 기용되는 작품에 주로 집중되어 있었고, 이는 중국이 공식적인 공동제작 비준을 내주지 않는 데에 확실한 영향을 끼쳤다. 반면 작품의 국적에 영향을 끼치지 않는 기술서비스 분야에는 크게 타격을 주지 않았음을 알 수 있다.

여러 기술서비스 업체 중에서도 덱스터스튜디오(이하 덱스터)의 활약이 두드러진 한 해였다. 덱스터에서 참여한 〈쿵푸요가〉(청룽 감독), 〈서유복요편〉(쉬커 감독) 등이 2017년 중국에서 개봉해 좋은 흥행 성적을 기록했고, 이를 바탕으로 2017년 12월 한 달 동안 중국 영화 〈스틸타운〉, 〈몬스터숍〉으로부터 107억 원어치의 물량을 수주**하기도 했다. 또한 회사 대표인 김용화 감독이 연출하고 투자 제작에도 참여한 〈신과함께〉는 중국 알파그룹으로부터 1,500만 위안(약 25억 5,000만 원) 투자 유치***에 성공하기도 했다. 덱스터는 〈신과함께-죄와 벌〉이 국내외에서 크게 성공하면서 향후 기술서비스 제공뿐 아니라 투자제작사로서의 입지도 확보하게 되었다.

---

* 영화진흥위원회 (2018. 02. 12). 「2017년 한국 영화산업 결산」, p. 50.
** 《매일경제》(2017. 12. 19). 〈덱스터스튜디오, 中 영화 시각특수효과 잇단 수주〉.
*** 《머니투데이》(2016. 12. 19). 〈덱스터, 中 알파 1500만 위안 '신과함께' 투자 유치〉.

영화제와 마켓, OTT사업자의 전 세계 판권 구매

한국 영화 완성작의 수출 방식은 주로 메이저 투자배급사의 수출 부문 혹은 해외 수출 전문업체가 해외 각지의 바이어와 접촉, 영화를 보여주고 수출하는 방식으로 진행되어 왔다. 영화가 완성되기 전에 계약이 되면 사전 구매pre-sales라고 지칭하는데, 이는 감독이나 배우가 유명하거나 촬영된 장면들이 매우 매력적일 경우에 성사되는 경우가 대부분이다. 한국의 해외 세일즈 부문/업체는 해외 바이어와 전화·메일·우편 등을 통해서 상시 접촉을 하고, 대면 협상과 계약 체결은 중요한 필름마켓이나 영화제 기간에 이뤄진다. 주요 마켓은 칸영화제 기간에 열리는 칸마켓Marché du Film(5월), 베를린국제영화제 기간에 열리는 EFMEuropean Film Market(2월), 아메리칸필름마켓American Film Market: AFM(11월), 홍콩필름마트FILMART(3월) 등이다.

영화 완성작 수출에 있어 영화제들은 그 자체로도 견본시 역할을 한다. 칸이나 베를린, 베니스 등 유명 영화제들의 경우 후보에 선정되는 것만으로도 영화의 질적 수준은 보장되는 것으로 인정받기 때문에, 특히 유럽에서는 이들 영화제에 진출한 것만으로도 수출에 청신호가 켜진다. 2016년 칸에 진출한 〈부산행〉, 〈아가씨〉, 〈곡성〉이 수출에 큰 성과를 올린 데 이어, 2017년에도 칸에 진출한 작품들의 성과가 돋보였다. 〈불한당: 나쁜 놈들의 세상〉은 프랑스·네덜란드·벨기에·일본·호주·인도·대만·필리핀·홍콩·싱가포르 등 세계 85개국에 선판매*되었으며, 칸마켓에서 추가로 영국·이탈리아 등에 판매되어 총 128개

---

* 《중앙일보》 (2017. 05. 02), 〈칸 초청 효과 '불한당'… 세계 85개국 판매〉.

〈악녀〉 해외 포스터
출처: 〈악녀〉 공식 사이트

국에 판매*되었다. 〈악녀〉 역시 칸마켓을 통해 북미와 남미를 비롯, 프랑스·독일·스페인·이탈리아·오세아니아·필리핀·대만 등 115개국에 판매**되었다. 캐나다 토론토국제영화제Toronto International Film Festival: TIFF(9월)의 경우 마켓 스크리닝은 따로 없지만 영화제 상영작들이 많아 미주 지역 바이어들이 영화를 보기 위해 많이 찾는 것으로 알려져 있다.

완성작 수출 판권 유형을 살펴보면, 해당 지역territory의 극장 상영을 포함한 모든 배급권리를 포함하는 전판권All Rights, 극장 상영 권리만 구매하는 극장판권, 극장을 제외한 부가 시장 판권과 배급 권리를 구매하는 부가판권, 리메이크 판권 등으로 나눌 수 있는데, 대부분은 전판권으로 판매가 이뤄진다. 2017년은 전판권 계약이 71.1%를 차지, 2016년의 55.9%에 비해 대거 늘어났는데 이 역시 OTT사업자 구매가 늘어난 영향이다. 2017년 리메이크 판권 구매는 인도와 여러 편 이뤄졌다.

---

* 《연합뉴스》(2017. 05. 26), 〈칸 초청작 '불한당' 해외 128개국에 판매〉.
** 《서울경제》(2017. 05. 30), 〈'악녀' 136개국 선판매 쾌거! 칸→해외 모두 通〉.

2017년 한국 영화 완성작 수출 계약 판권 유형 (단위: 달러, %)

판권 유형	금액	비중	전년 대비 증감률
전판권(All Rights)*	24,710,624	71.1	46.7
부가판권**	8,325,077	23.9	-29.1
리메이크	1,631,900	4.7	47.0
극장판권	104,070	0.3	-74.7
합계	34,771,671	100	15.5

주: 1) * 일부 별도 조건부 계약 건도 포함.
2) ** 비디오, DVD/Blu-Ray, VOD, 인터넷, PPV, 기내판권 등 다양한 유형을 포함.
3) 본 유형별 분석은 계약 당시의 실적(MG+Flat+기타)만을 대상으로 한 것임.
출처: 영화진흥위원회 (2018. 02. 12). 「2017년 한국 영화산업 결산」, p. 49.

〈국제시장〉, 〈끝까지 간다〉 등이 팔렸는데, 2016년에 한국 영화 〈아저씨〉를 리메이크한 〈록키 핸섬〉의 흥행 성공의 영향으로 보인다. 한편, 〈부산행〉의 영어 버전 리메이크 판권은 프랑스의 대형 영화사인 고몽Gaumont에 고액으로 팔린 바 있다.

완성작 수출 금액은 계약 금액과 현지 배급 수익으로 나누어 집계되고 있는데, 이 중 현지 배급 수익은 영화가 현지 배급될 때 추가로 발생되는 수익인 오버리지overage와 한국 업체의 현지 직접 배급 수익이 주를 이룬다. 오버리지 수입은 사후 정산 시스템이 잘 갖춰져 있고 저작권 보호가 확실한 일본 지역에서 주로 발생하고 있고, 직배의 경우 미국·일본·베트남·인도네시아 등 해외에 진출한 한국의 극장 체인업체인 CJ·CGV와 롯데시네마를 각각 자매회사로 둔 CJ E&M과 롯데엔터테인먼트가 진행하고 있는 방식으로, 현지 수입 배급사를 거치지 않고 한국 회사가 직접 현지에 배급한다. 2017년 현지 배급 수익 595만 4,486달러(약 65억 4,993만 원) 중 대부분은 이 직배 수익이 차지했다.

한국 영화 IP를 활용한 리메이크와 공동제작의 승리

〈수상한 그녀〉의 인도네시아 판인 〈스위트 20〉이 2017년 6월 25일 현지에서 개봉, 7월 9일 기준으로 88만 명의 관객을 동원하고 300만 달러(약 33억 원)의 흥행 수입을 기록했다. 최종적으로 역대 인도네시아 영화 흥행 순위 7위에 오른 〈스위트 20〉에 대해 인도네시아의 유명 베스트셀러 작가 니닛 유니타Ninit Yunita는 "5점 만점에 5점짜리 영화. 웃고, 울고, 노래하게 만드는 마음을 따뜻하게 해주는 영화"라고 평가하기도 했다.* 2014년 국내에서 개봉해 865만 명의 관객을 모은 〈수상한 그녀〉는 중국판·베트남판·일본판·태국판이 이미 만들어졌고, 이 가운데 중국판은 역대 합작영화 흥행 순위 1위, 베트남판은 역대 베트남 로컬영화 흥행 순위 2위를 기록한 바 있는데, 인도네시아 판에서 또 한번의 성공 사례가 나온 것이다. 〈수상한 그녀〉의 투자제작사인 CJ E&M은 로컬판 제작 시에 단순히 IP 제공에만 그치지 않고, 로컬 제작사와 함께 제작에 적극적으로 참여한다고 밝혔다. 기획·개발에서부터 제작, 홍보, 배급, 상영에 이르는 전 과정에 한국 영화

〈수상한 그녀〉 인도네시아판 〈스위트 20〉
출처: 〈수상한 그녀〉 공식 사이트

---

* 《한국일보》 (2017. 07. 10), 〈인도네시아판 '수상한 그녀'도 흥행몰이〉.

제작 경험과 노하우를 전달해 성공적인 국제 공동제작 모델을 만든 것이다. 향후 미국 제작사 두 곳과 함께 영어와 스페인어 버전을 기획 제작중이고, 한-터키 합작영화로도 만들어질 예정이다.

멀티플렉스 체인, 해외 진출의 지속적 확대

한국 영화의 해외 직배가 늘어난 요인에는 해외에 진출한 한국 멀티플렉스 체인의 조력을 무시할 수 없다. CJ CGV는 2006년부터, 롯데시네마는 2008년부터 각각 중국·베트남을 시작으로 해외에 진출했다.

CJ CGV는 2017년 2분기 기준 국내에서 2.2% 매출이 하락하면서 발생한 90억 원의 영업 적자를 인도네시아·터키 등 해외 법인 매출이 메웠다. 전체 영업 손실은 32억 원* 선으로, CJ CGV의 해외 사업 비중은 갈수록 증가하고 있다. 베트남과 터키 내 현지 1위 극장업체인 CJ CGV는 중국·인도네시아·미얀마·미국 등에도 진출해 해외 소재 영화관 수가 1,070개, 스크린 수가 2,257개(2017년 12월 30일 기준)**에 달한다.

2017년 9월부터 롯데쇼핑(주)에서 독립법인으로 출범하게 된 롯데시네마(주)는 해외 시장 진출에 적극 나선다는 방침을 표방했다. 롯데시네마는 베트남에서 극장 31개관 스크린 141개의 2위 극장업체이며,

---

* 《비즈니스포스트》(2017. 08. 10). 〈CJ CGV 국내 사업 부진해 2분기 적자, 서정 '글로벌 기업 변신 중'〉.
** 《조선비즈》(2018. 01. 04). 〈[이코노미조선] 세계로 뻗어나가는 CJ CGV… 해외 스크린 수만 2000개 돌파〉.

중국에도 12개관 91개 스크린(2017년 10월 기준)*을 보유하고 있다. 이들은 향후 인도네시아·미얀마·인도 등지에 진출할 예정이다.

한편, 2012년 처음 개발·설치가 시작된 CJ CGV의 다면 상영 시스템 스크린X 상영관은 이제 세계 8개국 127개관(2017년 9월 22일 기준)에서 만날 수 있다. 또한 4D 영화를 감상할 수 있는 CJ 4DX는 2017년에 프랑스와 노르웨이까지 진출을 확장하며 16개 국가에서 51개 4DX 상영관(2017년 6월 기준)**을 운영하는 등 한국산 상영 플랫폼 기술의 해외 진출도 꾸준히 이어졌다.

---

* 《매일경제》(2017. 10. 25). 〈롯데시네마, 中·베트남 등 해외영화 시장 진출도 확대〉.
** 《토요경제》(2017. 06. 02). 〈CGV, 4D플렉스·스크린X 해외진출 가속화〉.

2018 영화 한류 전망

완성작 수출 감소와 지나친 중국 의존

2017년 영화 한류는 전반적으로 예년 수준을 유지했다고 볼 수 있다. 완성작 수출액은 전년 대비 다소 감소하긴 했지만 4,000만 달러(약 440억 원)를 유지했고, 계약 금액의 경우 전년 대비 15.5% 늘어나 2005년 7,400만 달러(약 814억 원) 이래 최고 수준을 기록했다. 기술서비스 수출도 한한령 여파에도 불구하고 다수의 중국 대작 영화를 수주하는 데 성공해 2011년 영화진흥위원회의 기술서비스 수출 집계 시작 이후 최고 금액을 기록했다. 영화제에서는 칸영화제에 진출한 〈옥자〉가 화제를 모으며 한국 영화의 위상을 높이는 데 기여했고, 〈신과함께-죄와 벌〉은 국내는 물론 아시아 각국에서 흥행에 성공하면서 지난해 〈부산행〉이 썼던 신화를 계승하는 모양새를 보였다. 국제 공동제작의 경우 중국과의 협력이 중단된 아쉬움은 있지만, 〈수상한 그녀〉의 인도네시아판이 크게 성공하는 등 한국 영화 IP와 제작 노하우를 결합한 공동제작은 동남아 지역을 중심으로 계속해서 이루어졌다.

이처럼 다방면에 걸친 영화 한류가 2017년에도 진화되는 모습을 보이고 있긴 하지만, 위기의 조짐 역시 적지 않게 감지되고 있다. 영화 한류의 중심이자 시작은 역시 영화 완성작이다. 그런데 완성작 수출 금액(계약 금액+현지 배급 수익)이 줄어들었다는 사실은 우려하지 않을 수 없다. 글로벌 OTT사업자의 구매로 완성작 수출 계약 금액은 증가했지만 실상은 중남미를 제외한 전 지역에서 계약 금액이 감소했다. 대對중국 수출이 전년 대비 반토막이 날 정도로 감소했을 뿐 아니라, 일본·미국·프랑스 등 기존 한국 영화 완성작 주요 구매국가에서 한국 영화를 덜 찾은 것이다. 이에 더해 현지 배급 수익까지 전년 대비 56.8%나 감소해 전반적으로 완성작 수출에 적신호가 켜졌다.

기술서비스 수출은 한한령에도 불구하고 전년 대비 대폭 증가했다. 그러나 이 역시 중국 시장에 지나치게 의존하고 있어 안정적이지 못하다. 현재 극장 시장 세계 2위 규모인 중국이 향후 더 성장할 것은 확실하지만, 중국의 기술서비스 수준이 빠르게 발전하고 있기 때문에 한국 기술서비스가 언제까지 중국 영화를 대거 수주할 수 있을지 장담할 수 없는 상황이기 때문이다.

국제 공동제작 역시 중국과 대부분 진행되고 있던 상황으로, 2016~2017년에 공동제작이 제대로 진행된 건이 없어 2018년에도 결과물을 기대하기는 힘들다. 인도네시아·베트남 등 동남아 지역과의 공동제작 역시 양측의 요구가 다르고, 각종 규제나 제한이 여전하며, 현지 영화 산업이 제대로 된 체계를 갖추고 있지 않아 CJ와 같은 대기업 외에 영세한 규모의 한국 영화사들이 도전하기에는 매우 힘든 구조이다.

영화의 질적 수준 향상과 선진 기술 개발 필요

영화 완성작 수출의 실질적인 감소는 시사하는 바가 적지 않다. 2017년 한국 영화 극장 매출액은 전년 대비 0.8% 정도 증가했고, 전체 영화 시장 규모는 2조 3,271억 원으로 전년 대비 2.4% 정도 늘어났다.* 시장 규모가 감소한 것은 아니지만, 성장이 아닌 정체 상태로 보는 것이 적절하다. 한국 영화의 최근 트렌드 중 가장 많이 언급되는 것은 '범죄 스릴러 장르의 과다 양산'이다. 남성 캐릭터가 대거 등장하고, 피와 폭력이 난무하며, 각종 편견과 혐오가 담긴 내용이 많다는 지적이다. 거기에다 메이저 투자배급사들이 개입하는 '기획 영화'가 주류를 이루면서 영화 시장 규모가 유지되고는 있지만, 국내외에서 작품성과 흥행성을 두루 갖췄다는 평가를 받는 작품은 매우 드문 상태다.

이런 상황은 영화 완성작 수출 부진과 밀접하게 연결되어 있다. 우선 범죄 스릴러 영화의 경우 수출이 용이하지 않다. 작품성과 감독의 명성을 중시하는 유럽의 선호와도 맞지 않고, 중국의 경우 등급제가 없는 대신 검열을 통해 폭력성이 짙거나 민족에 대한 편견 등이 담긴 영화는 상영하지 않는다. 최근 해외 수출과 개봉에서 성공을 거뒀던 작품들인 〈설국열차〉, 〈부산행〉, 〈신과함께-죄와 벌〉만 살펴봐도 그런 내용이 없음을 알 수 있다. 따라서 한국 영화의 장르 다양성과 창작성, 영화 속에 왜곡 없는 가치관을 담는 것은 한국 영화의 질적 품위를 높일 뿐만 아니라 영화 한류와도 직결되는 문제이다. 영화 기획 단계부터 주의를 기울여야 하며, 영화를 직접 만드는 제작자나 창작자뿐 아니라 영화

---

* 영화진흥위원회 (2018. 02. 12), 「2017년 한국 영화산업 결산」, p. 1.

를 지원하는 공기관 등에서도 함께 노력해야 할 과제다.

한국 기술서비스 수출은 중국·홍콩을 중심으로 급속히 성장하고 있는 추세다. 그러나 중국의 자체 기술서비스 수준도 급격히 높아지고 있어, 안정적인 성장을 위해 수출 지역 다변화가 필요한데, 이 부분은 사실 쉽지 않다. 한국 기술서비스 수출은 주로 VFX 부문을 중심으로 이뤄지고 있다. 이 VFX 기술이 많이 필요한 영화는 SF나 판타지 같이 높은 제작비가 투입되는 영화들이다. 실질적으로 이러한 역량이 되는 국가는 미국과 중국 정도다.

그렇다면 한국의 영화 기술서비스 수출을 위해 어떤 정책과 지원이 필요할까. 영화 기술인을 대상으로 한 설문조사에 따르면, 향후 연구·개발해야 할 유망 영화 기술로 VR Virtual Reality(가상현실)을 지목한 사람이 50%에 달했다. 그다음으로 빅데이터, 홀로그램, AR Augmented Reality(증강현실), AI Artificial Intelligence(인공지능) 등이 꼽혔는데 주로 4차 산업혁명 또는 '실감형' 영화 관련 기술 개발이 필요하다는 의견이 나왔다.* 또한 영화 기술서비스 수준을 높이기 위해서는 정부 차원의 연구·개발 지원을 통한 원천 기술 확보가 필요하다**는 것이 중론이다. 영화 기술서비스 수출의 지속적인 발전을 위해서는 당장의 수주 건수 증대에 집착하기보다는 미래를 내다보는 신기술 개발에 공적인 지원과 민간 차원의 노력이 이어져야 할 것이다.

한편, 영화 한류의 위기 극복을 위해서는 주요 소비처인 중국에 대한 관심을 놓지 말아야 할 것이다. 한한령으로 인해 2017년까지 한국

---

* 《한국영화》(2018. 01). 〈FOCUS 1_한국 영화기술 점검〉. 국내 영화 기술인 1,400여 명에게 전자우편 설문을 요청했으며, 이에 응해 조사에 참여한 104명의 응답을 정리한 결과다.
** 《한국영화》(2018. 01). 〈FOCUS 1_한국 영화기술 점검〉.

영화의 중국 진출과 공동제작이 봉쇄당하긴 했지만 2017년 10월 31일, 외교부가 양국 간 협의발표문을 공동 천명해 관계 개선의 기미를 보였기 때문에 2018년에는 다소나마 해빙이 이뤄질 것으로 보인다. 물론 완전히 해소되는 데까지는 시간이 걸릴 것으로 보이지만, 한국 영화 콘텐츠와 인력 등에 대한 수요는 여전하기 때문에 한국 측에서 쉽사리 중국을 포기하는 태도를 보여서는 안 될 것이다. 민간 차원의 노력도 중요하지만, 정부 차원의 통제와 관리가 이뤄지는 중국 영화 산업의 특성을 감안하여, 정부와 관 차원에서의 노력이 보다 절실히 요구된다.

2018년에는 〈신과함께-죄와 벌〉이 개봉 지역을 늘리면서 해외 관객들과 만나게 될 예정이며, 여름에 선보이는 후속편 〈신과함께2〉 역시 어떤 결과를 낳을지 주목된다. 오시이 마모루의 애니메이션 〈인랑〉을 원작으로 하는 김지운 감독의 SF물 〈인랑〉은 통일이 선포된 한반도를 배경으로 강동원, 정우성 등이 출연할 예정이다. 〈인랑〉이 2016년 〈부산행〉, 2017년 〈신과함께-죄와 벌〉에 이어 한국산 SF물의 인기 계보를 이어갈 수 있을지 관심이 쏠린다. 〈옥자〉로 화제를 불러 모은 봉준호 감독의 〈기생충〉(송강호 출연), 〈시〉 이후 8년 만에 작품을 선보이는 이창동 감독의 〈버닝〉(유아인 출연) 등 국내외에서 작품성을 인정받는 감독들의 신작도 해외 성과가 기대된다.

기술서비스 수주 부문은 중국의 수요가 아직은 클 것으로 예상되어, 2017년 수준을 유지하거나 더욱 성장할 것으로 보인다. 기술서비스 업체가 단순 서비스 수주뿐 아니라 투자 제작사로 참여할 경우 국제 공동제작의 주역으로 떠오를 가능성도 배제할 수 없다.

한국 감독이 참여하거나 한·중 공동투자 형태의 공동제작은 2018년에도 찾아보기 쉽지 않을 전망이다. 반면, 감독과 배우 등 인력의 할리우드 진출은 꾸준히 이어지고 있다. 〈신과함께〉의 김용화 감독은 마블 히어로의 창시자인 스탠 리Stan Lee의 제작사가 만드는 슈퍼 히어로 영화 〈프로디걸〉을 연출한다. 〈악녀〉의 정병길 감독은 레드5 코믹스 만화를 원작으로 하는 SF액션물 〈애프터 번〉을 연출할 계획이며, 배우 강동원은 할리우드 영화 〈쓰나미 LA〉에 주연으로 출연할 예정이다.[*]

---

[*] 《연합뉴스》(2018. 02. 19). 〈박찬욱 · 정병길 · 김용화… "이젠 유럽 · 할리우드가 무대"〉.

음악 한류

K-팝, 더 넓은 세계로
조지메이슨대학교 교양학부 교수 **이규탁**

2017
HALLYU
WHITE
PAPER

음악 한류 현황

아이돌 세대 교체, 2세대에서 3세대로

2017년의 음악 한류는 전년부터 시작된 새로운 흐름들이 본격적으로 확장되는 양상을 보인 해라고 정의 내릴 수 있다. 먼저, 2016년은 몇몇 '2세대' K-팝 아이돌 그룹들이 활동을 중단하거나 해체를 선언하고 대신 새로운 '3세대'가 급부상하던 시기였다. 이듬해에 들어서자 2세대 아이돌 시대의 시작을 알렸던 그룹 원더걸스와 국내외에서 가장 높은 인지도를 가진 대표 걸그룹 소녀시대가 10년의 활동을 끝으로 각각 해체와 휴지기에 들어가며 한 시대의 확실한 종언終焉을 알렸다. 이렇게 2세대 아이돌의 대표 주자들이 무대 뒤로 퇴장하는 동안에도 3세대의 대표 주자로 꼽히는 남녀 아이돌 그룹 방탄소년단과 트와이스는 국내에서 확실한 1위 자리는 물론 해외에서 엄청난 인기를 구가하며 음악 한류의 새로운 물결을 일으켰다.

글로벌 스타로 우뚝 선 방탄소년단

2017년 한 해 국내 문화산업 분야에서 가장 큰 화제로 떠오른 인물을 꼽으라고 한다면 단연 7인조 남성 K-팝 아이돌 그룹 '방탄소년단'

이 이름을 올릴 것이다. 해외에서 'BTS'라는 이름으로 더 널리 알려진 이 그룹은, 2012년에 싸이가 〈강남스타일〉로 미국 빌보드Billboard의 종합 싱글 차트 '핫Hot 100'에서 2위의 기록을 남긴 지 5년이 흐른 2017년에, '핫 100'은 물론 빌보드의 종합 앨범 차트인 '빌보드 200'에서도 높은 순위를 기록하며 팬과 미디어, 평단은 물론 학계에서도 큰 주목을 받고 있다.

방탄소년단은 많은 히트곡을 만들어낸 유명 작곡가 방시혁이 운영하는 기획사 '빅히트 엔터테인먼트'를 통해 2013년에 데뷔했다. 이들은 전자댄스 음악에 치중하는 일반적인 아이돌 그룹과 달리, 힙합 음악을 직접 만들고 부르는 '실력파 뮤지션'의 이미지를 내세우며 등장했다. 실제로 그룹의 리더이자 메인 랩퍼인 RM*의 경우 미국의 유명 힙합 전문지 《XXL》이 선정한 '당신이 꼭 알아야 할 10명의 한국 랩퍼'에 선정될 정도로 이미 그 실력을 인정받은 바 있다. 또한 RM과 더불어 멤버 '슈가Suga'와 '제이홉J-Hope'도 방탄소년단이 부른 거의 모든 곡에 작사·작곡가로 이름을 올리고 있으며, 다른 멤버들 역시 적극적으로 제작에 참여하고 있을 만큼 실력파라는 콘셉트로 그치는 것이 아닌, 실제로도 걸출한 음악 실력을 갖추고 있다. 더불어 이들은 역동적이고 화려한 춤과 무대 퍼포먼스를 보여주는 그룹으로도 명성이 높다.

| 성공적인 미국 시장 진입

방탄소년단이 국내외 미디어와 일반적인 수용자들부터 본격적으로 주목받기 시작한 것은 2017년 5월 〈빌보드 뮤직 어워드Billboard Music

---

* 과거 '랩 몬스터(Rap Monster)'라는 예명을 사용했으나, 2017년 11월부터 공식적으로 활동명을 'RM'으로 변경했다.

Award〉에서 '톱 소셜 아티스트Top Social Artist' 부문을 수상하면서부터이다. 일례로 〈빌보드 뮤직 어워드〉에서의 수상 이후 이들은 세계적으로 가장 영향력 있는 주간지 《타임Time》이 선정한 '인터넷상에서 가장 영향력 있는 인물 25인'에 선정될 정도로 큰 주목을 받았다.

그러나 사실 K-팝의 해외 인기에 주목하던 사람이라면 이미 해외 시장에서 빛을 발하던 이들의 존재감을 익히 알고 있었을 것이다. 2015년 11월에 발매한 네 번째 미니 앨범 《화양연화 pt. 2》를 '빌보드 200'의 171위에 올려놓으며 미국 시장에 이름을 내밀기 시작한 방탄소년단은, 2016년 5월 두 번째 스페셜 앨범 《화양연화 Young Forever》를 107위에, 2016년 10월 두 번째 정규 앨범 《Wings》를 26위에 올려놓으며 미국 시장에서의 성공 가도에 초석을 다져놓았다.

이후 이들은 《Wings》 앨범에 신곡을 추가하여 2017년 2월 공개한 리패키지re-package 앨범 《You Never Walk Alone》을 '빌보드 200' 61위에, 같은 해 9월에 발매한 다섯 번째 미니 앨범 《Love Yourself 承 'Her'》를 7위에 올려놓으며, 다섯 장 연속으로 발매 앨범을 '빌보드 200'에 진입시키는 데 성공했다. 특히 《Love Yourself 承 'Her'》 앨범이 기록한 7위는 K-팝 가수는 물론 아시아 출신 가수로서 '빌보드 200'에서 기록한 최고 순위이다. 이 앨범은 예약 주문량만 100만 장을 넘길 정도로 발매 전부터 큰 화제가 되었는데, 출시 2주 만에 140만 장에 가까운 판매고를 올리며 1세대 아이돌 그룹 지오디god 이후 16년 만에 국내 가수의 '단일 앨범'이 100만 장 이상 판매되는 기록을 남겼다.*

---

* 이전에도 엑소(EXO) 등이 100만 장 이상 앨범을 판매하기도 했으나, 이는 단일 앨범이 아닌 여러 가지 버전(한국어 버전과 중국어 버전 등)으로 발매된 앨범들의 판매 수치를 통합한 것이다. 반면 《Love Yourself 承 'Her'》 앨범의 경우 한 가지 단일 버전으로만 100만 장 이상 판매되었다.

방탄소년단 '빌보드 200' 10위권 진입 소식
출처: 빌보드 홈페이지

    이와 더불어 방탄소년단은 2017년 11월, 〈빌보드 뮤직 어워드〉와 함께 미국의 4대 음악 시상식* 중 하나로 꼽히는 〈아메리칸 뮤직 어워드(American Music Award, 이하 AMA)에 K-팝 그룹으로서는 최초로 축하공연 라이브 무대를 가졌다. 또한 AMA 참석차 미국을 방문한 기간 동안 방탄소년단은 미국의 지상파 채널인 CBS, ABC, NBC의 주요 토크쇼**에 초청받아 출연했는데, 이를 통해 미국 내 K-팝 팬들뿐만 아니라 일반 대중들 사이에서도 그들의 이름을 널리 알리는 데 성공을 거두었다. 〈강남스타일〉의 싸이 이후 케이블이 아닌 미국의 지상파 채널에 이렇게 지속적으로 한국 가수가 출연한 것은 방탄소년단이 처음이며, 더불어 단발적인 싱글 히트가 아닌 지속적인 빌보드 앨범 차트 진입을 이루어낸 한국 가수도 방탄소년단이 최초이다.

---

* 아메리칸 뮤직 어워드(American Music Award), 빌보드 뮤직 어워드(Billboard Music Awards), 그래미 어워드(Grammy Award), 엠티비 비디오 뮤직 어워드(MTV Video Music Award).

** CBS의 〈제임스 코든의 더 레이트 레이트 쇼(The Late Late Show with James Corden)〉, ABC의 〈지미 키멜 라이브(Jimmy Kimmel Live)〉, NBC의 〈엘렌 드제너러스 쇼(The Ellen DeGeneres Show)〉.

인기의 역수입

국내에서 먼저 큰 인기를 얻은 후 해외 시장 진출을 겨냥하는 일반적인 K-팝 가수들과는 반대되는 방탄소년단의 인기 행보도 많은 주목을 끌었다. 국내보다 해외 시장에서 보다 더 큰 인기를 얻고 난 후 이 사실이 국내로 '역수입'된 뒤에서야 국내에서의 인기가 올라갔다. 사실 방탄소년단은 2013년 데뷔 후 몇몇 시상식에서 신인상을 수상하기는 했지만,* 데뷔하자마자 곧바로 대형 스타가 되는 경우와는 거리가 멀다. 이는 방탄소년단이 소위 '3대 기획사'라고 불리는 SM, YG, JYP가 아닌 중소 기획사의 소속 가수이기 때문에 적극적인 홍보 지원이나 미디어 노출을 기대하기 어려웠다는 점, 화려한 외모나 패션 등 외적인 이미지보다 음악적인 부분에 더 집중한 그룹이었다는 점과도 관련이 있다.

그러나 해외에서 방탄소년단은 일찍부터 주목을 받았다. 국내 시장 및 빌보드 차트에서 의미 있는 성과를 거두기 전인 2015년 무렵부터 방탄소년단은 해외 팬들의 많은 사랑을 받았다. 일례로 글로벌 수용자들을 대상으로 조사한 '가장 인기 있는 K-팝 스타' 명단에서 방탄소년단은 10위권 안에 꾸준히 이름을 올렸으며, 해당 순위에 있는 다른 스타들과 비교했을 때도 이들은 특히 미주·유럽 지역에서 상대적으로 높은 인기를 누려왔다. 이후 〈빌보드 뮤직 어워드〉 수상 및 〈AMA〉에서의 무대를 통해 방탄소년단의 국내 인기는 과거에 비해 더욱 상승했다.

방탄소년단은 데뷔 직후부터 유튜브와 소셜미디어, V앱 등을 통해 활발히 자신들의 콘텐츠를 팬들에게 제공해왔고, 그 결과 전 세계의 더 많은 팬들과 직접적으로 소통하며 친밀감을 쌓을 수 있었다. 이렇게 해외

---

* 2013년 제5회 멜론 뮤직 어워드 신인상, 2014년 제28회 골든디스크 신인상 등을 수상했다.

2015~2016년 글로벌 K-팝 스타로 언급된 가수들

순위	가수	국가(개국)	퍼센트(%)
1	빅뱅	99	14.1
2	소녀시대	76	10.8
3	슈퍼주니어	72	10.3
4	EXO	56	8.0
5	2NE1	47	6.7
6	샤이니	41	5.8
7	방탄소년단	39	5.6
8	싸이	33	4.7
9	동방신기	21	3.0
10	2PM	20	2.9

출처: 한국콘텐츠진흥원 (2017), 「K-POP 글로벌 확산을 위한 음악시장 다변화 전략 연구」, p. 71.

에서 얻은 대중적인 명성을 통해 국내에서도 더욱 널리 알려질 수 있었는데, 이러한 모습은 국경과 상관없이 해외 팬들과 상호 영향력을 주고받는 K-팝이 나아가야 할 미래의 모습을 잘 보여주는 예시라고 할 수 있다.

일본에서 음악 한류 부활의 포문을 연 트와이스

2015년 데뷔한 9인조 여성 K-팝 그룹 트와이스TWICE는 그 이듬해 국내의 각종 음악 시상식 주요 부문을 휩쓸며 가장 인기 있는 여성 그룹으로 자리 잡은 바 있다. 2017년에도 트와이스는 〈Knock Knock〉, 〈Signal〉, 〈Heart Shaker〉와 같은 곡들을 잇달아 히트시키며 최고 여성 그룹으로서의 지위를 공고히 했다. 특히 음악 한류와 관련하여 트와이스는 2017년에 매우 의미 있는 성과를 거두었는데, 바로 일본 시장에서의 음악 한류 인기를 재점화한 것이다.

일본의 음악 시장은 미국에 이어 세계 2위 규모로, K-팝 관련 산업에 있어 가장 중요한 수출 대상국 중 하나이다. 2000년대 초중반부터 보아BoA와 동방신기 등이 일본 시장에서 지속적으로 큰 인기를 얻은 바 있으며, 2000년대 말부터는 카라KARA와 소녀시대가 뒤를 이어 큰 인기를 누리면서 이 무렵 일본에서의 음악 한류가 정점에 이르렀다. 그러나 2012년 이명박 전 대통령의 기습적인 독도 방문 및 일본 내 우파 정권의 집권 이후 일본에서의 한류는 다소 그 기세가 꺾였으며, 이는 곧 음악 콘텐츠 수출 증가율의 둔화 등으로 이어졌다.*

그러나 최근 트와이스가 일본에서 큰 인기를 얻으며 한국 음악에 대한 일본 수용자들의 관심과 호감이 다시금 높아지고 있다. 2017년 초반부터 일본 시장에서 인기를 얻기 시작한 트와이스는 소수의 마니아층을 중심으로 소비되던 K-팝 음악을 주류 시장으로 끌어올리는 데 있어 혁혁한 역할을 하고 있다. 특히 트와이스는 10대에서 20대 초반의 젊은 수용자들 사이에서 인기를 얻고 있는데, 대중음악 콘텐츠의 주요 수용자가 이들 젊은 세대임을 고려해보면 이는 매우 고무적인 현상이라고 할 수 있다.

2017년 초반 무렵 퍼지기 시작된 'TT 포즈'의 유행은 10대에서 시작되어 20대 여성, 심지어 젊은 남성들에게까지 번지며 큰 화제가 되었다. 특히 일본의 많은 여자 연예인들이 'TT 포즈'를 취한 사진을 자신의 소셜미디어에 올렸는데, 이것이 일본에서 더 널리 트와이스의 이름

---

* 가령 2013년에서 2014년 사이 일본으로의 한국 음악 산업 수출액은 약 6.2% 증가했으나, 2014년에서 2015년 사이에는 2.9% 증가에 그쳤다.

을 알리게 된 원동력이 되었다.

이렇게 사전에 인지도를 올린 덕분에, 2017년 6월 일본 시장에 정식 발매된 트와이스의 앨범 《#TWICE》는 오리콘 데일리 앨범 차트 1위, 월간 차트 2위 등을 기록하며 크게 성공을 거두었다. 그리고 이러한 성과를 바탕으로 트와이스는 일본 내에서 한 해 동안 최고의 인기를 얻은 가수들만이 출연하는 프로그램인 NHK의 〈홍백가합전〉에 한국 가수로서는 6년 만에 출연하게 되었다. 이들의 출연을 단순히 인기 프로그램에 참가했다는 것으로만 보아서는 안 된다. K-팝의 가장 중요한 시장이라 할 수 있는 일본에서 그동안 침체했던 K-팝 한류를 살려냄과 동시에 문화 콘텐츠의 중요한 수용자층인 젊은 여성들을 사로잡았다는 점에서, 일본 내 K-팝 인기의 부활이 일시적 현상이 아닌 보편적이고 장기적인 흐름으로 자리할 수 있는 가능성을 보여준 것이다.

트와이스의 오리지널 'TT 포즈'
출처: JYP 대표 박진영 인스타그램

일본 유명 연예인들도 따라하는 'TT 포즈'
출처: 일본 후지TV 아침 프로그램 〈메자마시TV〉 2017년 2월 24일 방영분

음악
한류
핫이슈

교류 확대와 시장 다변화 필요성 증대

K-팝의 주요 해외 시장은 중국과 일본을 중심으로 한 동아시아이다. 현재 한국은 동아시아 지역으로 음악을 수출하는 데는 성공하고 있지만, 해당 지역의 음악을 알고 받아들이려는 적극적인 노력은 찾아보기 어려운 실정이다. 이에 대해 미얀마 만달레이 국립예술문화대학교의 퍄르Khin Kyi Pyar 교수는 '미얀마 수용자들은 한국 음악과 드라마를 좋아한다. 하지만 한류만 강조하지 말고 한국에서도 미얀마의 문화를 소개할 수 있는 기회를 적극적으로 제공해야 한다'는 의견을 피력하기도 했다. 사실 교류가 의미하는 것이 일방적인 전달 혹은 수출이 아닌 서로 간의 '주고받음'임을 생각해본다면, '진출進出'에만 집중할 것이 아니라 상대방 문화에 대한 이해가 선행되어야 함은 당연한 일일 것이다.

더불어 적극적인 문화 교류는 서로 간의 파트너십 형성 가능성을 증대시킬 뿐만 아니라, 장기적인 측면에서 아이돌―기획사 시스템 중심의 K-팝만이 아닌 기타 장르의 음악 또한 동아시아 지역으로 진출하는 것에도 큰 도움을 줄 수 있다. 국내 인디 밴드 술탄 오브 더 디스코Sultan of the Disco 및 그들이 속한 레이블 붕가붕가레코드의 활동은 교류와 신뢰 구축의 중요성을 보여주는 좋은 예이다. 이들은 지속적으로 일본을 비롯한 동아시아 여러 국가의 인디 밴드들을 한국 페스티벌에 소개

술탄 오브 더 디스코와 일본, 노르웨이 음악인들과의 합동 공연 포스터
출처: 술탄 오브 더 디스코 공식 페이스북

하거나 국내 밴드와의 합동 공연에 초청하는 등 교류를 위해 다각도로 노력해왔다. 그리고 그 과정에서 구축된 음악인 및 산업 관계자들과의 인적 네트워크와 서로 간의 신뢰 관계를 바탕으로 일본 메이저 음반사와 유통·배급 계약을 체결하는 등, 이를 통해 술탄 오브 더 디스코는 현재 일본 시장에서 본격적인 활동을 펼쳐나가고 있다.

또한 기존 음악 한류의 주요 시장인 동아시아 지역을 넘어 더 넓은 지역으로의 시장 다변화에 대한 필요성 역시 그 어느 때보다도 증대되고 있다. 미국의 사드THAAD 국내 배치가 결정된 이후 소위 '한한령限韓令'으로 불리는 중국 정부의 각종 제재 조치는 음악 분야뿐만 아니라 한류 관련 국내 문화산업 전반에 먹구름을 드리웠다. 또한 2000년대 중반 이후부터 2010년대 초반 무렵까지 음악 한류의 가장 큰 시장이었던 일본 역시 국내외 정치 상황의 변화와 과거사 관련 갈등 등으로 과거에 비해 한류에 대한 호응이 다소 약해지기도 했다. 사실 한·중·일 간의 이런 갈등이 빠른 시일 내에 쉽사리 해결될 성질의 문제가 아니기 때문에, 세 나라 사이에는 언제든지 비슷한 마찰이 발생할 가능성이 상존한다. 그러므로 동아시아 시장에 대한 지나친 편중과 의존은 장기적인 관점에서 음악 한류의 불안 요소가 될 수 있다.

따라서 동아시아 외 지역, 특히 글로벌 음악 산업의 주요 시장이라 불리는 미주·유럽 지역 시장의 진입과 수출 시장의 다변화는 앞으로의 음악 한류를 위해 꼭 필요한 일이다. 하지만 동아시아 지역에 비해 해당 지역은 현재로서는 투자 대비 큰 수익을 기대하기 힘들고, 국내 업계가 의지할 수 있는 자신들만의 인적·물적 네트워크가 제대로 갖춰져 있지 않은 상태라 업계 측에서도 해당 지역으로의 적극적인 진출에 다소 난색을 표하고 있다. 때문에 기존의 시장을 유지하면서 새로운 시장으로의 진입을 성공적으로 수행할 수 있는 정책과 전략 수립이 앞으로 필요하다.

장수 그룹의 해체가 드러낸 기획사 시스템의 한계

2017년에 원더걸스와 소녀시대가 10년의 활동을 끝으로 해체 및 활동 중단에 들어간 것은 국내는 물론 해외의 K-팝 한류 팬들에게도 상당한 충격과 아쉬움으로 다가왔다. 2세대 아이돌의 시작점이자 현재와 같은 K-팝을 만드는 데 큰 역할을 한 그룹 원더걸스의 경우에는, 미국 시장 진출의 시도 과정에서 다소 어려움을 겪었고, 그 과정에서 멤버의 교체와 탈퇴가 이어지며 힘든 시기를 보내기도 했다. 그러나 2015년 발매한 록 밴드 콘셉트의 정규 3집 앨범 《Reboot》를 통해 이미지 변신에 성공한 그들은, 2016년 싱글 〈Why So Lonely〉를 통해 과거보다 훨씬 더 성숙한 그룹으로 성장했음을 몸소 증명했고, 상업적으로도 크게 성공했다. 그러나 네 명의 멤버 중 예은과 선미가 기존 소속사 JYP와 재계약하지 않으면서 원더걸스는 2017년 1월에 갑작스러운 해체를 맞이하

결성 10년 만에 활동 중단 상태에 들어간 소녀시대
출처: SM엔터테인먼트

게 됐다.

　2세대 여성 아이돌 그룹의 대표 주자이자, 국내는 물론 일본과 미국 등 해외 시장에서도 큰 인기를 누렸던 소녀시대 역시 사정은 비슷하다. 비록 과거 전성기만큼은 아니지만 여전히 탄탄한 글로벌 팬덤을 보유하고 있고, 내놓는 정규 앨범 및 싱글마다 꾸준히 좋은 반응을 얻고 있었음에도 불구하고 여덟 명의 멤버 중 티파니, 수영, 서현이 기존 소속사 SM을 떠나게 되면서 소녀시대는 2017년 10월 갑작스레 활동 중단 상태에 들어가게 됐다.*

　〈Touch My Body〉, 〈Give It To Me〉 등을 히트시키며 역시 국내외 팬들에게 큰 사랑을 받았던 여성 4인조 아이돌 그룹 씨스타Sistar 역시 인기가 꾸준히 유지되고 있었음에도 갑작스럽게 해체를 발표했다.

---

* 원더걸스와 달리 소녀시대는 '해체'가 아님을 공식적으로 밝혔다. 그러나 SM에 남은 5인으로 활동을 이어갈지, 소속사는 다르더라도 하나의 그룹으로서 활동을 할지, 혹은 새로운 멤버를 영입할지에 대한 어떠한 청사진도 제시하지 않은 상태이다.

씨스타는 '멤버 네 명 중 단 한 명이라도 팀에 남아있지 못하게 된다면 해체하겠다'라는 의견을 고수했고, 이들 중 효린과 보라가 기존 소속사와 재계약을 맺지 않으면서 결국 해체를 결정했다.

대중음악계에서 어떠한 그룹이 해체를 결정하게 되는 이유는, 보통 멤버들 사이에 불화 혹은 음악적 견해 차이가 생겨서 더 이상 활동을 같이 하기 어려워지거나, 발표한 음악이 대중들로부터 더 이상 인기를 얻지 못하게 되어 변화가 필요한 경우가 대부분이다. 그러나 원더걸스와 소녀시대, 씨스타의 사례에서 볼 수 있는 것처럼 K-팝 아이돌 그룹의 경우 멤버들 간의 관계나 인기의 지속성 여부보다도 기획사와의 계약 관계가 그룹 유지 여부에 있어 더욱 중요한 요소가 된다. 이는 기본적으로 아이돌 그룹이 기획사가 발탁하여 교육·훈련시켜 '키워내는' 존재인 동시에 음악부터 이미지, 심지어 개인적인 사생활까지 모두 기획사로부터 관리받는 '토털 매니지먼트Total Management' 시스템의 산물이기 때문이다. 사실 그룹의 결성도 각 멤버의 자유 의지가 아닌 기획사의 판단과 의도에 의해 이루어지기 때문에, 그룹의 해체 역시 전적으로 기획사의 손에 달린 문제가 될 수밖에 없다. 더불어 음반 발매 계약이 끝나면 자연스럽게 다른 음반 레이블로 옮기거나 재계약을 하게 되는 일반적인 음악인들의 음반사와의 계약과는 달리, 기획사와 아이돌은 그룹이 아닌 개인별로 계약을 맺고 있기 때문에 그룹의 존속은 멤버들 스스로 결정할 수 없는 문제이기도 하다.

또한 가수들과 기획사 사이의 공정한 계약 관계를 위해 공정거래위원회가 제정한 '대중문화예술인 표준전속계약서' 제도 역시 아이돌 그룹이 장수하는 데에 걸림돌이 되는 경우도 있다. 이 제도에 따르면 아이돌들은 최대 7년까지만 전속계약을 체결할 수 있는데, 이는 과거 10

년 이상의 계약 기간을 보장했던 소위 '노예 계약'으로 인해 곤란을 겪은 '을乙'의 위치인 가수들을 '갑甲'인 기획사로부터 보호하기 위한 것이다. 그러나 이로 인해 '7년 징크스'라는 말이 생길 정도로 특정한 시기가 되면 아이돌 그룹의 존속 문제가 수면 위로 떠오르게 되는 것 역시 사실이다. 이 제도로 인해 가수들이 소속사를 잃고 미아 신세가 되기도 하지만 기획사들 역시 아이돌을 육성하기 위해 지출한 초기 투자비용을 제대로 회수하지 못하기도 하며, 이들의 팬이었던 해외 수용자들을 잃게 되는 일도 빈번하다. 아이돌—기획사 시스템의 한계에 대한 고찰이 필요한 상황인 것이다.

장르 편중 현상의 완화 필요성

국내외 음악 시장에서 현재 'K-팝'이라고 하는 용어는 아이돌—기획사 시스템하에 만들어진 음악을 가리키는 용어로 쓰이고 있다. 그런데 사실 한국 대중음악의 세계화에 이 시스템이 기여한 바는 매우 크다. 한국의 주류 음악 산업은 이 시스템을 통해 자신들이 가진 인적·물적 역량을 효과적으로 활용하여 뛰어난 능력을 갖춘 가수를 육성했으며, 나아가 세계적인 수준의 질감을 갖춘 음악 콘텐츠를 만들어냈다. 그리고 이들 콘텐츠는 음악 한류의 가장 중요한 자원으로 자리하고 있다.

그러나 그 결과, 이 시스템 외의 독립적인 생산·유통 방식을 통해 소비되는 음악, 즉 '인디 음악'의 창작자 및 제작·유통 업체의 경우 국내 주류 시장에 진입할 기회조차 제대로 얻지 못했을 뿐만 아니라 해외 시장 진출에서도 불리한 입장에 놓이게 되었다. 우선 해외 시장에서의 높은 수익을 바탕으로 아이돌―기획사 시스템이 더욱 공고해졌으며, 그로 인해 그 외의 음악들이 산업적으로 제대로 성장할 수가 없었다. 더불어 글로벌 수용자들에게 소개된 음악이 아이돌―기획사 시스템하에 제작된 표준화된 형태의 콘텐츠가 대부분이다 보니 해외 시장에서 한국 대중음악은 한정되고 정형화된 이미지를 갖게 되었고, 그 결과 팔리는 음악만 계속 팔리는 악순환이 발생한 것이다. 또한 〈프로듀스 101〉이나 〈쇼 미 더 머니Show Me the Money〉처럼 텔레비전이 주도하는 오디션 프로그램이 인기를 끌면서 방송 산업과 주류 음악 산업 사이의 결합이 더욱 공고해졌고, 이는 상대적으로 미디어의 주목에서 벗어나 있는 비주류 음악을 한층 더 소외시키고 있다.

이에 대중문화와 대중음악 유관기관에서는 다양한 형태의 인디 음악계 지원책을 실시해왔으며, 인디 음악계 역시 국내외 국제 음악 페스티벌 무대를 통해 자신들의 이름과 실력을 알리고 그를 바탕으로 해외 레이블 및 유통 업체와 계약을 맺는 등 나름대로의 방식으로 해외 시장 진출을 위해 노력해왔다. 실제로 잠비나이Jambinai, 이디오테잎IDIOTAPE, 술탄 오브 더 디스코Sultan Of The Disco 등의 인디 음악인들은 주류 아이돌―기획사 시스템의 바깥에서 독립적으로 음악을 만들고 배급하면서 해외에서도 인정받는 밴드로 거듭나고 있다. 그러나 유관기관 지원의 필요성과 적정 규모 및 대상에 대한 지원 여부를 두고 기관과 음악인, 음악 레이블, 유통사 간의 의견 차이가 존재하는 것도 사실이다. 더불어 일반 음악 수용자들이 음악을 듣는 주요 창구인 디지털 음원 서비스 업체가 운영하는 차트의 산정 방식이 아이돌―기획사 시스템 중심의 음악에 유리하여 타 장르 음악이 진입하기 어려운 것도 장르 편중 현상을 부추기는 요인 중 하나로 꼽힌다.

주요 진출국 및 진출 경로

동아시아 권역, 공연을 중심으로 수출되는 한국 음악

통계 자료를 참고해볼 때, 현재 한국 음악 산업의 수출액이 가장 큰 지역은 동아시아이며, 그중에서도 특히 일본과 중국에 집중되어 있다. 2015년 기준 한국 음악 산업의 일본에 대한 수출액은 전체 수출액의 63.6%인 2억 4,237만 달러(약 2,660억 원)를 기록했다. 중국의 경우 2015년 8,976만 달러(약 987억 원)로 전체 수출액의 23.6%를 기록했으나 성장세 측면에서는 전년 대비 70%로 매우 큰 증가 추세를 보였으며, 동남아 지역은 2015년 4,056만 달러(약 446억 원)로 10.6%의 비중을 차지했다. 즉, 현재 한국 음악 산업 해외 수출의 거의 98%가 동아시아 권역을 대상으로 하고 있는 것이다. 이는 동아시아 지역에서의 한류 역사가 이미 20년에 이르렀으며, 그 결과 한류가 일시적인 유행이 아닌 '동아시아 지역 문화'의 일부로 자리 잡았기 때문에 일어난 결과라고 볼 수 있다.

한국 음악 산업 동아시아 권역 수출액 현황 (단위: 천 달러)

	2013	2014	2015	비중(%)	전년대비 증감률(%)	연평균 증감률(%)
중국	10,186	52,798	89,761	23.6	70.0	196.9
일본	221,739	235,481	242,370	63.6	2.9	4.5
동남아시아	38,166	39,548	40,557	10.6	2.6	3.1

출처: 한국콘텐츠진흥원 (2017). 『2016 음악산업백서』, p. 197.

동아시아 권역은 한국 가수들의 공연이 가장 활발하게 열리는 해외 시장이다. 특히 그룹으로서는 물론 솔로 가수로서 멤버 개개인의 인기도 매우 높은 빅뱅의 경우, 올해 솔로 앨범을 공개한 지드래곤G-Dragon과 태양이 동아시아 각국을 돌며 성공적인 순회공연을 펼쳤다. 지드래곤의 경우 2017년 6월부터 10월까지 중국·싱가포르·태국·일본·필리핀·인도네시아·말레이시아·대만 등에서, 태양 역시 2017년 하반기 '2017 World Tour White Night'라는 이름 아래 동아시아 지역에서 순회공연을 가졌다. 그 외에도 동방신기, 엑소EXO, 빅스VIXX, 아이콘iKON, 갓세븐GOT7 등의 그룹이 동아시아 지역을 중심으로 공연을 펼치며 팬들과 만났다.

이들 중 가장 주목할 만한 그룹이 바로 동방신기이다. 멤버들의 군 입대로 인해 잠시 휴식기를 가졌던 동방신기는 2017년 4월 리더인 유노윤호의 제대 이후 다시 왕성한 활동을 펼치고 있다. 동방신기는 특히 일본에서 큰 인기를 누리고 있는데, 2015년 이후 약 2년 7개월 만에 열린 '돔 투어'를 2017년 연말부터 이듬해 1월까지 진행해 성황리에 마

일본 지바 현 공연장에서의 태양
출처: YG엔터테인먼트

일본 삿포로 돔에서 공연을 연 동방신기
출처: SM엔터테인먼트

태국 4개 도시 순회공연을 마친 갓세븐
출처: JYP엔터테인먼트

쳤다.* 최근의 일부 음악 한류 스타들과는 달리 동방신기는 일본 현지에서 그야말로 '밑바닥'부터 시작해 팬층을 충실히 다진 케이스라 현지 팬들의 애착이 남다르며, 이는 지속적이고 꾸준한 인기로 이어지고 있다. 일회성 활동이 아닌 현지 팬들과의 꾸준한 만남과 공연 등을 통한 열성 팬층의 확보가 롱런의 비결인 것이다.

또한 현지 출신 멤버를 영입하여 동아시아인으로서의 정체성과 친숙함에 호소하는 전략 역시 동아시아 시장 진출을 노리는 K-팝 그룹 및 기획사가 취하고 있는 전략이기도 하다. 과거 K-팝 아이돌 그룹 2PM의 닉쿤**, f(x)의 빅토리아*** 등이 태국과 중국에서 높은 인기를 얻으며 그들이 속한 그룹의 인지도 또한 더불어 상승한 바가 있는데, 트와이스와 우주소녀 등도 비슷한 전략을 통해 동아시아 시장에서의 인지도를 높였다. 특히 남성 7인조 아이돌 그룹 갓세븐은 태국 출신 멤버 뱀뱀의 존재로 인해 태국 지역에서 유달리 높은 인기를 누리고 있다. 이들은 K-팝 그룹 최초로 태국 주요 4개 도시를 도는 투어를 개최했으며, 이 투어에는 총 2만 8,000명 이상의 관객이 몰렸다.

---

* 도쿄, 오사카, 나고야, 후쿠오카, 삿포로에 위치한 돔 구장에서 갖는 공연을 '일본 5대 돔 투어'라고 부른다. 이 다섯 개 돔의 총 수용가능 인원을 합치면 약 22만 5,000명이며, 동방신기의 2017년 돔 투어는 총 17회 공연에 약 80만 명의 관객을 동원했다. 이들은 2013년과 2015년에 이어 세 번째 돔 투어를 가졌다.
** 닉쿤은 미국에서 태국인 아버지와 중국인 어머니 사이에서 태어났다. 따라서 엄밀히 말하면 미국 국적과 태국 국적을 모두 보유하고 있지만, 스스로의 정체성을 태국인으로 소개하는 경우가 많다.
*** 중국 칭다오시 출신이다.

온라인 타고 북미·유럽 진출, 수출 비중은 미미

동아시아 외 권역에 대한 한국 음악 산업의 수출액은 꾸준히 증가하고는 있지만, 전체 수출액에서 차지하는 비중은 여전히 매우 작다. 2015년 기준으로 북미로의 음악 콘텐츠 수출액은 109만 달러(약 12억 원)로 전체 수출액의 0.3%를 차지했으며, 유럽과 기타 지역 수출액의 합계는 725만 달러(약 80억 원)로 전체 수출액의 1.9%를 차지했다. 즉, 동아시아 외 권역으로의 수출액은 음악 산업 전체 수출액의 2.2%에 불과하며, 이는 현재 한국 음악 산업의 해외 시장이 동아시아 지역에 편중되어 있음을 드러낸다.

한국 음악 산업 동아시아 외 권역 수출액 현황 (단위: 천 달러)

	2013년	2014년	2015년	비중(%)	전년대비 증감률(%)	연평균 증감률(%)
북미	1,024	1,058	1,085	0.3	2.6	2.9
유럽	4,827	4,778	4,976	1.3	4.1	1.5
기타	1,386	1,987	2,274	0.6	14.4	28.1

출처: 한국콘텐츠진흥원 (2017). 『2016 음악산업백서』. p. 197.

그러나 음악 한류는 2000년대 말 이후 동아시아 외 지역에서의 한류 현상을 이끌어가는 가장 중요한 문화콘텐츠로 기능하고 있다. 박대민·이규탁의 한류 관련 뉴스 빅데이터 분석에 따르면, 한류에 대한 초기 담론은 드라마가 주도했으며 특히 2005~2006년 전후 무렵을 드라마 한류와 그에 대한 관심이 정점에 올라온 시기로 보고 있다. 그러나 2010년대에 들어서 한류에 대한 담론은 K-팝 중심으로 바뀌었으며, 〈강남스타일〉이 전 세계적인 히트를 기록한 2012년과 이듬해 2013년은 K-팝의

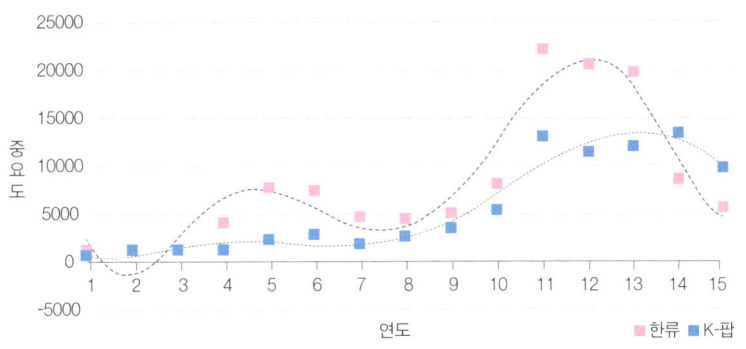

출처: 박대민·이규탁 (2016), 「한류 16년: 뉴스 빅데이터로 본 한류 보도, 지금은 케이팝 시대」, 《News Big Data Analytics & Insights》, 1권 3호, p. 15.

파급력과 그에 대한 논의가 정점에 달한 시기였다. 따라서 K-팝이 한류의 중요한 수출 콘텐츠이자 논의의 중심 주제가 된 현재, 음악 한류가 한류 전체의 전반적인 흐름에 미치는 영향은 매우 크다고 할 수 있다.

〈강남스타일〉의 성공 사례에서 확인할 수 있듯이, 현재 해외의 K-팝 팬들이 관련 콘텐츠를 접하고 소비하는 가장 중요한 수단은 바로 유튜브이다. 동아시아 외 권역의 경우, 국내의 실물 음반을 적극적으로 유통할 수 있는 현지 법인이 설립된 경우가 드물다. 또한 한류가 오랜 기간 인기를 누리는 동안 지리적·문화적 근접성을 바탕으로 비교적 탄탄한 인적·물적 네트워크가 갖춰진 동아시아 지역과는 달리, 미주·유럽 등지에서는 홍보 여건의 미비 및 산재된 팬층으로 인해 지속적인 현지 순회공연을 펼칠 수 있는 여건이 마련되어 있지 않다. 따라서 동아시아 외 지역의 K-팝 팬들의 경우 유튜브를 중심으로 한 인터넷 기반 스트리밍 서비스와 각종 소셜미디어 외에는 K-팝을 접할 수 있는 루트가 거의 없는 실정이다. 이는 기획사와 가수의 입장에서는 동아시아 시장에 비해 수익성이 부족하다는 것을 의미하며, 따라서 수익성에 민감한 업계가 동아시아 외 시장으로의 활발한 진출 시도를 하기란 쉽지 않다.

이런 상황에서 해외 K-팝 팬들과 가수의 소통과 만남의 수단으로 각광받고 있는 미디어가 바로 2015년 네이버가 시작한 실시간 인터넷 방송 서비스 'V앱'이다. "대한민국 최고 스타들의 각본 없는 실시간 방송이 시작된다"라는 모토를 내걸고 시작한 네이버 V앱의 방송 주체로서 가장 적극적으로 참여하고 있는 이들은 바로 음악 한류를 이끄는 K-팝 스타들이며, 이로 인해 관련 콘텐츠를 접하기 쉽지 않은 해외 K-팝 팬들, 특히 동아시아 외 권역의 팬들이 V앱 콘텐츠에 열광하고 있다. 더불어 V앱 측에서는 영어와 중국어, 일본어 외에도 스페인어와 포르투갈어 등의 자막 번역 서비스도 제공해 동아시아 외 권역의 팬들을 불러 모으고 있다.

김준후의 「V-LIVE 속의 K-pop, 세계를 매료시키다」에 따르면, 인터넷 환경과 시차 같은 장애 요인에도 불구하고 브라질과 미국 같은 동아시아 외 국가들의 월간 사용자 수 증감률은 굉장히 높으며, 특히 2017년에는 그 성장세가 더욱 두드러졌다고 한다. 가령 브라질은 2017년 7월 V앱 월간 이용자 수가 2016년 1월 대비 1,285%의 증가율을 기

V앱 2017년 상반기 사용자 수 대비 유료 구매자 비율

순위	국가	유료 구매자 비율(%)
1	대만	4.8
2	미국	3.5
3	중국	2.5
4	일본	2.3
5	태국	1.3

출처: 김준후 (2017. 09), 「V-LIVE 속의 K-pop, 세계를 매료시키다」, 한국콘텐츠진흥원 2017년 하반기 뮤직포럼.

록했고, 미국 역시 같은 기간 동안 109%가 증가했다. 특히 미국은 사용자 수 대비 유료 구매자의 비율이 대만에 이어 2위를 기록할 정도로 강력한 콘텐츠 구매력을 입증했다.

방탄소년단은 유튜브와 소셜미디어 및 V앱을 통해 해외 팬들과 직접 소통하여 친밀감을 쌓고, 이를 통해서 전 세계적인 인기 그룹으로 떠오른 가장 대표적인 경우라고 할 수 있다. 방탄소년단은 자신들의 공식 유튜브 채널 'BANGTAN TV' 및 V앱을 통해 데뷔 후 수백 개 이상의 콘텐츠를 제공했다.* 그 결과 2017년 2월, 이들이 발표한 곡 〈Not Today〉의 뮤직비디오는 만 하루도 안 되어 조회 수 1,000만 건을 돌파하며 K-팝 가수들 중 최단 시간 달성이라는 기록을 세웠으며, 같은 해 9월 발표한 곡 〈DNA〉의 뮤직비디오는 그보다도 더 빠른 시간에 조회 수 2,000만 건을 돌파하며 자신들의 기록을 스스로 갱신하기도 했다.

더불어 동아시아 외 지역에서의 K-팝은 '이국적인 요소'와 '글로벌한 보편성'을 동시에 갖춰야 진입할 수 있다. 현지에서의 인터뷰 및 공연에서 팬들과 소통하기 위해서는 영어를 비롯한 현지어를 구사할 수 있어야 하며, 음악적인 요소 및 패션이나 헤어스타일 같은 음악 외적인 요소에서도 지나치게 이질감을 주지 않는 보편적인 감성을 갖추어야 한다. 그러나 한국 혹은 동아시아적인 정체성을 지운 채 영어로 된 음반을 발매하거나 현지 작곡가와 함께 협업하는 식의 전략이 반드시 성공을 거두는 것은 아니다.

방탄소년단의 소속사 빅히트엔터테인먼트의 대표 방시혁은 "가수

---

* 2017년 12월 기준, 방탄소년단은 BANGTAN TV를 통해 776개의 영상을 제공했으며, V앱으로는 400여 차례 이상 방송을 실시했다.

모두에게 영어를 가르치고 미국 회사와 계약을 맺어 미국에 진출해 미국 팬들에게 사랑받는 건 K-팝이 아니라고 생각한다"라며 그의 소신을 밝힌 바 있다. 이어서 방탄소년단이 해외 팬들에게 인기를 얻을 수 있었던 이유는, 그들이 하고 싶은 음악을 그들이 가장 잘할 수 있는 표현수단으로 만들어냈기에 가능했던 것이라고 설명했다. 즉, 해외 팬들에게 K-팝이 호소력을 갖기 위해서는 글로벌한 보편성을 추구하면서도 한국적인 색채를 유지하는 이중적인 전략을 취해야 한다는 것이다.

2018 음악 한류 전망

동아시아 외 권역으로의 시장 확대

2017년 현재 음악 한류의 가장 중요한 시장은 일본·중국을 중심으로 하는 동아시아 시장이며, 이 시장의 중요성이 극적으로 줄어드는 일은 없을 것으로 판단된다. 그러나 음악 한류의 확산 및 안정적인 성장을 위해서는 특정한 국가에 지나치게 치중하기보다는 대상 시장의 다각화·세분화를 추구해야만 한다. 특히 사드 문제로 인한 중국과의 정치적 갈등에 따라 한류 콘텐츠 수출에도 먹구름이 드리웠던 2016년과 2017년의 경험은 시장 확대와 다변화의 필요성을 실감하게 하는 계기가 됐다.

이를 위해서는 음악 콘텐츠의 글로벌 확산 현상을 '한류'라는 하나의 이름으로 묶어서 분석하기보다는, 해당 콘텐츠가 지역별로 어떠한 특성을 갖고 소비되고 있는지를 파악하고 그에 맞는 전략을 수립하는 것이 중요하다. 사실 동아시아와 동아시아 외 권역에서는 한국의 음악 콘텐츠가 갖고 있는 이미지를 비롯해, 주 수용자의 연령대와 인종적 구성, 어필하는 매력이 각기 다르고, 세부적으로는 동아시아 내에서도 일본·중국 같은 기존의 큰 시장과 태국·베트남·인도네시아처럼 현재 성장 중이며 잠재력이 큰 시장 사이의 특성이 다르다. 따라서 지역별 맞춤 전략 수립이 선행되어야 하며, 이를 위해서는 유관기관과 민간 업체 간의 상호 역할 분담이 잘 이루어져야 한다. 민간 업체는 시장 특성과 수용자 성향에 대한 철저한 조사 및 인적·물적 네트워크 구축과 관리를 통해 더 넓은 시장을 목표로 해야 하며, 이를 위해 유관기관에서는 제반 여건 성숙을 위한 정책을 수립하고 지원해야 한다.

현재 음악 한류 시장은 수익 대부분을 의존하고 있는 일본·중국 시장과 태국·베트남·인도네시아 등의 기타 동아시아 지역 시장, 북미·남미·유럽 및 기타 지역 시장으로 크게 구분할 수 있다. 네이버 V앱 서비스의 김준후 팀장은 V앱 콘텐츠 이용량과 유료 서비스 이용도 등을 통해 현재 수익 및 앞으로의 잠재력 등을 파악해 아래와 같이 세 그룹으로 국가들을 분류했다.

콘텐츠 소비량과 팬덤, 구매력에 따른 국가별 구분

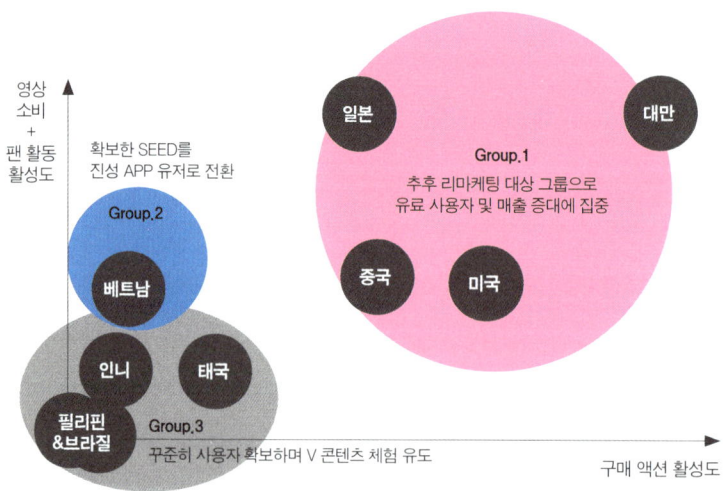

출처: 김준후 (2017. 09). 「V-LIVE 속의 K-pop, 세계를 매료시키다」. 한국콘텐츠진흥원 2017년 하반기 뮤직포럼.

위의 그림에서 확인할 수 있는 것처럼 일본 · 대만 · 중국 · 미국은 팬들의 충성도와 구매력이 모두 높은 그룹에 속해 있는 반면, 브라질 · 인도네시아 · 태국 등은 팬덤의 활성화 및 구매력이 아직 초기 단계이며, 베트남의 경우는 팬덤의 크기는 크지만 구매력이 높다고는 볼 수 없는 지역이다. 특히 베트남과 인도네시아는 인구 분포상 음악 한류 콘텐츠의 주요 소비층이라고 할 수 있는 청장년층의 비율이 매우 높은 지역인데다가,* 팬들의 활동이 활발하고 뮤직비디오나 V앱 등을 통한 음악 관련 콘텐츠 소비량이 빠르게 늘어나고 있는 국가로서 시장 성장의 잠재력을 엿볼 수 있다. 따라서 이들 시장에 대한 업계의 맞춤형 전략 수립과 유관기관의 제반 지원이 매우 중요하다.

더불어 동아시아 외 권역, 특히 미국과 브라질을 포함하는 미주 시장 및 유럽 지역에 대한 더욱 적극적인 시장 진입 노력도 향후 음악 한류의 중요한 지점이 될 것이다. 전 세계 음악 시장에서 이 지역들이 차지하고 있는 비중이 워낙 크고, 따라서 이들 지역을 아우르지 않고서는 진정한 의미에서의 세계화를 달성할 수 없기 때문이다.

우선 전 세계 음악 시장의 32% 이상을 차지하고 있는 미국 시장은 음원 · 음반뿐만 아니라 다양한 규모와 장르의 공연 콘텐츠에 대한 수요가 지속적으로 존재하는 매력적인 시장이다. 또한 독일 · 영국 · 프랑스 · 이탈리아 · 스웨덴 · 러시아 · 스페인 등 국가별 음악 시장 규모 20위권 안에 위치한 유럽 국가들의 비중의 합은 약 30%에 달한다. 따라서 동아시아 외 권역 시장의 중심인 미국과 유럽 시장에서의 성공은

---

* 인도네시아의 경우 인구의 70%가 15~65세의 생산 가능 인구이며, 베트남은 평균 연령이 30대에 불과한 젊은 국가이다.

국가별 음악 산업 규모 및 전망

(단위: 백만 달러)

순위	국가	2012	2013	2014	2015	2016	2017	2018	2019	2020
1	미국	14,892	14,914	14,903	15,183	15,549	16,078	16,736	17,369	18,041
2	일본	5,443	4,761	4,605	4,615	4,560	4,451	4,297	4,113	3,886
3	영국	3,868	3,917	3,878	3,884	3,903	3,935	3,966	4,001	4,023
4	독일	3,598	3,644	3,700	3,785	3,838	3,908	3,977	4,040	4,103
5	프랑스	1,956	1,912	1,855	1,809	1,795	1,797	1,800	1,801	1,788
6	캐나다	1,154	1,151	1,104	1,115	1,122	1,130	1,141	1,159	1,183
7	호주	1,026	960	925	911	905	900	902	904	911
8	이탈리아	853	838	824	869	870	868	867	865	857
9	중국	675	716	785	865	957	1,057	1,164	1,271	1,367
10	한국	709	722	781	833	887	942	1,007	1,065	1,125
11	스웨덴	559	610	617	634	660	691	727	765	807
12	러시아	624	678	650	597	568	574	592	612	639

주: 2016년 이후는 예상 수치임.
출처: 한국콘텐츠진흥원 (2017). 『2016 음악산업백서』, p. 363.

K-팝이 글로벌 대중음악 장르의 일부로서 오랫동안 생명력을 가질 수 있는 필수 조건이라고 할 수 있다.

또한 중남미 국가 가운데 음악 콘텐츠 시장 규모 1위인 브라질 역시 향후 시장 확대를 위해 꼭 고려해야 할 중요한 지역이다. 브라질에서는 다른 남미 국가들과 마찬가지로 스페인어 기반의 라틴 음악이 인기가 있으며, 더불어 자국 고유의 음악인 삼바samba, 재즈와 삼바 음악의 결합으로 전 세계 인기 장르로 자리 잡은 보사노바bossa nova의 인기도 높다. 그러나 2000년대 후반 이후로 음악 한류가 남미 지역까지 확산되며 브라질에도 K-팝을 향유하는 마니아층이 형성되었다.

브라질 음악 한류에서 특이한 점은, 한국 음악에 대한 소비가 현지 내 일본과 중국 이민 3세들이 주로 거주하는 대도시를 중심으로 시작되었다가 점차 널리 현지인들에게까지 확산되었다는 것이다. 최근에는 브라질 현지인 한류 팬들이 K-팝 커버댄스 팀을 결성하여 안무를 따라 배우고, 한국의 아이돌 그룹 의상을 구매하거나 직접 제작을 하고, 해당 콘텐츠의 콘셉트에 맞춘 메이크업을 소셜미디어를 통해 정보를 얻어 따라하는 등 적극적인 참여 활동으로 K-팝의 인지도를 더욱 높이고 있다.

리우데자네이루와 상파울루를 포함한 브라질 내 5개 도시 투어에 성공한 4인조 남녀 혼성 K-팝 아이돌 그룹 '카드KARD'는 국내에서 보다 브라질을 비롯한 남미와 동아시아 권역 외에서 더욱 높은 인기를 얻고 있는 독특한 그룹인데, 이들의 음악은 일반적인 K-팝 음악과는 달리 레게나 댄스홀dancehall* 같은 남미 음악의 요소를 포함하여 현지 팬들로부터 많은 사랑을 받고 있다. 이들 시장은 그 크기와 잠재력이 무궁무진한 만큼, 더욱 적극적이고 치밀한 전략 수립과 시장 접근이 필요하다.

카드 2017년 브라질 순회공연 포스터
출처: 카드 공식 트위터

---

* '댄스홀'은 자메이카 레게의 한 종류로, 디지털 악기를 적극적으로 활용해 일반적인 레게보다 조금 빠른 리듬감을 가진 음악을 말한다.

아이돌—기획사 시스템에 대한 재고 再考

　　기획사가 가능성이 보이는 인재를 발굴하고 이들을 집중 육성·관리해 아이돌로 키워낸 후, 이들의 활동부터 사생활 관리까지 모두 책임지는 '토털 매니지먼트'를 실시하는 아이돌—기획사 시스템은 지금의 K-팝을 키워낸 방식이자 음악 한류를 이끈 체제였다. '재원財源의 집중과 효율적인 투자'를 기반으로 하는 이 방식은 분명 그 유효성을 입증했고, 이를 통해 글로벌 시장에서 활약하고 있는 K-팝 아이돌들은 노래와 춤은 물론 다방면에서 빼어난 실력을 발휘하며 해외 수용자들을 사로잡았다.

　　그러나 이 시스템이 갖고 있는 어두운 부분 역시 명확하다. 아이돌이 되기 위해 기획사 연습생으로 첫발을 내딛게 되는 청소년들은 꽉 짜인 스케줄 속에서 혹독한 훈련을 소화해야 하는데, 이 과정은 동료들과의 치열한 생존경쟁 속에 이루어진다. 그 속에서 이들이 겪게 되는 육체적·정신적 압박감과 스트레스는 상상을 초월한다. 또한 아이돌로 데뷔하기 전은 물론 이후에도 이들은 소속사로부터 '휴대폰 사용 금지', '의무적인 숙소 생활', 심지어 '연애 금지'와 같은 개인 사생활 통제를 받게 되는데, 이는 인권 침해의 요소가 다분하다.

　　더불어 3대 기획사로 대표되는 대형 업체와 중소 업체 사이의 양극화 문제, 몇몇 대형 기획사가 음악 산업 전반을 좌지우지하게 되는 집중화 문제, 아이돌—기획사 시스템 바깥의 음악인과 업체의 소외 문제 등, 아이돌—기획사 시스템은 산업 내부에서도 다양한 문제를 야기하고 있다.

　　따라서 현 아이돌—기획사 시스템에 대한 전반적인 재고는 꼭 이루어져야 할 부분이다. 우선 대부분 10대 청소년인 기획사 연습생들의 복지와 계약 상태에 대한 제대로 된 실태조사를 실시해, 어떤 점이 문제인지 파악한 뒤 그를 해결할 구체적인 방안을 모색해야 한다. 또한 음악의 유통—소비 과정에서 대형기획사의 시장 지배력으로 인해 제대로 된 기회를 얻지 못하는 중소기획사 및 인디 업계의 음악이 좀 더 넓은 국내외 수용자들에게 소개될 수 있는 플랫폼 마련도 필요하다. 이는 이들에 대한 직접적인 자금 지원책이 아닌, 이들의 음악이 정기적으로 대중에게 소개되어 콘텐츠 자체로 승부할 수 있는 기회의 장이 마련되어야 한다는 의미이다.

해외 음악계와의 적극적인 협업 필요

2017년 11월에 열린 〈엠넷 아시안 뮤직 어워드Mnet Asian Music Award, MAMA〉는 베트남·일본·홍콩의 3개 도시를 순회하며 개최됐다. 그런데 이 중 일본에서 열린 시상식에서 매우 흥미로운 무대가 펼쳐졌다. 바로 인기 서바이벌 오디션 프로그램 〈프로듀스 101〉과 〈아이돌 학교〉를 통해 결성된 그룹 멤버들과 일본의 인기 아이돌 그룹 AKB48의 합동 공연 무대였다. 또한 〈MAMA〉의 주관사인 CJ E&M 측에서는 이 한·일 합동 무대가 단순히 일회성 이벤트로 끝나는 것이 아닌, 본격적인 합작 프로그램 제작 및 방영으로 이루어질 것임을 천명했다. 바로 2018년 방송될 예정인 〈프로듀스 48〉이다. 원래 〈프로듀스 101〉의 아이돌 오디션 방식 및 그룹 결성 과정이 AKB48의 선정 시스템과 비슷한 점이 매우 많았기 때문에, 방영 초기 〈프로듀스 101〉은 AKB48을 표절했다는 논

국내 아이돌 그룹과 AKB48의 합동 공연
출처: CJ E&M

란에 시달리기도 했다. 이후 CJ E&M 측에서 기존의 참조 대상이었던 일본의 방식과 직접적인 협업을 시도하기로 한 것이다.

지금껏 '한류'라는 이름 아래 한국의 미디어와 업계, 심지어 정부 기관까지도 한국 문화를 세계 시장에 알리는 것에만 중점을 두었을 뿐 다른 나라의 문화를 적극적으로 받아들이거나 그들과 협업하려는 의지를 드러내지 않은 것은 사실이다. 그러나 한국의 문화 콘텐츠를 알리고 수출하기 위해서는 다른 나라의 문화를 이해하고 그것을 받아들이기 위한 노력이 필수적이다. 우리 문화의 수출과 전파만을 노골적으로 강조하는 것은 경제적으로는 자칫 무역 분쟁의 소지가 있으며, 더불어 정서적으로 해외 팬들의 반발을 불러일으킬 가능성도 있다.

따라서 음악 한류의 확장과 지속성을 위해서는 한국의 음악 콘텐츠를 어떻게 수출할 것인가, 그리고 그것을 통해 얼마만큼의 수익을 올릴 수 있을 것인가에만 집중할 것이 아니라, 어떤 식으로 다른 나라 음악계와 교류하고 그것을 통해 상호 이해를 증진시킬 수 있을지 고민해야 한다. 이는 단순한 '기브 앤드 테이크 give and take'를 넘어, 장기적인 상호 이익을 도모할 수 있는 인적 네트워크를 구축함은 물론, 상대방 문화에 대한 몰이해로 인해 빚어질 수 있는 다양한 갈등을 미연에 방지해 음악 한류의 안정적인 확산에도 도움을 줄 수 있다. 더불어 이러한 교류는 아이돌―기획사 시스템 외의 다른 음악이 해외에 알려지는 것에도 도움을 줄 수 있으며, 다양한 문화를 수용함으로써 한국의 음악 콘텐츠가 더욱 풍부해지는 밑거름으로도 작용할 수 있을 것이다.

공연 한류

은근하게, 위대하게
예술경영지원센터 전략기획팀장 김혜진

2017
HALLYU
WHITE
PAPER

공연
한류
현황

천천히 해외 무대로 걸음을 내딛는 공연 한류

전 세계적인 정치·경제·사회 등의 파동에도 불구하고 한국 공연은 2017년에도 세계를 종횡무진 누볐다. 한한령限韓令(한류 금지령)에도 상관없이 중국 시장의 변화를 가져온 한국 토종뮤지컬 〈빨래〉를 필두로, 세계 최대 월드뮤직 마켓 워멕스World Music Expo, WOMEX의 공식초청을 받고 월드뮤직 주요 레이블인 글리터비트Glitterbeat와 음반 계약을 맺은 음악 그룹 숨[suːm]의 리더 '박지하', 미국 라디오 방송국 NPR의 최고 인기 프로그램인 〈타이니 데스크 콘서트Tiny Desk Concert〉를 통해 세계를 홀린 한국민요 록밴드 '씽씽Ssing Ssing', 에든버러페스티벌 추천작으로 영국《가디언》지가 선택한 극단 성북동비둘기의 〈메디아 온 미디어Medea on media〉에 이르기까지, 연극·대중음악·뮤지컬 구분할 것 없이 한국의 전통과 색깔을 입힌 공연들은 세계인의 마음을 사로잡았다.

2015년 '쇼팽 국제 피아노콩쿠르'에서 우승한 조성진에 이어, 2017년에는 선우예권이 미국 최고 권위의 '반 클라이번 국제 피아노콩쿠르'에서 우승을 차지했다. 이 외에도 핀란드 '비후리 시벨리우스 음악상'의 20번째 수상자로 작곡가 진은숙이 이름을 올리는 등 클래식음악 분야도 세계적인 인정을 받고 있다. 또한 아랍에미리트UAE의 아부다비에서 홀로그램 쇼케이스 〈라이트 인 하모니Lights in Harmony〉를 한국 기업

㈜닷밀mill이 선보여 혼합현실Mixed Reality, MR 공연 콘텐츠에 대한 국제적 관심을 불러일으켰다.

　무대를 중심으로 이루어지는 공연 분야는 극장 안에서의 직접 체험이 선행되어야 하기에 시간과 공간, 소비자(관객)가 제한적일 수밖에 없다. 때문에 인터넷망을 활용하여 전 세계 개인들에게 빠르게 전파되는 K-팝, 드라마, 영화 등과는 파급속도에서 차이가 나타날 수밖에 없다. 한국 및 한류에 대한 인식, 한류 콘텐츠 소비 형태와 효과 등을 분석하기 위해 2012년부터 한국문화산업교류재단(현 한국국제문화교류진흥원)에서 발간하는 「해외한류실태조사」에서도 드라마, 영화, K-팝 등 대중문화 콘텐츠와 패션·뷰티, 한식 등 소비재 및 서비스산업만을 조사 대상으로 한다. 여기에 공연이 포함되지 않는다는 사실은 공연 한류의 영향력이 그만큼 높지 않다는 방증이기도 하다.

　그럼에도 불구하고 공연 한류는 전 세계로 확산되고 있다. 대중문화가 젊은 층을 중심으로 단기간에 한류 붐업boom-up을 일으켰다면 이를 기반으로 삼아 한국 공연예술은 긴 호흡으로 은근하지만 깊숙이, 다양하게 뻗어가고 있다.

전통예술 분야의 해외 진출 확대

　정부 단위의 공공외교나 교민 대상 행사 등을 위한 해외공연은 과거부터 있어왔지만, 1988년 서울올림픽을 계기로 한국 공연의 국제화 분위기가 형성되면서 해외 진출이 가속화됐다. 특히 1990년대 후반부터 국내외 공연예술 축제가 해외 진출의 중심 역할을 하고 있는데, 아직까지 해외공연을 수출의 관점보다는 상호 호혜적인 교류 차원에서 다루는 경향이 크다. 그래서인지 아쉽게도 공연 분야의 해외 시장 진출 규모 등을 파악한 객관적 자료는 거의 없는 실정이다. 이에, 보다 적극적으로 해외 진출을 도모하는 예술경영지원센터의 '공연 및 전통예술 전략적 해외 진출 지원사업'을 바탕으로 간접적으로나마 그 규모를 가늠해볼 수 있다.

'공연 및 전통예술 전략적 해외 진출 지원사업'은 한국단체가 해외공연을 할 때 항공료와 화물운송료를 국가에서 지원해주되 해외 초청단체에서 직접 한국단체에게 공연료Performance fee를 지급하는 방식을 취한다.

2016년에는 총 45개 단체의 235회 공연으로 공연료 약 50만 달러(약 5억 5,000만 원)를 받았는데, 2017년에는 총 51개 단체의 205회 공연으로, 2016년 대비 80%가 증가한 약 90만 달러(약 9억 9,000만 원)의 공연 수입을 거둬들였다.

최근 5년간 수치를 살펴보면 공연으로 인한 수입은 매년 평균 34%

'공연 및 전통 분야 해외 진출 지원사업'으로 발생한 공연료 수입 (단위: USD, %)

구분	2013	2014	2015	2016	2017	연평균 증감률
공연예술	290,391	414,311	373,415	323,314	661,166	26%
전통예술	48,985	6,912	41,874	184,002	251,310	83%
합계	339,376	421,223	415,289	507,316	912,476	34%

출처: 문화체육관광부 (2017). 『2016 문화예술정책백서』. 예술경영지원센터 2017년 성과데이터.

'공연 및 전통 분야 해외 진출 지원사업' 권역별 진출 현황 (단위: USD, %)

구분	서유럽	북유럽	동유럽	북미	중남미	아시아	아프리카	중동	오세아니아	합계
2017년	33.3	3.5	22.8	15.8	5.2	8.8	1.8	3.5	5.3	100%

출처: 예술경영지원센터 2017년 성과데이터.

정도 증가하는 추세이다. 특히, 현대contemporary적인 연극·무용·뮤지컬을 아우르는 공연예술 분야에 비해, 한국의 전통적인 연희·무용·음악 등을 기반으로 하는 전통예술 분야의 해외 진출 확대가 두드러지는 경향을 보인다. 전체 진출 권역 양상은 2017년도 기준으로, 서유럽(33%), 동유럽(23%), 북미(16%), 아시아(9%), 오세아니아(5.3%), 중남미(5.2%), 중동(3.5%), 북유럽(3.5), 아프리카(1.8%) 등으로 다양해지고 있다.

공연 한류 핫이슈

하반기부터 다시 기지개를 켠 중국 내 한국 뮤지컬

"한국 뮤지컬이 중국 뮤지컬 업계에 많은 본보기가 되고,
그들의 풍부한 경험을 전해줄 것이라 생각한다."

— 마천칭(중국연출행업협회 뮤지컬 전업위원회 부위원장, SMG 상하이문광연예집단 부총재)

"민감한 시국에 한국의 〈마이 버킷리스트〉가 중국에서 공연되는 건
기적 같은 일이다."

— 페이위안훙(상하이문화광장 예술감독)

    2016년 중반부터 시작된 중국의 한한령은 다행히도 2017년 중반 무렵부터 완화 분위기로 전환되고 있다. 그러나 1년여의 길지 않은 시간 동안 뮤지컬, 마술공연뿐만 아니라 피아니스트 백건우, 소프라노 조수미, 국립발레단 수석무용수 김지영 등 클래식 분야까지도 줄줄이 공연이 취소되는 참담함을 겪었다.

    이러한 정치적 상황에도 불구하고 중국 내에서 한국 창작뮤지컬에 대한 관심은 사그라지지 않았다. 그 물꼬를 튼 것이 바로 한국 토종 뮤지컬 〈빨래〉다. 한국예술종합학교 연극원 졸업 작품으로 시작된 씨에이치수박의 〈빨래〉는 상하이, 베이징 등 중국 5개 도시 투어를 진행 중

이던 2016년 8월에 조기 폐막했다가, 2017년 6월 23일부터 7월 9일까지 베이징 다인大隱 극장에서 다시 선보였다. 라이선스 계약형태로 중국 현지배우가 출연하고 홍보도 한국 콘텐츠인 것을 부각하지 않는 방향으로 진행됐지만, 중국 시장의 충분한 니즈를 확인했다는 것과 함께 뮤지컬 분야에서 돌파구를 뚫었다는 점에서 큰 의미가 있다.

    8월에는 중국 상하이문화광장에서 ㈜라이브의 〈마이 버킷 리스트〉의 중국어 라이선스 공연이 성사됐다. 원래는 소극장용 작품인데, 중국에서는 600석 규모로 무대를 확장해 중국어로 공연하면서도 노랫말을 자막으로 보여주는 식의 대규모 무대를 선보였다. 중국 측 예술감독 페이위안홍은 2016년 상하이 현지에서 예술경영지원센터가 주관한 'K-뮤지컬 로드쇼'에서 이 작품을 알게 된 후 일본투어 공연에 중국 스태프들과 직접 가서 보고 작품을 결정했다고 한다. 그가 "민감한 시국에 한국의 〈마이 버킷 리스트〉가 중국에서 공연되는 건 기적 같은 일"이라고 인터뷰에서도 언급했듯이, 한한령의 영향력에도 불구하고 수많은 한·중 관계자들이 협력해 힘겹게 얻어낸 결과였다.

    HJ컬쳐의 〈빈센트 반 고흐〉는 고흐와 그의 동생 테오가 주고받은 편지를 바탕으로 고흐의 삶과 예술세계를 그린 창작 뮤지컬이다. 3D 프로젝션 맵핑기술을 이용해 관객이 고흐의 그림 속으로 들어온 것 같은 느낌을 주는 이 작품은, 2017년 9월 30일부터 10월 8일까지 상하이 ET극장에서 레플리카 프로덕션(오리지널 공연과 똑같이 모든 요소를 그대로 따르는 공연) 방식으로 라이선스를 맺어 첫 공연이 이뤄진 뒤, 열띤 반응에 힘입어 이후 12월 8일부터 17일까지 재공연이 이루어졌다.

    11월에는 '2017 K-뮤지컬 로드쇼'가 홍콩 유스스퀘어Youth Square에서 개최됐다. 홍콩 시주룽문화지구, 중국연출행업협회 뮤지컬전업위원

(상) 2017 K-뮤지컬 로드쇼 포스터 / (하) 한국 창작뮤지컬 〈공룡이 살아있다〉의 판권 계약 조인식
출처: 《연합뉴스》 (2017. 11. 29), 〈창작뮤지컬 '공룡이 살아있다', 홍콩 등 중화권 시장 본격 진출〉.

회, 대만 AM크리에이티브 등이 이 행사를 후원했다. 로드쇼가 열린 홍콩은 지리적으로 중국 외에도 싱가포르, 대만 등 중화권 시장을 겨냥할 수 있다는 장점을 가진 도시다. 또한 홍콩은 국제적 문화예술 도시로 거듭나기 위해 2016년부터 2017년까지 문화·예술 지원예산을 40억 홍콩달러(약 5,600억 원)로 책정했는데, 이는 전년 대비 14.3%나 증액된 금액이다. 이 밖에도 미술관, 공연장 등 17개 문화시설이 들어서는 시주룽문화지구WKCD, West Kowloon Cultural District 건립에도 약 218억 홍콩달러(약 3조 원)를 투자하고 있다.

'2017 K-뮤지컬 로드쇼'에서는 11월 28일부터 이틀간에 걸쳐 ㈜컬쳐홀릭의 〈공룡이 살아있다〉, ㈜더그룹의 〈그 여름, 동물원〉, ㈜인사이트엔터테인먼트의 〈나와 나타샤와 흰 당나귀〉, ㈜연우무대의 〈오! 당신이 잠든 사이〉, HJ컬쳐㈜의 〈파리넬리〉, ㈜뮤지컬하모니의 〈하모니〉, 이렇게 여섯 작품의 쇼케이스가 열렸다. 이를 통해 ㈜컬쳐홀릭의 〈공룡이 살아있다〉는 대만 에이엠크리에이티브사와 판권계약 및 공동제작 계약이 진행되어, 앞으로 4년간 대만·홍콩·싱가포르·말레이시아 등 중화권과 아시아 지역에 진출할 수 있게 됐다.

그밖에 한국의 대표 창작뮤지컬 제작사인 ㈜연우무대의 창작뮤지컬 〈오! 당신이 잠든 사이〉, 〈여신님이 보고 계셔〉는 2018년도 중국 투어가 결정됐고, ㈜라이브의 〈팬레터〉는 2018~2019년 중국 투어 공연을 논의 중에 있다.

기로에 선 외국인 관광공연

"중국인 단체 관람이 사실상 전무한데다 북핵 위기까지 겹쳐
관람객 회복 기미가 보이지 않는다."

— 송승환(PMC프로덕션 대표)

2006년부터 10년간 외국인 관광객 수가 2.8배 느는 사이 공연 관람객은 무려 8배나 증가했다. 2016년의 경우 한국을 찾은 외국인 관광객 1,724만 1,823명 중 15%에 달하는 262만 6,358명이 관광공연을 관람했다. 한국공연관광협회에서 2016년 기준으로 집계한 한국의 외국인 공연 관람객의 국적은 중국 69%, 대만 11%, 일본 5% 순이다. 때문에 예상보다 장기화된 중국의 한한령으로 인한 국내 공연관광 시장이 타격을 입을 수밖에 없었다. 2017년 7월까지 관광공연을 관람한 외국인은 73만 4,004명으로 지난해 같은 기간 162만 7,655명의 절반에도 미치지 못한다.

한국공연관광협회에 따르면 2013년 16개였던 상설 관광공연 중 2017년 12월 기준, 현재 운영 중인 콘텐츠는 〈난타〉, 〈점프〉, 〈비밥〉, 〈페인터즈〉, 〈히어로〉 등 8개밖에 남지 않았다. 넌버벌 댄스 뮤지컬 〈사축〉, 이랜드 그룹의 기획공연인 〈와팝〉, 넌버벌 퓨전 공연 〈왓썹인제주〉, 타악 퍼포먼스 〈드럼캣〉 등이 올해 공연을 중단했다. 어느새 20주년을 맞은 한국 관광공연의 대표작 〈난타〉의 경우, 국내 난타 전용관 4곳 중 중국 단체관광객을 위주로 운영해온 '충정로 극장' 영업을 2018년부터 중단하고, 2017년 4월부터 잠정 휴관 중인 '중국 광저우 난타 전용관'도 앞으로의 운영 방안에 대해 논의 중이라는 안타까운 발표도 있었다.

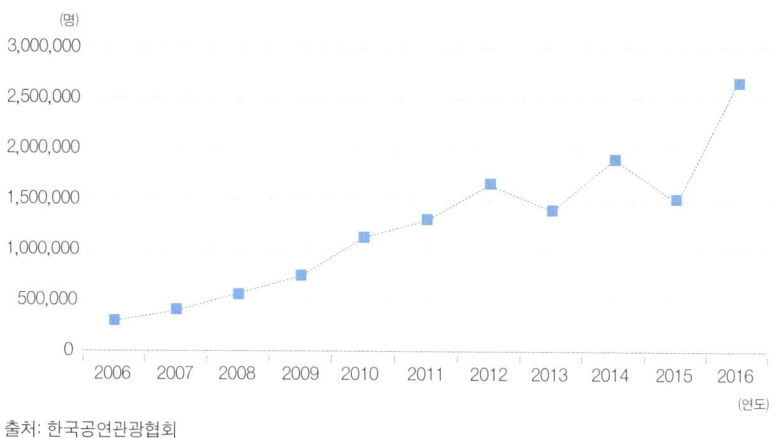

연도별 외국인 공연관람객

출처: 한국공연관광협회

　이러한 분위기를 벗어나고자 내·외국인 관광객이 즐길 수 있는 관광 콘텐츠 확충을 위해 한국관광공사와 한국공연프로듀서협회에서 9월 28일부터 10월 31일까지 서울 대학로에서 '2017 대학로 공연관광페스티벌(웰컴 대학로)'을 개최했다. 〈난타〉, 〈점프〉와 같은 대표 넌버벌 공연뿐 아니라 국립국악원, 정동극장의 전통공연을 비롯해 〈당신만이〉, 〈김종욱 찾기〉, 〈사랑은 비를 타고〉 등 대학로 뮤지컬과 〈틱틱붐〉, 〈여신님이 보고 계셔〉, 〈레베카〉 등 총 22개 공연이 참여했다. 무엇보다 외국인 관광객들이 공연을 볼 때 가장 장애 요소라 느끼는 언어 장벽에 대한 부

2017 대학로 공연관광페스티벌 '뮤지컬 자막지원 서비스'
출처: 한국공연프로듀서협회

분도 보안되었다. 중국어·일어·영어 외에도 청각 장애인을 위해 한국어 자막 시스템이 내재된 스마트 패드를 활용한 '뮤지컬 자막지원 서비스'가 실시된 것이다. 기존 자막 모니터로는 불가능했던 다국어 지원 기능을 보완했다는 점에서 외국인 관람객들에게 큰 호응을 얻었는데, 한국 공연의 해외 진출 시에도 충분히 활용 가능한 시스템이라는 가능성을 엿볼 수 있었다.

낯설어서 흥미롭다, 한국 전통음악에 이어지는 러브콜

국악이라 불리는 한국 전통음악에 최근 변화의 바람이 불고 있다. 전통에만 머물러있던 국악이 현대의 트렌드를 반영하는 최신 유행의 옷을 입고 대중 속으로 파고들고 있다. 이러한 이유에서인지 국내뿐 아니라 해외에서도 한국 전통음악에 대한 관심이 높아지고 있다.

굳이 인터넷 환경의 변화에 따른 국내외 음반 시장의 사정을 거론하지 않아도 예전이나 지금이나 한국 전통음악은 소위 비주류인 '월드뮤직'으로 구분된다. 그런데 최근 국내보다 오히려 해외 유명 음반사에서 한국 전통음악에 대해 높은 관심을 보이고 있다.

거문고 명인 허윤정이 이끄는 국악 단체인 '블랙스트링'은 2016년에 독일 재즈 레이블 ACT와 계약하여 그해 10월 첫 번째 음반《마스크 댄스Mask Dance》를 발매해 해외 시장에 내놓았다. 레이블 ACT는 재즈보컬 나윤선의 앨범을 발매한 유럽의 양대 재즈 음반사 중 하나로, 아시아 그룹으로는 최초로 '블랙스트링'과 계약에 나섰다. 최초라는 타이틀 외에도 무려 5장의 앨범을 연속으로 발매하겠다는 파격적인 조건까지 내

걸었다. 《마스크 댄스》는 2017년 1월 월드뮤직 차트 '트랜스 글로벌'에서 14위에 올랐으며, 앨범 평점으로 별 다섯 개 만점을 준 월드뮤직 매거진 《송라인즈Songlines》는 블랙스트링에 대해 "오늘날 한국에서 가장 흥미로운 그룹 중 하나"라고 극찬했다. 이 앨범은 제14회 한국대중음악상 시상식에서 재즈&크로스오버 부문 최우수 연주상을 받기도 했다.

한국 전통음악을 기반으로 서양 현대음악의 요소를 융합해 새로운 음악을 창조하는 그룹 '잠비나이'는 2016년 영국 음반사 벨라유니온Bella Union과 아시아 뮤지션 최초로 계약을 체결해 정규 2집 앨범 《A Hermitage(은서隱棲)》를 발매했다. 런던에 위치한 벨라유니온은 1997년에 설립한 세계 최고의 인디 음반사로 손꼽힌다. 잠비나이의 앨범은 영국 유력 음악잡지인 《더 콰이어터스The Quietus》가 선정한 '2016 상반기 톱 100 앨범 리스트'에서 15위에 이름을 올렸다.

음악그룹 숨[su:m]의 리더이자 피리 · 생황 · 양금 연주가 겸 작곡가로 활동하는 '박지하'는 세계 최대 월드뮤직 마켓인 워멕스WOMEX에서 월드뮤직 주요 레이블인 글리터비트Glitterbeat와 2017년 10월에 음반 유통계약을 공식 체결했다. 이에 따라 2018년 초 유럽, 미국, 일본 등 전 세계에 음반이 배포될 예정이다.

전통은 지키되 색다른 옷을 입는 전통음악

"민요와 록이라는 상상하기 어려운 조합으로 만들어낸 파격적인 음악, 비주얼, 무대 매너, 이 삼박자를 완벽하게 소화한 밴드 '씽씽'은 지금까지 우리가 접하지 못했던 한국음악을 선보인다."

— 손 최(뉴욕 소리SORI 에이전시 대표)

한국에서 비인기 공연 장르인 '창극'이 오히려 해외에서 인기를 누리고 있다. 국립극장과 국립창극단이 제작한 〈변강쇠 점찍고 옹녀〉가 프랑스 파리의 대표 극장인 테아트르 드 라빌의 초대를 받아 2016년에 〈마담 옹Madame Ong〉이라는 제목으로 상연됐다. 과거 〈수궁가〉 등이 유럽 무대에 선 적은 있으나 현지 극장으로부터 1억 원의 개런티를 받은 창극은 〈변강쇠 점찍고 옹녀〉가 처음이다. 파리 4회 공연 중 첫날은 전 좌석이 매진됐고, 나머지 공연도 80% 이상의 관객 점유율을 보였다. 유럽에 한국 대중문화에 이어 전통문화의 본격적인 진출 신호탄을 쏘아올린 작품이 된 것이다.

미국에서는 한국 민요 록밴드 '씽씽Ssing Ssing'이 인기다. '씽씽'은 경기민요에 충실한 음악 장르 위에 1970년대 글램록을 연상시키는 화려한 화장 등으로 전통음악의 매력을 한층 색다르게 부각시키고 있다. 2017년 1월에 세계적인 월드뮤직페스티벌인 글로벌페스트globalFEST에서 공연을 펼쳐 《뉴욕타임스》와 공영 라디오 방송국 NPR의 호평을 받은 이후, 6월에는 NPR 최고 인기 프로그램인 〈타이니 데스크 콘서트Tiny Desk Concert〉에까지 초청을 받았다. 아델, 존 레전드 같은 대형 팝 스타들이 노래했던 이 프로그램에 한국 및 아시아 밴드로는 최초의 출연이며,

9월에 유튜브에 게시된 출연 영상은 약 한 달 만에 조회 수 100만 건을 훌쩍 넘었다.

'씽씽'의 〈타이니 데스크 콘서트〉 출연 모습
출처: 《국민일보》 (2017.11.1) 〈외국에서 더 유명한 민요 록밴드… 세계를 흘린 '씽씽'〉.

주요 진출국 및 진출 경로

앞서 언급되기도 했지만, 개인이 스스로 콘텐츠를 구입·소비할 수 있는 한류의 다른 분야와는 달리 공연작품은 유통되는 과정에서 시장의 게이트 키퍼Gate Keeper를 거친다는 점에서 차이가 있다. 쉽게 설명하면, K-팝을 좋아하는 사람은 CD나 음원을 구입한 후 원하는 시간과 장소에서 음악을 즐길 수 있지만, 반면 공연은 특정 개인이 공연을 보고 싶다고 해서 자신이 원하는 시간과 장소를 선택해 관람할 수 없는 구조인 셈이다. 공연은 기획하는 관계자들의 사전협의를 통해 공연의 내용·일자와 기간·장소 등을 결정하게 되는데, 여기에는 공연기획자·프리젠터·프로모터·공연장 같은 공간을 소유한 사람들의 의견이 우선시된다. 해외 진출 과정에서는 이러한 해외 게이트 키퍼들의 영향력이 보다 결정적으로 작용하는데, 이들과 신뢰를 쌓아가면서 공연작품을 홍보하는 방법이 한류 확산에 큰 도움이 된다.

국내 공연마켓 참가

"한국뿐 아니라 전 세계 다양한 아티스트들과 프로듀서들을 만날 수 있었고, 향후 새로운 파트너십을 다질 수 있는 많은 네트워킹 기회를 얻었다."
— 기에르모 마르쿠스(브라질 상파울루국제연극제 예술감독)

굳이 해외에 나가지 않더라도 국내에서 해외 진출을 도모할 기회가 있다. 올해 13회째를 맞은 '서울아트마켓Performing Arts Market in Seoul, PAMS'이 그것이다. 예술경영지원센터의 주관으로 매년 10월에 열리는 서울아트마켓은, 전 세계 공연예술 전문가들이 모여 다양한 작품을 교류하고 실질적인 공연 계약까지 진행할 수 있는 장場이다. 2017년에는 43개국에서 총 2,637명이 참가했으며, 특히 해외 공연예술 감독, 축제 프로그래머, 연출가, 기획자, 안무가 등 434명의 해외 공연 관계자들이 방문해 눈길을 끌었다.

서울아트마켓을 대표하는 프로그램으로 '팸스 초이스PAMS Choice'가 있다. 이 프로그램에 지원해 공모와 심사, 해외자문 등을 바탕으로 최종 선정된 작품에게는 서울아트마켓 기간 중 쇼케이스의 기회가 주어지며, 국제 공연예술 관련 행사들에서도 집중적인 홍보 대상이 된다. 2017년에는 연극 6개, 무용 4개, 음악 4개, 다원·기타 4개 등 총 18개 작품이 선정됐다. 2005년부터 2016년까지 선정된 총 181개의 팸스 초이스 작품은 누적 건수 1,200건이 넘는 해외 진출 공연이 이루어졌다. 무용단체인 '안은미컴퍼니'가 2013년 팸스 초이스로 선정된 이후 2015년 파리가을축제 한국특집에 발탁되어 공연했는데, 이 공연이 2016년부터 프랑스 전역 투어와 브라질 축제 초청 등으로 연계됐다. '브레시트 무용단'도 2016년 팸스 초이스 이후 2017년 미국 3개 도시 투어를 비롯해 남미·이란 등에도 초청됐다.

서울아트마켓 기간 중 전통음악 분야에서는 해외 월드뮤직 전문가를 한국으로 초청해 우리 작품을 직접 보여주고 교류의 기회를 만들고 있는 '저니 투 코리안 뮤직Journey to Korean Music' 프로그램이 있다. 여기에 2016년에 참가했던 '권송희 판소리랩Lab'은 2017년 폴란드 글로벌티

카축제와 아일랜드 골웨이국제예술축제에 초청받았고, '월드뮤직앙상블 이도'는 2018 타이완국제예술축제에 초청된 상태이다.

해외 공연예술 축제 및 마켓 참가

해외 진출의 가장 일반적이면서도 효과적인 방법은 바로 해외 축제(페스티벌)와 마켓에 참가하는 것이다. 최근 해외에서는 일반인들에게 예술을 즐길 수 있는 기회를 선사하는 '축제'와 전문가들이 모여 유통을 논의할 수 있는 '마켓'의 경계가 흐려지는 경향이 있다.

한편, 큰 규모의 페스티벌일수록 작품 선택의 기준이 까다로운 편이라 검증되지 않은 신생 작품들은 선택될 확률이 높지 않다. 물론 개별 단체를 통해 진출하는 사례도 늘고 있지만, 한국 공연을 세계에 널리 알리기 위해 국가 차원에서 보다 전략적으로 해외 진출을 지원하고 있다. 이러한 지원에 힘입어 세계로 선보이고 있는 우리 연극과 무용 분야의 해외 진출 현황을 먼저 살펴보자.

유럽권역의 수많은 공연예술 축제 가운데 가장 대표적인 것을 꼽자면 단연 영국의 '에든버러 프린지 페스티벌The Edinburgh Fringe Festival'이 선정될 것이다. 2017년 8월 한 달여 동안 진행된 이 페스티벌에서는 300개 공연장에서 총 58개국 3,398개 작품의 공연이 펼쳐졌다. 특히 2017년은 에든버러 프린지 페스티벌 '70주년'이자 '한·영 상호교류의 해'인 관계로, 한국에서는 역대 최다 규모인 19개 작품이 참가했다.

그중 국가적 지원을 받은 5개 작품은 해외 현지 언론과 평론가들의 많은 관심을 받았다. 국악그룹 타고TAGO의 〈코리안드럼2〉는 350석 규모의 공연장에서 25회 공연 동안 유료객석 점유율 85%와 12회 전 좌석 매진을 기록했고, 극단 성북동비둘기의 〈메디아 온 미디어〉는 《가디언》지가 선정한 에든버러 페스티벌 추천작 27편 중 하나로 선정됐다. 2016년 '아시안 아츠 어워드'에서 대상격인 '베스트 프로덕션 어워드'를 수상했던 그루잠프로덕션의 〈스냅〉은 '브로드웨이 월드Broadway World'가 선정하는 프린지 최고의 마술공연으로 꼽혔다. 그 외에 자유참가한 코미디그룹 〈옹알스〉는 2017년 아시안 아츠 어워드 '베스트 코메디 위너상'을 수상한 것에 힘입어, 2017년 12월부터 다음해 1월까지 영국 웨스트엔드의 코미디 전용극장인 소호씨어터의 초청을 받았다.

그 외에도 '공연예술 전략적 해외 진출 지원Center Stage Korea, CSK' 사업을 통해 세계 권역별로 대표적인 공연예술 축제와 극장에 해외 진출이 이루어지고 있다. 이 사업은 해외에서 직접 한국 작품을 선택하도록 하는 해외공모 방식이라는 점이 기존과 차별화된다. 2017년 2월 인도의 인코센터InKo Centre에서는 세컨드네이처 댄스 컴퍼니와 무대위사람들이, 3월 터키 이즈미르 국제인형극제Izmir International Puppet Days에는 예술무대 산과 극단 푸른해가, 6월 루마니아 시비우국제연극제Sibiu International Theatre Festival에는 예술무대 산과 앰비규어스 댄스 컴퍼니가, 6월부터 7월까지 열린 영국 그리니치+도크랜즈 인터내셔널 페스티벌Greenwich+Docklands International Festival에는 창작집단 숨비, 비주얼씨어터 꽃, 모던테이블, 극단 배낭속사람들이, 9월 오스트레일리아 브리즈번 축제Brisbane Festival에서는 페르소나 등 22개 단체가 진출했다.

전통음악 분야에 있어서 대표적 축제 겸 마켓은 '워멕스WOMEX, World Music Expo'이다. 1994년 독일 베를린에서 시작해 매년 유럽 주요 도시를 순회하며 열리는 월드뮤직 마켓으로, 유네스코 선정 '꼭 한번 방문해야 하는 세계 음악 마켓'으로도 유명하다. 세계 각국의 전통음악부터 재즈, 포크 등 다양한 장르의 음악이 집결하는 음악 전문가들의 네트워킹의 장으로, 한국에서 전통음악을 기반으로 하는 단체들이 워멕스에서 한번 공연하게 되면 이후 해외 진출에 가속도가 붙게 된다. 그동안 잠비나이, 거문고팩토리, 바라지, 블랙스트링 등의 팀이 워멕스 공식 쇼케이스에 선정된 이후 세계 월드뮤직 시장에서 활발히 활동하고 있다. 2017년 9월 25일부터 29일까지 폴란드 카토비체에서 열린 워멕스 공식 쇼케이스에는 한국의 박지하와 억스AUX 두 팀이 동시에 선정되었는데, 6년 연속 한국 팀이 뽑히는 쾌거를 이뤘다.

또 다른 중요 마켓으로는 북아메리카 지역 최초이자 유일한 월드뮤직 쇼케이스인 캐나다 '문디알 몬트리올Mundial Montreal'이 있다. 올해 7회째인 문디알 몬트리올은 북미 프리젠터 연합인 '월드 루츠World Routes'가 중심을 이룬 마켓으로, 워멕스를 비롯한 프랑스 바벨메드뮤직, 캐나다 시나르공연예술마켓 등 해외 월드뮤직 및 공연예술 마켓과 긴밀하게 협력하고 있어 북미 시장 진출의 중요 거점으로 꼽힌다. 한국의 전통악기를 사용하여 연주하는 6인조 월드뮤직 그룹 '고래야'는 2016년 문디알 몬트리올 예술감독 데릭 앤드류Derek Andrews의 초청으로 마켓에 참가한 후로, 이듬해인 2017년부터 헝가리 스프링페스티벌, 미국 서머스테이지뉴욕 및 링컨공연예술센터, 캐나다 선페스트, 미국공연기획자협회 총회APAP 등 미주 지역을 중심으로 공연 초청이 쏟아지고 있다.

국가적 교류: 2017~2018 한 · 영 상호교류의 해

"상호교류의 해 사업은 영국과 다른 국가의 관계를 강화하고
새로운 관계를 만들며, 예술가와 기관 간의 파트너십이
자생할 수 있는 수준으로 올라갈 수 있도록 만드는 것을 목표로 한다."

― 마틴 프라이어(주한 영국문화원장)

2015~2016년이 '한(한국) · 불(프랑스) 상호교류의 해'였다면, 2017~2018년은 '한(한국) · 영(영국) 상호교류의 해'이다. 양국 정부의 사전 합의에 의해 진행되는 특별한 행사에 각국을 대표하는 우수한 예술가와 작품이 선정 · 교류되기 때문에 국가적으로도 중요한 해외 진출 경로라 할 수 있다.

2017년 7월부터 2018년 6월까지는 공연과 시각예술을 중심으로 '영국 내 한국의 해'가 진행된다. 7월에는 '한 · 영 상호교류의 해'의 개막 행사로 런던 올림피아에서 '필코리아와 함께하는 런던코리안페스티벌London Korean Festival, LKF 2017' 행사가 열렸다. 이 행사는 지난 2015년에도 트라팔가 광장에서 4만여 관객을 대상으로 개최된 바 있다.

2017년도 행사의 1부에서는 한국 음식 · 전통문화 · 관광상품 · 웹툰 · 평창 동계올림픽을 경험할 수 있는 전시행사와 더불어 태권도 · 비보잉 · 국악 등 가족들을 위한 한국문화 체험 프로그램이 이루어졌다. 2부에서는 KOFICE 주관으로 EXID, 하이라이트HIGHLIGHT, 크나큰KNK, 스누퍼SNUPER 등의 아이돌 가수들이 출연한 필코리아Feel Korea 콘서트가 열렸다.

이 외에도 6월 23일부터 7월 8일까지 개최된 영국의 대표적인 거

리예술축제 '그리니치+도크랜즈 인터내셔널 페스티벌'에서는 '코리안 포커스 & 댄싱 시티' 행사가 마련돼, 한국 공연단체 '숨비', '꽃', '배낭 속 사람들', '모던테이블' 등 4개 팀이 초청됐으며 2016년 런던 K뮤직 페스티벌에서 격찬을 받은 바 있는 현대무용단 '모던테이블'도 다시 초청돼 페스티벌의 핵심 프로그램인 '댄싱시티'에서 무용작품 〈맨 오브 스틸〉을 선보였다.

전통음악 분야에서는 'K뮤직 페스티벌(9~10월)'에서 거문고연주자 허윤정이 이끄는 '블랙스트링'이 영국 연주자 캐서린 티켈 Kathryn Tickell 과의 협연으로 개막공연 무대에 섰고, 작곡가 겸 거문고 연주자인 '박우재'가 영국 연주자 수미크 다타 Soumik Datta 와 협연을, 피리·생황·양금 연주가 겸 작곡가로 활동하는 '박지하'는 영국 뮤지션과의 협연 공연을 펼쳤다.

그동안 영국에 적극적으로 소개되지 못했던 한국의 현대무용 공연도 이루어졌다. 10월에 런던에서 개최된 국제적 현대무용 축제인 '댄스 엄브렐라 Dance Umbrella'에 한국 무용단체 중에서는 처음으로 '안은미컴퍼니'가 초청되어 〈렛 미 체인지 유어 네임 Let Me Change Your Name〉이 공연됐고, 한국예술종합학교 무용원의 'K-아트무용단'이 영국의 대표적인 현대무용 교육기관인 노던스쿨오브컨템포러리댄스 Northern School of Contemporary Dance 와 협력하여 만든 〈노코멘트〉 등 네 개 작품이 더라일리시어터 The Riley Theatre 에 올라 영국인들에게 한국의 예술을 전했다.

중동 시장 개척의 거점 한국문화원

"중동은 34세 이하 인구가 전체의 70%를 차지할 만큼 젊은 지역으로, 문화콘텐츠 소비 욕구와 관심이 많아 시장의 성장 잠재력이 매우 크다."

— 박효건(주UAE 한국문화원장)

공연 분야의 해외 진출은 주로 유럽권과 북미권을 중심으로 이루어지지만, 최근 들어 이란과 아랍에미리트UAE 등을 중심으로 중동 진출이 본격화되기 시작했다. 여기에는 2016년 3월에 아랍에미리트 수도 아부다비에 중동 지역 최초로 개원한 '한국문화원'의 역할을 언급하지 않을 수 없다. 아랍에미리트 한국문화원에서는 초청뿐만 아니라 인터넷 서핑만으로는 자세히 알 수 없는 작품 정보, 관련 전문가에 대한 정보를 제공한다. 또한 이들은 중동 문화권에 대한 이해를 바탕으로 대중의 반감을 얻지 않도록 작품의 각색 방향 등에 많은 도움을 주고 있다.

10월 테헤란 밀라드타워 콘서트홀에서는, 신라 공주와 페르시아 왕자의 사랑과 전쟁 이야기가 수록된 페르시아의 대서사시 「쿠쉬나메」에서 영감을 받아 창작한 정동극장의 뮤지컬 〈바실라〉가 상연됐다. 매회 1,000여 명이 관객이 공연장을 가득 메웠고, 객석에서 기립박수와 환호성이 터져 나올 정도로 현지 관객에게 큰 호응을 얻었다. 같은 달 고선웅이 연출하고 예지원이 출연한 극단 마방진의 연극 〈홍도〉가 아부다비 국립극장 무대에 올랐다. 한국 연극 사상 아랍권에서 최초로 상연된 이 공연을 통해 한국의 유교 문화가 아랍 관객들과도 공감대를 형성할 수 있다는 가능성을 엿볼 수 있었다.

한편 동기간 UAE 아부다비에서 '제5회 코리아 페스티벌'이 열렸다. 주아랍에미리트 한국대사관과 아랍에미리트 문화지식개발부가 공동주최하고, 주아랍에미리트 한국문화원이 주관한 UAE의 대표적인 한국 종합 문화행사이다.

UAE 아부다비 국립극장에서는 개막공연으로 국내 혼합현실Mixed Reality, MR 콘텐츠 개발기업 ㈜닷밀.mill이 제작과 공연을 맡은 홀로그램 쇼케이스 〈라이트 인 하모니Lights in Harmony〉가 상연되어 많은 관심을 불러일으켰다. 실제 안무와 함께 UAE 두바이의 대표적 명소인 바다를 매립해 건설한 '팜 주메이라'의 그래픽이 홀로그램으로 구현되는 등 기술융합형 공연 콘텐츠를 중동 지역에서 최초로 선보였다. 이를 관람한 현지 업체들 가운데 두바이 최대 개발사 이마르Emaar 그룹, 중동 최대 엔터테인먼트 기업 플래시Flash 등의 관계자들이 홀로그램 공연에 많은 관심을 보여 ㈜닷밀과 미팅을 진행했다. 이를 시작으로 한국의 기술융합형 콘텐츠 기업의 중동 시장 진출이 가시적인 성과를 낼 것으로 보인다.

이밖에도 'K-컬처 인 모션K-Culture in Motion'을 주제로 네 개 작품이 초청되었는데 〈난타〉, 〈다크니스 품바〉 등 이미 잘 알려진 공연 외에 국립아시아문화원의 〈트레저헌터스〉, 문화공작소 세움의 〈토끼전〉 등 어린이들을 위한 뮤지컬까지 공연되면서 중동 진출의 가능성이 더욱 열리고 있다.

사회적 기업인 '문화공작소 세움'은 중동 진출에 박차를 가하고 있다. 대표 작품인 〈코리안 브레스〉를 비롯해 어린이 음악극 〈할락궁이의 모험〉은 2016년 UAE 코리아 페스티벌 초청, 2017년 3월 UAE 마더포기빙데이 페스티벌 초청, 2017년 5월에는 한국 공연단체 최초로 UAE 5개 도시 투어라는 성과를 이뤄냈다. 최근 이뤄진 UAE 투어에서는 그간 UAE 국가적 문화 행사가 두바이와 아부다비에 편중되었던 한계를 극복하고자 UAE 한국문화원과 협력하여 라스알카이마, 움알쿠웨임, 아즈만 등 이른바 UAE의 문화 소외 지역을 찾아가 어린이 음악극 〈할락궁이의 모험〉을 상연하고 워크숍을 진행했다. 이를 바탕으로 현재 중동 지역에 지부 설립을 계획·준비하고 있다.

국제콩쿠르 수상

피아노, 바이올린 같은 악기 연주자가 활동하는 클래식 분야에서는 아티스트(연주자, 작곡가, 무용가 등) 이름 그 자체가 브랜드가 된다. 그 브랜드를 가장 빠르게 알릴 수 있는 방법은 해외 유명 콩쿠르에서의 수상 경력이다. 콩쿠르 우승은 그 자체로 홍보 수단이 될 수 있으며, 우승 이후에는 전 세계 여러 곳에서 초청받는 등 다양한 활동 기회가 주어지기 때문이다.

2015년 '쇼팽 국제피아노콩쿠르'에서 한국인 최초로 우승한 조성진은 이후 클래식계의 아이돌로 불리며 음반 판매는 물론, 국내외 연주 때마다 전 좌석 매진을 기록하고 있다. 2017년에는 카네기홀 연주 데뷔와 독일 베를린필하모닉과의 협연으로 한국 클래식의 위상을 높였다.

2017년에 한국인 음악가가 입상한 국제 콩쿠르는 무려 아홉 개나 된다. 대표적으로는 선우예권이 지난 6월 세계적 권위의 미국 '반 클라이번 피아노콩쿠르'에서 한국인 최초로 우승하며 실력을 인정받았다. 2018년까지 100회 넘는 공연이 예정돼 있을 만큼 수많은 러브콜을 받고 있으며, 2017년 12월부터 JTBC TV프로그램 〈이방인〉에 출연하면서 대중적 관심도 높아지고 있다. 그 외에도 작곡가 최재혁은 '제72회

제네바 국제음악콩쿠르' 작곡 부문에서 우승, 소프라노 이혜진은 독일 쾰른에서 열린 '쾰른 국제음악콩쿠르'에서 우승했다. 피아니스트 홍민수는 '리스트 국제콩쿠르' 2위에 입상했고, 지휘자 차웅은 '토스카니니 국제콩쿠르'에서 1위 없는 2위에 올랐다.

11월에는 서울시향 상임작곡가인 진은숙이 아시아 작곡가로는 처음으로 핀란드의 비후리 재단Wihuri Foundation이 수여하는 '비후리 시벨리우스 음악상'에 20번째 수상자로 이름을 올렸다. 진은숙은 이미 현재 세계에서 가장 주목받는 작곡가로 그라베마이어(2004년), 아놀드 쉰베르크상(2005년), 피에르 대공재단 음악상(2010년) 등 세계적으로 권위 있는 작곡상들을 받은 바 있다. 11월 3일에는 독일 베를린필하모닉홀에서 거장 지휘자 사이먼 래틀이 지휘하는 세계 정상급 베를린 필하모닉 오케스트라가 진은숙의 〈코로스 코르돈Choros Chordon(현의 춤)〉을 초연했다. 한국 예술가들의 예술성이 향후 전 세계에 어떻게, 얼마나 더 퍼져나갈지 귀추가 주목된다.

미국 반 클라이번 콩쿠르에서 연주하는 피아니스트 선우예권
출처: 포트워스 스타-텔레그램

2018 공연 한류 전망

중장기적 지원 정책 발판 마련

공연 분야의 해외 진출은 아직까지 수익 창출보다는 작품을 브랜딩화하는 데 보다 큰 의의를 두고 있는 상황으로, 대부분 공공지원이 바탕이 될 수밖에 없는 여건이다. 앞서 언급된 성공 사례들도 정부의 지원이 뒷받침됐거나, 지원 이후 연계되어 나타난 성과들이 대부분이다.

그러나 정부가 주도하는 공연 분야의 해외 진출 지원책은 아직까지 단기적이거나 일회적이며, 지원 대상 선정 또한 산발적이거나 파편적으로 이뤄지고 있다. 영국의 경우 예술위원회The Arts Council of England, ACE가 민간단체에게 지원할 때에는 3년 단위 지원금 협약서Funding Agreement를 체결해 안전성과 책임성을 확보하고 있다. 게다가 최근에는 국가 포트폴리오 기관 지원의 협약 기간이 4년 단위로 변경됐다. 반면, 한국은 단년도 정부예산 편성과 사업 시스템상 지원 단체 공모, 작품 선정, 공연, 성과관리 등이 1년 안에 이루어져야 한다. 해외 공연장은 최소 1~2년 전에 대관 확정 등이 이루어지는 실정이라 연 단위 사업 구조에서는 아무리 좋은 작품이 있다고 하더라도 사전 논의 시간과 적합한 공연장 확보에 실무적인 한계가 발생한다.

또한, 공연 분야는 해외 시장을 파악하기 위한 시장분석과 동향조사뿐만 아니라 공연단체의 해외 진출 현황에 대한 공식적인 자료도 거의 없는 실정이다. 예술경영지원센터에서 발간하던 「공연예술 국제교류 활동현황」 보고서는 2012년 이후 중단됐고, 서유럽·북유럽·동유럽·북미·중남미·아시아·오세아니아 등의 각 권역별 시장조사 결과와 전략 방향을 알 수 있는 자료로는 2011년에 발간된 「공연산업 해외진출전략 연구」뿐이다. 때문에 해외 진출을 위한 사전조사를 민간단체·기획사에서 자체적으로 해야 하는 부담감이 있어 실질적으로 객관적 조사가 이루어지기 힘들다.

마지막으로, 해외 진출 지원사업이 여러 공공기관과 문화재단 등에서 단편적으로 이루어지고 있다. 기관마다의 사업 목적과 방향은 다를 수 있으나 네트워크와 영향력 등을 함께 모은다면 한국 공연예술에 대한 파급력은 더욱 커질 수 있을 것이다.

그간 현장에서는 단기적·일회적 지원에서 벗어나 중장기적 관점에서 체계적인 접근으로 전환해야 한다는 의견이 많았다. 다소 희망적인 것은 2017년 3월에 「국제문화교류 진흥법」이 제정되고 시행령과 시행규칙 등이 만들어졌다는 점이다. 이에 따라 5년마다 국제문화교류 진흥 종합계획 수립, 국내외 국제문화교류 실태조사 및 통계 작성 등 국제문화교류 진흥을 위한 법과 제도적 근거가 마련됐다. 법률이 모든 것을 해결할 수는 없지만 현재의 일회적이고 파편화된 해외 시장 진출이 보다 장기적이고 체계적인 지원 로드맵으로 마련될 수 있는 기반이 만들어졌다.

한편으로 2017년 10월, 해외 진출을 지원하는 공공기관과 정부 간의 협력을 꾀하는 '해외 진출 활성화 협의회'가 발족됐다. 각 기관들은 분야별 특성에 따라 해외 진출 사업들을 개별적으로 추진하는 한계가 있었는데, 이를 극복하고자 해외문화홍보원을 중심으로 세종학당재단, 한국문학번역원, 한국공예디자인문화진흥원, 예술경영지원센터, 한국문화예술위원회, 한국저작권위원회, 영화진흥위원회, 한국콘텐츠진흥원, 한국관광공사 등이 모여 각 공공기관들의 해외 거점과 네트워킹을 함께 협력하고자 하는 움직임이 시작됐다. 앞으로는 기관 간의 협력을 넘어 민간과의 다양한 협력 체계가 조성되기 바란다.

전문 기획자 및 기획사 육성 본격화

보다 전략적이고 장기적인 해외 진출이 이루어지기 위해서는 전문적인 기획자인 에이전트agent나 기획사인 에이전시agency의 역할이 중요하다.

한국의 공연예술 단체의 경우 그 규모가 영세하고 내부적인 경영 자원이 취약한 편이라 창작자와 공연 인력 외에 기획·홍보마케팅·국제교류를 전담할 만한 매개 인력을 별도로 운영하기가 현실적으로 어려운 형편이다. 정부에서 기획 인력의 인건비 지원, 전문 인력 양성을 위한 컨설팅과 교육을 진행하고 있지만, 현장에서는 전문적으로 활동하고 있는 기획자가 여전히 부족하다. 보다 활발한 해외 진출을 위해서는 해외 전문 기획자가 절실히 필요한데, 이는 국내에서의 간접적인 교육·경험만으로는 해결하기가 어렵다. 물론, 국제교류를 전담할 전문 인력을 양성하기 위해 실질적인 현장 경험과 해외 네트워킹을 쌓을 수 있도록 기획 전문가와 대학생(예비 인력)을 재외 한국문화원에 직접 파견하는 사업이 있지만, 선정 인원이 매우 적고 파견 기간도 1년 미만으로 매우 짧다는 한계가 있다.

　뮤지컬 분야를 제외하면 공연 분야의 기획사는 더욱 부족하다. 김선욱, 조성진, 손열음, 정명훈에서부터 최근 선우예권까지 클래식 분야에서 국제적 명성을 얻은 대부분의 연주자들도 아스코나스 홀트Askonas Holt, 아이엠지 아티스트IMG artist, 키노트 아티스트 매니지먼트Keynote Artist Management 등의 해외 에이전시와 계약하고 있다. 서양음악에 뿌리를 둔 클래식 분야의 특성상 해외에서 공연이 더 자주 이뤄지기 때문에 국내 에이전시보다는 국제적인 네트워크가 충분한 해외 에이전시를 선호할 수밖에 없다. 연극, 무용, 전통음악 분야도 대부분 예술가나 공연단체가 스스로 해외 진출을 도모하고 있는 상황이다.

　그동안 공공영역에서는 비영리단체의 공연 활동 위주로 지원하고 있었기에, 영리를 목적으로 하는 기획사와 기획사의 사업 개발에 대한 지원은 논외로 여겨지곤 했다. 그러나 공연 산업의 해외 진출 첨병으로서 기획사의 역할이 무엇보다 중요하다는 분위기가 점점 형성되고 있다. 이에 예술경영지원센터는 2017년부터 해외 진출을 비롯한 각 영역별 전문 기획사를 키우고자 '예술기획사 창업·사업개발비 지원사업'을 시작했다. 단기간에 특별한 성과가 나타나긴 어렵겠지만 한국의 전문 기획사들이 단계적으로 성장해갈 수 있는 토대가 마련됐다는 점은 희망적이다.

국제교류 중심에서 매개·직접 진출로 다각화

　그동안 공연 분야의 국제교류가 양국 간의 상호·호혜적 관계 지속에 주로 목적을 두었다면, 이제는 수익 창출을 위한 직접적인 해외 진출이 주를 이루고 있다. 대표적으로 뮤지컬 분야가 그러한데, 단순한 해외공연을 넘어 라이선스 수출까지 점차 가속화되고 있다.

뮤지컬의 해외 진출은 2010년부터 일본을 시작으로 중·소규모 극장용 작품이 수출됐는데, 처음으로 1,000석 이상의 대극장용 뮤지컬인 〈프랑켄슈타인〉이 2017년 1월 일본 닛세이 극장에서 초연됐다. 뒤이어 EMK뮤지컬컴퍼니의 첫 창작뮤지컬 〈마타하리〉가 일본에 라이선스 계약 형태로 수출되어 2018년 1월 22일부터 28일까지 1,800석 규모의 오사카 우메다 예술극장에서, 2월 3일부터 18일까지 1,400석 규모의 도쿄국제포럼 무대에 오를 예정이다.

창작뮤지컬 육성과 해외 진출을 위해 설립한 인터파크의 자회사 '뉴컨텐츠컴퍼니'의 첫 작품 〈벤허〉는 현재 중국과 일본을 대상으로 라이선스 수출을 논의 중이다. ㈜컬쳐홀릭의 〈공룡이 살아있다〉는 예술경영지원센터가 주최한 '2017 K-뮤지컬 로드쇼'를 통해 대만 에이엠크리에이티브사와 판권 및 공동제작 계약을 진행했다. 이를 통해 앞으로 4년간 대만·홍콩·싱가포르·말레이시아 등 중화권과 아시아 지역 무대에 진출할 수 있게 됐다.

뮤지컬 제작사들의 첫 번째 목표는 아시아 진출이긴 하지만 뮤지컬 고장인 미국과 유럽으로의 라이선스 수출을 위한 노력도 진행 중이다. 세종대왕 즉위 600돌을 기념해 여주시와 HJ컬쳐가 합작해 만든 〈1446〉은 영어권 시장 진출을 위해 '트라이아웃(시범)-브로드웨이 워크숍-본 공연' 단계를 도입했다. 2017년 10월 여주에서 시범 공연을 올린 뒤 2018년에 브로드웨이 현지 제작진과 워크숍을 통해 더욱 발전시킨 작품을 본 공연으로 올려 해외 시장을 노릴 예정이다. 대구시와 대구국제뮤지컬페스티벌DIMF이 동명의 푸치니 오페라를 각색해 만든 창작

뮤지컬 〈투란도트〉는 유럽에 라이선스를 수출한 첫 번째 사례로, 앞으로 슬로바키아 국립극장인 노바 스체나 극장을 비롯해 체코와 헝가리에서 라이선스 공연을 추진할 계획이다.

관계자에 따르면, 국내작품이 판권을 수출할 경우 현지 매출액의 10퍼센트 정도를 로열티로 받게 되는데 아직까지는 국내 제작사가 라이선스 수출을 통해 수익을 크게 거두는 수준은 아니라고 한다. 대신 한국 창작작품의 우수성을 널리 알리는 동시에 해외 라이선스 수출을 통한 지속적인 부가수익 창출 등의 긍정적 효과를 기대할 수 있을 것이다.

게임, 콘텐츠, 영화 등 타 산업에 비해 공연 산업의 시장 규모는 작다. 몇 년 전부터 업계 안에서 국내 공연 시장의 공급 과잉이 거론되는 만큼, 이제는 첫발부터 더 넓은 해외 시장으로 내딛는 것이 전략적 선택이 될 수도 있다.

한국 공연작품의 예술성과 우수성이 점점 세계에서 인정받음과 동시에 공연예술 단체에서는 의미 있는 작품을 창작하고 있다. 각 국가와 권역마다 정서적·문화적 특성에 맞춘 각색, 연출, 번역을 진행하려는 노력도 커지고 있다.

정책적으로는 정부―공공―민간이 보다 체계적으로 협력할 수 있는 중장기적 관점의 지원정책을 마련하고자 기틀을 세워가고 있고, 효율적인 해외유통을 담당할 전문 기획자와 기획사의 육성도 지원하기 시작했다. 중국의 한한령 등과 같은 예측하기 힘든 외교적 문제가 발생하지만 않는다면 앞으로 공연 한류는 더욱 활발해질 것으로 전망한다.

게임 한류

게임 한류의 새 지평을 연 〈배틀그라운드〉
데일리게임·데일리e스포츠 발행인 **이택수**

2017
HALLYU
WHITE
PAPER

게임 한류 현황

모바일 중심으로 재편된 국내 게임 산업

한국콘텐츠진흥원이 발간한 『2017 대한민국 게임백서』에 따르면, 2017년 국내 게임 시장 규모는 전년보다 6.2% 성장한 11조 703억 원을 기록할 것으로 추정된다. PC온라인게임 시장은 2016년보다 소폭(1.6%) 상승한 4조 7,207억 원에 그쳤으나, 모바일게임 시장이 전년보다 24.3%나 늘어난 4조 8,800억 원 규모로 성장해 처음으로 온라인게임의 매출액을 넘어설 것으로 보인다.

이 같은 가파른 성장은 넷마블게임즈가 이미 성공적인 모바일 전

국내 게임 시장의 규모와 전망(2015~2019년)

(단위: 억 원)

구분	2015 매출액	2015 성장률	2016 매출액	2016 성장률	2017(e) 매출액	2017(e) 성장률	2018(e) 매출액	2018(e) 성장률	2019(e) 매출액	2019(e) 성장률
온라인게임	52,804	-4.7%	46,464	-12.0%	47,207	1.6%	47,821	1.3%	48,347	1.1%
모바일게임	34,844	19.6%	43,301	24.3%	48,800	12.7%	53,143	8.9%	56,704	6.7%
비디오게임	1,661	3.9%	2,627	58.1%	2,711	3.2%	2,763	1.9%	2,724	-1.4%
PC게임	379	12.5%	323	-14.8%	337	4.3%	345	2.3%	350	1.7%
아케이드게임	474	-10.3%	814	71.5%	792	-2.7%	737	-7.0%	708	-3.9%
PC방	16,604	35.2%	14,668	-11.7%	15,137	3.2%	15,137	0%	15,472	0.7%
아케이드게임장	457	13.0%	750	63.8%	718	-4.3%	657	-8.4%	577	-12.3%
합계	107,223	7.5%	108,945	1.6%	115,703	6.2%	120,830	4.4%	124,882	3.4%

출처: 한국콘텐츠진흥원 (2017). 『2017 대한민국 게임백서』, p. 7.

환을 이뤄낸 상황에서 엔씨소프트와 넥슨의 신작들이 호조를 보여 모바일게임 시장의 급성장을 이끈 것으로 풀이된다. 엔씨소프트는 2017년 6월 〈리니지M〉을 출시해 장기간 양대 오픈마켓 매출 1위 자리를 지키는 성공을 거뒀다. 넥슨은 액션 RPG_{Role-Playing Game}(역할 게임) 〈다크어벤저3〉와 MMORPG_{Massively Multiplayer Online Role-Playing Game}(대규모 다중 접속 온라인 역할 게임) 〈액스〉, 수집형 턴제 RPG 〈오버히트〉 등의 신작을 성공적으로 론칭시켰다.

국내 모바일게임 시장은 2019년까지 꾸준히 성장할 것으로 예측된다. 2018년 5조 3,143억 원, 2019년 5조 6,704억 원 규모로 커질 것으로 관측된다. 반면, 같은 기간 온라인게임 시장은 1%대의 성장률을 보이며 여전히 정체될 것으로 전망돼 국내 게임 시장이 앞으로 모바일 중심으로 재편될 것으로 보인다.

2016년 국내 게임 산업의 수출액은 전년 대비 2.0% 증가한 32억 7,735만 달러(약 3조 6,050억 원)로 집계됐다. 주요 수출 국가를 조사한 결과 중국을 포함한 중화권이 37.6%로 가장 높은 비율로 나타났고, 그 밖에 일본(18.4%), 동남아(15.6%) 등 아시아 시장에 수출이 집중된 것으로 파악됐다.

2017년 게임 산업 수출은 중국발 악재로 인해 적지 않은 타격을 입었다. 주력 시장인 중국 시장이 중국 정부의 사드 보복 조치의 일환으

국내 게임 산업의 수출 현황(2011~2016년) (단위: 천 달러)

구분	2011	2012	2013	2014	2015	2016
수출	2,378,078	2,638,916	2,715,400	2,973,834	3,214,627	3,277,346
증감률	48.1%	11.0%	2.9%	9.5%	8.1%	2.0%

출처: 한국콘텐츠진흥원 (2017). 『2017 대한민국 게임백서』, p. 8.

로 한국산 게임의 신규 서비스 허가인 판호를 내주지 않고 있어 중국으로의 신작 수출길이 아직까지 막혀 있기 때문이다. 이 같은 상황이 단기간 내에 개선되기는 어려울 것으로 보여 2018년에도 수출에 적지 않은 타격이 있을 전망이다.

다만 글로벌 흥행에 성공한 블루홀의 〈배틀그라운드〉 선전과 중국에 이미 진출한 국산 타이틀의 꾸준한 중국 로열티로 인해 전체 수출액 규모가 크게 줄어들지는 않을 것으로 보인다.

한국 e스포츠, 세계무대서 펄펄 날다

2016년에 이어 2017년에도 한국 프로게이머들의 활약상은 대단했다. 프로 무대가 있는 종목이라면 어김없이 세계 챔피언의 자리를 낚아챘다.

시작은 〈스타크래프트2〉 종목의 전태양이 끊었다. 전태양은 2017년 1월 중국 창저우에서 열린 월드 일렉트로닉 스포츠 게임즈World Electronic Sports Games, WESG에서 우승해 상금 20만 달러(약 2억 2,000만 원)를 독식했다. WESG는 중국 최대 전자상거래 업체인 알리바바가 세운 자회사 알리스포츠가 개최한 첫 국제 e스포츠 대회였기 때문에 그 의미가 남달랐다. 전태양은 2월 폴란드 카토비체에서 열린 인텔 익스트림 마스터즈Intel Extreme Masters, IEM에서도 연달아 우승하며 10만 달러(약 1억 1,000만 원)를 추가로 벌어들였다.

신흥 e스포츠 종목인 〈오버워치〉에서도 한국 강세가 이어졌다. 세계 최고 수준의 대회에서 우승하기 위해 북미와 유럽의 팀들이 한국 땅을 밟았지만 결코 쉽지 않았다. 2016년에 열렸던 오버워치 에이펙스 APEX 시즌1에서 유럽 팀 엔비어스EnVyUs가 우승하는 모습을 보고 다른 해외 팀들이 2017년에 열린 시즌2와 시즌3 우승에 연달아 도전장을 내밀었지만, 단기간에 뛰어난 실력 향상을 보인 한국 팀들은 해외 팀에게 우승자의 자리를 내주지 않았다. 결국 대부분의 해외 팀들은 8강 문턱에도 오르지 못하고 고국으로 돌아가야만 했다.

7월에는 북미 프로게임단 에코 폭스Echo Fox와 계약한 〈철권7〉 프로게이머 김현진이 미국 라스베이거스에서 열린 세계 최대 격투 게임대회인 에볼루션 챔피언십 시리즈Evolution Championship Series(이하 EVO)의 〈철권7〉 부문에서 우승을 거머쥐기도 했다. 김현진은 팀 동료 최진우와 함께 이 대회뿐만 아니라 북미와 일본 등을 오가며 다양한 대회를 휩쓸어 한국 프로게이머의 위상을 전 세계에 알리고 있다.

2017년 11월 4일은 한국 e스포츠에 있어 더욱 특별한 날이었다. 하루 동안 무려 4개 종목에서 세계 챔피언이 등장했기 때문이다.

2017 리그 오브 레전드 월드 챔피언십에서 우승한 삼성 갤럭시 선수단
출처: 라이엇 게임즈

먼저 중국에서 열린 〈리그 오브 레전드〉의 국제 대회인 2017 리그 오브 레전드 월드 챔피언십 결승에서는 한국의 삼성 갤럭시가 SK텔레콤 T1을 꺾고 우승을 차지했다. 중국 베이징 국립경기장에서 열린 이 대회에는 중국 관중 4만여 명이 자리를 가득 메웠으며, 결승전 중계방송을 전 세계에서 5,760만 명이 지켜본 것으로 조사됐다. 중국 팬들은 자국 팀이 4강에서 모두 탈락했음에도 불구하고 실력이 뛰어난 한국의 프로게이머들을 지켜보기 위해 결승전 티켓을 구매했다.

같은 날 미국 캘리포니아주 애너하임 컨벤션센터에서는 블리자드의 게임 박람회 블리즈컨BlizzCon이 열려 다양한 e스포츠 경기들이 개최됐는데, 한국 선수들이 출전 종목에서 모두 우승하는 기염을 토했다.

가장 많은 관심을 끌었던 〈오버워치〉 월드컵에서는 한국 대표 팀이 현지 팬들의 일방적 응원을 받았던 미국과 프랑스, 캐나다 대표 팀을 연달아 꺾고 대회 2연패를 달성, 금메달을 목에 걸었다.

〈히어로즈 오브 더 스톰〉 종목에서는 한국의 MVP 블랙이 그간의 역경을 딛고 스웨덴 강호인 프나틱Fnatic을 꺾고 우승해 현지 팬들의 박수 세례를 받았으며, 〈스타크래프트2〉 종목에서는 진에어 그린윙스 소속의 이병렬이 준우승 징크스를 떨쳐내지 못한 어윤수를 꺾고 우승, 세계 챔피언의 영광과 함께 상금 28만 달러(약 3억 800만 원)를 독식했다.

한국 선수들의 활약상은 자연스레 연말 시상식으로 이어졌다. 12월 미국에서는 다양한 분야를 아우르는 종합 시상식 더 게임 어워드The Game Awards가 열렸는데, '2017 올해의 e스포츠 선수'에 〈리그 오브 레전드〉 프로게이머인 '페이커' 이상혁이 해외 선수들을 제치고 수상의 영광을 안았다. 〈오버워치〉에서 독보적인 능력을 보여줬던 류제홍도 후보에 이름을 올리며 세계적인 e스포츠 스타 반열에 올랐음을 증명했다.

게임 한류의 새 지평 연 〈배틀그라운드〉

　블루홀 자회사 펍지주식회사가 개발한 〈플레이어언노운 배틀그라운드PlayerUnknown's BattleGrounds(이하 배틀그라운드)〉를 빼놓고는 2017년 게임 한류를 논하기 어려울 것이다. 영화 〈배틀로얄〉에서 파생된 서바이벌 FPSFirst-Person Shooter(1인칭 슈팅) 장르의 〈배틀그라운드〉는 국산 게임으로는 이례적으로 스팀 플랫폼STEAM platform(밸브 코퍼레이션에서 개발하고 운영 중인 세계 최대 온라인 게임 유통 시스템)에서만 2017년 한 해 동안 2,500만 장을 판매하는 등 전 세계적인 화제작으로 등극했다. 〈배

전 세계적으로 인기를 끌고 있는 국산 게임 〈배틀그라운드〉
출처: 〈배틀그라운드〉 공식 홈페이지

틀그라운드〉는 스팀 동시접속자 수 1위를 기록하기도 했으며, 트위치 Twitch TV 시청자 수에서도 최상위권에 오르며 전 세계 FPS 장르의 흐름을 주도하고 있다.

〈배틀그라운드〉는 PC온라인게임에서 모바일 플랫폼으로의 전환이 급속도로 이뤄지는 가운데, 부분유료화 방식의 양산형 RPG가 쏟아지던 2017년에 출시됐다. 때문에 국내 게임업계에서는 이단아 같은 존재다. PC패키지게임으로 개발된 〈배틀그라운드〉는 장르도 국내에서는 생소했던 서바이벌 방식의 FPS이기 때문이다. 〈배틀그라운드〉 이전에도 '배틀로얄' 방식의 FPS게임이 존재했으나 국내에서는 이용자가 일부 마니아층에 그칠 정도로 소수였다. 애초에 국내 시장에서는 성공 가능성이 '제로'에 가까운 프로젝트였다고 해도 과언이 아니다.

블루홀은 PC게임 유통 플랫폼 스팀을 적극 활용해 〈배틀그라운드〉를 해외에서 먼저 흥행시켰다. '배틀로얄' 장르의 창시자로 꼽히는 유명 개발자 '플레이어언노운' 브랜든 그린 Brendan Greene 을 영입해 해외 커뮤니티와 사회관계망 서비스 Social Network Service, SNS 를 적극 활용해서 해외 이용자들과 소통했다. 이를 바탕으로 이용자들이 원하는 방향으로 게임 기획 및 개발에 나서는 것은 물론, 실시간 개인방송 플랫폼인 트위치TV를 적극 활용해 이용자 모집에 힘썼다. 이런 노력의 결과로 〈배틀그라운드〉는 스팀 출시 2주 만에 100만 장 판매고를 올렸고, 이후에도 꾸준히 판매량이 늘어나 '대세' FPS 게임의 반열에 올랐다.

〈배틀그라운드〉는 PC 하드웨어, 게임방송, e스포츠 등 여러 관련 산업에까지 영향을 미치고 있다. PC 사양 교체를 미루던 많은 게이머들과 PC방 업주들이 〈배틀그라운드〉를 원활하게 구동하기 위해 PC 업그레이드나 교체에 나선 것이다. 이로 인해 국내에서는 PC 부품 가격이 폭등하거나 품귀 현상을 빚기도 했다. 비트코인을 비롯한 가상화폐 열풍으로 인해 채굴용 PC 수요도 영향을 미쳤지만, 고사양을 요하는 〈배틀그라운드〉가 인기를 끌지 않았다면 PC 부품 가격의 변동 폭이 그다지 크지 않았을 가능성이 높다.

〈배틀그라운드〉의 e스포츠 대회를 비롯한 관련 방송 프로그램도 국내외에서 쏟아지고 있다. 〈배틀그라운드〉는 개인방송에서 이미 최고 인기 게임으로 떠올랐으며, 그 인기에 맞춰 e스포츠 대회도 속속 열리고 있다. 해외에서도 〈배틀그라운드〉 대회에 대한 수요가 급증하고 있어 e스포츠 종주국인 한국이 오랜 기간 애타게 찾던 국산 e스포츠 종목으로 〈배틀그라운드〉가 낙점됐다고 해도 과언이 아닐 정도다.

2017년 내내 흥행 행진을 이어오던 〈배틀그라운드〉는 대한민국 게임대상에서 대상을 포함 6관왕에 오른 것을 비롯해, 연말 각종 시상식에서 단골손님으로 등장하며 최고의 한 해를 마무리했다.

인기 온라인게임 IP를 활용한 모바일게임 '두각'

2017년 국내 게임업계에는 '지식재산권Intellectual Property, IP'을 활용한 모바일게임 출시가 대세를 이뤘다. PC온라인게임으로 출시돼 인기를 끌었던 게임들의 IP를 활용한 모바일게임이 국내외에서 좋은 반응을 얻은 것이다.

2016년 12월에 출시된 넷마블게임즈의 〈리니지2 레볼루션〉은 2017년 상반기 게임 시장을 주도했다. 상반기 내내 독보적인 국내 매출 1위 행진을 이어갔으며, 중화권과 동남아시아 주요 국가에서도 구글 플

2017년 상반기 국내 모바일게임 시장을 주도한 〈리니지2 레볼루션〉
출처: 넷마블게임즈

레이와 애플 앱스토어 매출 동시 1위를 달성하며 '리니지' 파워를 과시했다. 〈리니지2 레볼루션〉의 국내외 호성적 덕분에 넷마블게임즈는 코스피 상장을 성공적으로 마치고 단숨에 게임 대장주 자리에 올랐다.

하반기에는 엔씨소프트의 〈리니지M〉이 바통을 이어받았다. 〈리니지M〉은 사상 최단기간 사전예약 100만 돌파, 사상 최다인 450만여 명의 사전예약자 모집 등 출시 전부터 뜨거운 반응을 불러일으켰다. 〈리니지M〉은 출시와 동시에 국내 양대 오픈마켓 매출 1위에 올랐으며, 아직까지도 매출 최상위권을 유지하고 있다. 2017년 12월에 출시한 대만에서도 단숨에 양대 오픈마켓 매출 1위에 오르는 등 해외에서도 선전을 이어나갔다. 이러한 성과를 거둔 〈리니지M〉 덕분에 엔씨소프트 주가는 역대 최고 기록을 연일 경신했다.

그라비티는 〈라그나로크 온라인〉 IP를 활용한 모바일게임 〈라그나로크M: 영원한 사랑〉을 대만과 홍콩에 선출시해 첫 주말에 양대 오픈마켓 매출 1위를 기록했다. 이러한 인기를 업고 2018년 1분기에 국내에서도 출시할 계획이다. 넷마블게임즈는 〈테라M〉을 출시해 국내에서 의미 있는 성과를 거뒀으며, 2018년에는 해외 시장 공략에 박차를 가할 예정이다. 그밖에도 〈열혈강호M〉, 〈드래곤네스트M〉 등 인기 온라인게임 IP를 활용한 모바일게임이 이미 출시됐거나 2018년에 출시를 앞두고 있다.

　기존 IP를 활용한 모바일게임 출시 전략은 국내 게임업계에서는 일반화된 상태다. 국내뿐만 아니라 해외 시장에서도 IP 게임들이 인기를 끌고 있는 상황이지만, 시스템적으로 차별화되는 요소가 없는 게임이 많아 양산형 모바일 RPG 쏠림 현상이 더욱 짙어진 결과를 초래하기도 했다. 장르와 플랫폼 다변화, 오리지널 흥행 신작 발굴은 2018년 게임 한류가 확산되기 위해 반드시 필요한 선결과제라 할 수 있다.

종합 e스포츠 대회의 부활 속에서 주도권 되찾기

　한국이 2000년대 들어 e스포츠 강국임을 자처할 수 있었던 가장 큰 이유 중 하나로 세계 최대 규모의 종합 e스포츠 대회인 월드 사이버 게임즈World Cyber Games(이하 WCG)의 존재를 꼽을 수 있다. 그러나 WCG라는 브랜드는 삼성전자가 손을 떼면서 지난 2013년을 끝으로 막을 내렸다.

　이후 한국을 대표할 만한 종합 e스포츠 대회가 없어진 상황에서 e스포츠 시장 흐름은 자연스레 주도권이 각 종목사에게 흘러가는 그림이 됐고, 대회 주최사들이 힘을 잃으면서 WCG 같은 대회는 다시 나오지 않을 것처럼 보였다. 그 사이 중국에서는 WESG나 WCAWorld Cyber Arena(월드 사이버 아레나) 같은 새로운 종합 e스포츠 대회가 생겨나면서

지스타 2017에서 진행된 WEGL 파이널 모습
출처: 《데일리e스포츠》 (2017. 11. 20). 〈[이슈] WEGL 2017 파이널, 12만 관객! 첫 대회 흥행 '성공'〉.

한국이 가졌던 시장 주도권을 빼앗으려는 움직임이 활발히 일어났다.

이런 와중에 게임 개발사인 액토즈소프트가 종합 e스포츠 대회인 월드 e스포츠 게임즈&리그 World Esports Game and League (이하 WEGL)를 출범시키면서 새롭게 도전장을 내밀었다.

시장 환경이 크게 바뀐 상태에서 출범했기에 WEGL에 대한 많은 우려들이 있었지만, 지스타 G-Star 현장에서 선보인 WEGL은 〈카운터 스트라이크: 글로벌 오펜시브〉나 〈철권7〉 같은 마니아층이 두터운 게임부터 시작해 〈마인크래프트〉나 다양한 인디 게임들을 활용하는 등 이전에는 없던 다양한 시도들로 눈길을 끌었다. 첫 대회는 대부분 초청전 형식에 그쳤지만, 담금질을 한 만큼 2018년에는 한 단계 진일보한 모습의 국제 e스포츠 대회가 될 전망이다.

공교롭게도 WEGL이 끝나자마자 WCG가 부활을 선언했다. 스마일게이트가 삼성전자로부터 WCG 브랜드를 인수하고 행사 재개를 발표한 것이다. 스마일게이트는 2017년 12월 태국 방콕에서 기자간담회를 열고 WCG의 향후 운영에 대한 구체적인 계획을 발표했는데, 2018년 중으로 지역별 예선을 통해 대표를 선발한 뒤 국가대항전 형태의 초대 대회를 개최할 예정이다. 여기에 권혁빈 스마일게이트 의장이 직접 WCG 대표직을 수행함으로써 WCG 제2의 전성기를 이끌어나가겠다는 의지도 내비쳤다.

　한동안 사라졌던 굵직한 종합 e스포츠 대회가 두 개나 생겼지만 국산 종목에 대한 아쉬움은 여전히 남아있다. 대부분의 e스포츠 대회들이 외산 종목들로만 진행되고 있기 때문이다. 이들 사이에서 대항마로 꼽히는 〈크로스파이어〉는 여전히 큰 인기를 끌고 있지만 중국과 동남아, 남미 지역에 국한된다는 평가를 받아왔다.

국산 글로벌 e스포츠 종목으로 떠오른 〈배틀그라운드〉

　국산 e스포츠 종목에 대한 갈증은 혜성처럼 등장한 〈배틀그라운드〉가 풀어줄 것으로 기대를 모으고 있다. 〈배틀그라운드〉는 〈테라〉를 개발했던 블루홀이 야심차게 준비한 '배틀로얄' 방식의 서바이벌 게임으로, 2017년 3월 24일 세계 최대 PC게임 플랫폼 스팀에서 얼리 액세스로 출시된 후 입소문을 타기 시작했다.

　블루홀은 트위치TV를 비롯한 스트리밍 서비스에서 활동하는 개인방송 제작자들을 집중 공략했는데, 이들을 통한 입소문 효과는 대단히 성공적이었다. 덕분에 〈배틀그라운드〉는 국내는 물론, 중국과 일본·유럽·북미·남미·동남아 등 지역을 가리지 않고 폭발적인 인기를 누렸다. 이 같이 국산 게임이 전 세계를 아우르는 인기를 끈 사례는

〈배틀그라운드〉가 처음이었다.

한국에서는 같은 해 12월 21일이 〈배틀그라운드〉의 PC용 정식 버전 출시일이었으나 9월에 이미 1,000만 장의 예약 판매고를 올렸고, 스팀 동시 접속자 수에서는 인기 순위 1위였던 〈도타2〉를 일찌감치 제치고 250만 명의 동시 접속자 기록을 달성하기도 했다. 2017년 12월에는 누적 판매량이 2,500만 장을 넘겼다.

이처럼 게임의 인기가 높아지자 e스포츠화에 대한 움직임도 빠르게 감지됐다. 많은 이용자들이 〈배틀그라운드〉를 활용한 e스포츠 대회를 보고 싶어 한 것이다. 해외에서는 팀 솔로미드Team SoloMid, 팀 리퀴드Team Liquid, 페이즈 클랜FaZe Clan 등 유명 e스포츠 팀들이 일찌감치 〈배틀그라운드〉 팀을 창단해 본격적인 활동에 나섰다. 이에 블루홀은 2017년 8월 독일 쾰른에서 열린 게임 박람회 게임스컴GamesCom에서 첫 국제 초

지스타 2017에서 진행된 배틀그라운드 인비테이셔널 현장
출처: 《데일리e스포츠》 (2017. 11. 17). 〈[지스타17] 지스타 '배틀그라운드'로 물들다〉.

청전을 개최해 큰 호응을 이끌어냈다. 블루홀은 이 대회에서 〈배틀그라운드〉 내 무기인 프라이팬을 응용한 '황금 프라이팬'을 우승 트로피로 내세워 e스포츠의 새로운 아이콘을 만들어내기도 했다.

이후 블루홀은 〈배틀그라운드〉를 개발한 자회사 블루홀 지노게임스를 게임의 이름 약자를 딴 펍지PUBG주식회사로 개편하고 〈배틀그라운드〉에 더욱 집중하는 모습을 보였고, 한국과 중국, 미국 등지에서 공식 대회가 꾸준히 열릴 수 있도록 지원하고 있다.

그동안 인기를 끌어온 대부분의 e스포츠 종목들은 특정 지역에서 인기를 끌면 다른 지역에서는 소외를 받는 등 지역별 편차가 심했지만 〈배틀그라운드〉는 지역 편차가 거의 없다는 점에서 글로벌 e스포츠 종목으로서 전망이 더욱 밝다고 볼 수 있다.

주요 진출국 및 진출 경로

글로벌 플랫폼 원 빌드 출시 늘어나

지난해 국내 게임업계는 해외 진출 경로 다변화에 적극적으로 나섰다. 특정 지역 퍼블리셔와의 계약이나 직접 서비스를 통한 해외 서비스뿐만 아니라 글로벌 원 빌드Global One Build(하나의 게임 버전에 다양한 국가의 언어를 지원하는 방식) 서비스를 통해 보다 효율적으로 여러 지역에서 동시에 서비스하는 업체가 늘어났다.

가장 대표적인 케이스가 바로 블루홀 자회사 펍지주식회사가 개발한 〈배틀그라운드〉다. 블루홀은 2017년 3월, PC게임 플랫폼 스팀을 통해 글로벌 원 빌드 형태의 〈배틀그라운드〉를 출시해 글로벌 누적 판매량 2,500만 장을 달성하는 기염을 토했다. 블루홀은 스팀을 통해 전 세계에 동일한 버전의 서비스를 진행해 이용자를 확보한 뒤, 별도의 현지 서비스 진행 지역을 늘려가는 투 트랙 전략을 펼치고 있다. 2017년 12월에는 엑스박스 원 버전을 출시해 전 세계 콘솔 이용자를 대상으로 한 서비스도 시작했다.

펄어비스가 개발한 MMORPG 〈검은사막〉은 〈배틀그라운드〉와 정반대 케이스다. 펄어비스는 2014년 겨울 〈검은사막〉을 출시하고 지역별 퍼블리셔를 통해 개별 지역 서비스를 진행해오다, 2017년 5월 스팀 버전을 추가로 출시했다. 스팀 출시를 통해 서비스 지역 확대를 꾀한 것이다.

모바일게임 업계에서도 글로벌 원 빌드를 통한 해외 서비스에 나서는 업체들이 늘어나고 있다. 네시삼십삼분(이하 4:33)은 2017년 10월, 자사 및 자회사가 개발한 게임을 글로벌 원 빌드로 제작해 해외에 직접 서비스하는 형태로 사업 구조를 변경했다. 이에 앞선 6월, 4:33은 일본에서 서비스 중이던 〈영웅 for kakao〉의 현지 버전인 〈라인 영웅난무〉의 서비스를 종료했으며, 영어와 일본어를 비롯한 주요 언어를 지원하는 글로벌 원 빌드의 해외 버전 〈영웅〉을 재출시했다.

컴투스는 2017년 5월, 티노게임즈가 개발한 전략게임 〈마제스티아〉를 애플 앱스토어와 구글 플레이를 통해 글로벌 원 빌드 형태로 출시했다. 컴투스는 한국어와 영어, 중국어 등 7개 주요 언어를 지원하는 원 빌드 방식으로 전 세계 150개국에서 〈마제스티아〉 서비스를 동시에 시작했다.

글로벌 플랫폼을 통한 원 빌드 서비스로 여러 해외 국가에서 서비스를 동시에 진행하는 방식의 이 같은 해외 진출은 절차 간소화와 비용 절감이라는 장점이 있어 향후에도 늘어날 것으로 전망된다.

중국을 제외한 중화권 및 동남아 집중 공략

국산 모바일게임의 개별 지역 해외 진출도 이어지고 있다. 다만, 사드 후폭풍으로 인해 최대 시장인 중국 진출이 여의치 않은 상황에서 중국을 제외한 중화권과 동남아시아 지역의 국산 모바일게임의 수출이 두드러졌다. 넷마블게임즈의 〈리니지2 레볼루션〉은 대만, 홍콩, 싱가포르, 태국, 말레이시아 등 중화권과 동남아시아 5개국에서 구글 플레이 올해의 베스트 게임을 수상했다. 〈리니지2 레볼루션〉은 2017년 6월에 아시아 11개국에서 출시돼, 그중 6개국에서 구글 플레이와 애플 앱스토어 매출 동시 1위를 기록하는 등 큰 인기를 얻었다.

엔씨소프트의 〈리니지M〉은 2017년 12월에 대만 출시 직후 곧바로 양대 오픈마켓 매출 1위에 오르는 등 호조세를 이어가고 있다. 엔씨소프트는 중국 진출이 여의치 않은 상황에서 대만과 홍콩, 마카오 등 중화권 지역에 〈리니지M〉을 선출시하는 우회 전략을 택해 나쁘지 않은 성과를 올렸다.

제3국으로 눈길 돌린 프로게이머들

2017년 e스포츠 해외 진출 트렌드는 기존의 중국 중심에서 벗어나 터키를 비롯한 제3국으로 진출한 선수들이 부쩍 늘어났다. 〈리그 오브 레전드〉의 경우 2016년에 터키 리그에서 활동하던 한국 선수는 고작 두 명 정도에 불과했지만, 2017년에는 여덟 명으로 늘어날 만큼 한국 선수들의 진출이 활발해졌다.

터키 리그가 주목을 받은 이유에는, 1907 페네르바체 소속의 '프로즌' 김태일의 활약이 컸다. 2017 시즌을 터키에서 보낸 김태일은 중위권에 머물러있던 팀을 터키 리그에서 우승시킴과 동시에 월드 챔피언십 무대에 올려놨다.

뿐만 아니라 월드 챔피언십에서도 발군의 실력을 선보이며 홍콩과 일본 팀을 꺾고 예선을 통과해 16강까지 진출하는 등 터키 리그 최

터키 1907 페네르바체 소속의 김태일
출처: 라이엇 게임즈

고의 스타로 발돋움했다. 월드 챔피언십에서의 활약 덕분에 김태일은 12월에 열린 세계 올스타전에서도 당당하게 터키 리그를 대표하는 선수로 선발됐다.

　김태일의 활약 덕분에 다른 터키 팀들도 한국 선수 영입에 적극적으로 나서기 시작했고, 12월에 열린 이적 시장에서 대부분의 터키 팀들이 한국 선수 영입에 성공했다. 특히 신인 선수들이 주를 이루던 과거와 달리 '코코' 신진영, '갱맘' 이창석, '체이서' 이상현, '카카오' 이병권 등 베테랑 선수들이 터키로 진출해 리그 전체의 경쟁력을 한층 끌어올릴 수 있을 것으로 전망된다.

　이들이 중국이 아닌 터키를 택한 배경에는, 중국 내 경쟁이 갈수록 치열해지고 있어 좀 더 쉽게 월드 챔피언십에 나설 수 있는 기회를 얻고자 한 것도 포함되어 있다. 실제로 몇몇 선수들은 인터뷰에서 높은 연봉보다 월드 챔피언십에 나설 수 있는 기회를 더 선호한다고 밝히기도 했다. 한국에 대해 우호적인 분위기를 형성하고 있는 터키 현지 문화의 영향도 큰 것으로 알려졌다.

한국 선수들의 중국 진출이 줄어든 이유가 사드 보복 때문이 아니냐는 시각도 있지만 적어도 e스포츠 업계에서만큼은 사드 보복으로 인한 '한한령'은 없다는 것이 정설이다.

덩치 키우는 해외 e스포츠 자본과 한국 선수의 만남

한국 선수들의 중국 진출은 줄어들었지만 e스포츠 시장의 '큰손'들이 즐비한 북미 지역으로의 진출에는 영향이 없었다. 오히려 NBA와 MLB 구단을 소유한 스포츠 거대 자본이 e스포츠 시장에 뛰어들면서 한국 프로게이머들이 정통 스포츠 자본과 연을 맺는 계기가 됐다.

NBA 팀인 클리블랜드 캐벌리어스, 골든 스테이트 워리어스, 휴스턴 로케츠는 북미 〈리그 오브 레전드〉 팀을 창단했는데, 클리블랜드는 100 씨브즈100 Thieves라는 팀을 만들어 한국인 선수 '썸데이' 김찬호와 '류' 유상욱을 영입했다. 휴스턴이 만든 클러치 게이밍Clutch Gaming은 '리라' 남태유를 영입했다.

북미의 또 다른 팀 에코 폭스Echo Fox는 MLB 명문 구단 뉴욕 양키스로부터 투자를 받아 화제가 됐다. 에코 폭스는 SK텔레콤 T1으로부터 '후니' 허승훈을 영입해 로스터 보강에 성공했다.

〈리그 오브 레전드〉뿐만 아니라 〈오버워치〉에서도 북미의 거대 자본 참여가 이어졌고, 여기에 한국 선수 진출도 활발하게 이뤄졌다.

블리자드는 지역 연고제를 기반으로 한 〈오버워치〉 리그OverWatch League를 출범시켰다. 이에 뉴잉글랜드 패트리어츠와 뉴욕 메츠 등 거대

구단의 고위 간부들이 수백억 원을 들여 북미를 중심으로 한 전 세계 12개 팀을 탄생시켰다. 〈오버워치〉 리그에 참여하는 팀들은 첫 시즌에 총 113명의 선수를 등록했는데, 이 가운데 절반이 넘는 63명이 한국 선수들로 채워졌다.

서울을 연고지로 하는 서울 다이너스티Seoul Dynasty를 제외하더라도, 미국을 대표하는 도시 뉴욕을 연고지로 둔 뉴욕 엑셀시오르New York Excelsior와 영국의 수도 런던을 연고지로 삼은 런던 스핏파이어London Spitfire는 모두 한국 선수와 한국 코칭스태프들로만 구성됐다. 그밖에도 추가로 6개 팀에 한국 선수들이 대거 포진해 있어, 글로벌 리그를 표방하는 〈오버워치〉 리그에서 한국 선수들의 비중이 얼마나 큰지 여실히 보여주고 있다.

한국 선수들이 대거 진출한 오버워치 리그의 공식 로고
출처: 오버워치 리그 공식 홈페이지

2018
게임 한류
전망

중국 사드 보복 장기화와 확률형 아이템 규제 우려

　게임 한류의 2018년 전망은 밝지만은 않다. 사드를 빌미로 중국 정부가 한국산 게임의 중국 신규 서비스 허가를 내주지 않고 있는 가운데, 그 사이 중국 업체들이 자생력을 키워가는 바람에 우리 업체들의 설자리가 줄어들고 있다. 또한 북미와 유럽을 중심으로 게임물에 적용된 확률형 아이템에 대한 규제가 이뤄지려는 움직임이 포착되고 있다. 이 규제가 실행될 경우 확률형 아이템이 핵심 과금 모델인 국산 게임 수출에 불리하게 작용할 가능성이 높다.

　2017년 3월, 복수의 중국 매체는 중국 정부가 중국 게임업체에 '한국 게임 신규 판호 금지 방침'을 구두 전달했다고 보도했다. 사드 배치 문제로 발생한 양국간 외교 문제에 대한 보복으로 보이는 판호 금지 조치로 인해 한국 개발사가 개발했거나, 한국이 보유한 지식재산권을 기반으로 제작된 게임의 신규 중국 서비스가 당분간 불가능해졌다.

　중국은 최대 게임 시장 중 하나로 전통적으로 한국산 게임이 강세를 보여왔다. 액토즈소프트의 〈미르의 전설2〉, 넥슨의 〈던전앤파이터〉, 스마일게이트의 〈크로스파이어〉, 엠게임의 〈열혈강호〉 등은 중국에서 메가히트를 기록해, 아직까지도 높은 로열티 수익을 거두고 있다.

　하지만 중국에서 한국산 신작 게임에 대한 판호 발급 자체를 거부하면서 〈던전앤파이터〉와 〈크로스파이어〉의 뒤를 잇는 흥행작이 나오기 어렵게 됐다. 문재인 정부 출범 이후 양국 관계가 개선될 기미를 보이고 있지만 단시일 내에 중국 정부가 판호 발급을 재개하리라 낙관하기는 어려운 실정이다.

중국 정부가 한국산 게임에 대한 판호 발급을 거부하는 사이 중국 개발사들은 경쟁력을 키우고 있다. 넓은 시장을 바탕으로 한국산 게임을 수입해 큰돈을 번 중국 업체들이 막대한 자본을 투입해 개발력을 키운 것이다. 텐센트의 〈왕자영요〉와 넷이즈의 〈음양사〉는 중국을 비롯한 아시아 지역에서 대박을 치고 한국으로 수입되기까지 했다. 중국 정부가 한국산 게임에 대한 판호 발급을 재개하더라도, 수년 전 온라인게임 시장에서처럼 한국산 게임의 몸값이 높아지지는 않을 가능성이 매우 크다.

북미와 유럽에서 확률형 아이템이 적용된 게임에 대한 규제 움직임을 보이고 있는 것도 게임 한류에 악재로 작용할 전망이다. EA가 2017년 11월에 출시한 신작 〈스타워즈: 배틀프론트2〉에 적용된 뽑기

뽑기 아이템 적용 게임을 강도 높게 비판한 크리스 리 하와이 주 하원의원
출처: 크리스 리 유튜브

아이템Loot Box이 과도한 사행성 논란을 불러일으키자 각국 정치인들이 움직이기 시작했다.

미국 하와이 주 하원의원 크리스 리Chris Lee는 〈스타워즈: 배틀프론트2〉에 대해 "스타워즈 테마의 온라인 카지노"라며 맹렬히 비난했으며, 다른 의원들과 함께 뽑기 아이템이 적용된 게임물에 대해 청소년 판매를 금지하는 법안 상정을 추진 중인 것으로 알려졌다. 또한 유럽의 일부 정치인들도 크리스 리 의원과 유사한 행보를 보이고 있다.

주요 국가의 정치권 움직임 때문인지 애플은 앱스토어 등록 게임에 대해 확률형 아이템의 확률을 공개토록 했다. 확률형 아이템 규제 바람이 해외에서 확산될 경우 게임의 주력 매출원으로 뽑기 아이템을 적용하고 있는 국내 업체들에게 직격탄이 될 수도 있다.

중국에 내준 아시안게임 종목 선정 주도권

2018년에 있을 e스포츠 업계의 가장 큰 이슈 중 하나는 바로 아시안게임이다. 아시아 올림픽 평의회OCA는 2017년 4월에 알리스포츠와 파트너십을 체결하고, 2018년 8월 인도네시아 자카르타-팔렘방에서 열리는 아시안게임에 e스포츠를 시범 종목으로 채택키로 했다.

비록 시범 종목이라 해도 e스포츠가 정식 체육 종목과 비슷한 지위를 인정받은 셈이어서 업계 관계자들은 반기고 있으나, 동시에 우려스런 부분도 드러났다.

OCA와 파트너십을 맺은 알리스포츠는 중국 업체로, 이미 종합 e스포츠 대회인 WESG를 개최하고 있기 때문에 종목 선정의 주도권을 가질 가능성이 높다. 중국 대표 팀이 메달을 쉽게 딸 수 있는 종목이 아시안게임 종목으로 선정될 수 있다는 점이 우려스럽다. 예를 들어, 〈도타2〉의 경우 중국이 강세를 보이고 있는 반면 저변이 약한 국내에서는 제대로 된 팀조차 없는 실정인데, 〈리그 오브 레전드〉를 배제하고 〈도타2〉를 종목으로 선정할 경우 한국은 메달 획득이 힘들어질 수 있다.

종목 선정과 관련해서는 각국 e스포츠 단체의 입김이 중요한데, 중국에서는 알리스포츠가 전면에 나서고 있는 반면, 한국은 한국e스포츠협회가 각종 비위非違로 인해 힘을 잃은 상태여서 난항에 빠진 상황이다.

전병헌 청와대 전 정무수석이 한국e스포츠협회의 협회장으로 재직하던 당시에 전 수석의 비서관과 협회 사무총장이 후원금을 횡령한 혐의로 구속돼 조사를 받고 있는 중이다. 협회장 자리에서는 물러났지만 국제e스포츠연맹IeSF 회장직은 유지하고 있던 전병헌 전 수석까지 지속적으로 검찰 조사를 받게 되자 협회 역시 각종 스캔들에 휘말리면서

2017년 4월에 열린 아시아 올림픽 위원회-알리스포츠 파트너십 체결 행사
출처: 아시아 올림픽 위원회(OCA)

위상이 추락해 실무 진행이 어렵게 됐다.

한국이 2018년에 e스포츠 국제무대에서 힘 있는 목소리를 내기 위해서는 하루빨리 한국e스포츠협회에 새로운 수장이 나타나야 한다는 것이 업계의 공통된 시각이다.

만화 한류

웹툰, 만화 한류의 중심에 서다

만화평론가, 청강문화산업대학교 교수 **박인하**

2017
HALLYU
WHITE
PAPER

만화 한류 현황

출판만화에서 웹툰으로

　　한국은 디지털 콘텐츠의 미래를 한발 앞서 맞이했다. 시간과 장소에 구애받지 않고 자유롭게 접속 가능한 네트워크 안에서 누구나 실시간으로 다양한 콘텐츠를 만날 수 있다. 이 같은 디지털 시대에 가장 각광받은 콘텐츠로 웹툰을 꼽을 수 있다. 매일 다양한 분야의 콘텐츠가 업데이트되고, 항상 손안에 있는 휴대전화 덕분에 언제 어디서나 볼 수 있다는 점 때문에 웹툰의 구독자 수는 계속해서 증가세를 보이고 있다. 한정된 수의 작가들이 연재하는 출판만화와 달리, 수많은 아마추어 작가들이 올린 웹툰 가운데 독자들의 호응도에 따라 정식 웹툰으로 등단되는 구조는 작가와 독자의 관계를 더욱 긴밀하게 이어주는 계기가 됐다. 이 같은 방식으로 웹툰의 작가와 장르의 저변이 확대된 만큼 독자 또한 남녀노소 구애 없이 폭넓게 확대됐다. 나아가 웹툰은 영화·드라마의 원작과 캐릭터 프랜차이즈로 활용되고 있으며, 유명 웹툰 작가들은 연예인 못지않은 인기를 얻어 TV 쇼프로그램에 출연하기도 한다.

　　한국의 웹툰은 디지털 콘텐츠 선진국인 일본, 북미에 이어 중국, 동남아시아 지역으로까지 확산되고 있다. 유통 방식은 다양하다. 한국 업체가 직접 글로벌 서비스를 운영하는가 하면, 현지 업체와 제휴 또는 해외 퍼블리싱의 형태로 진행한다.

한국 만화 해외 수출액 변화 추이(2003~2015) (단위: 천 달러)

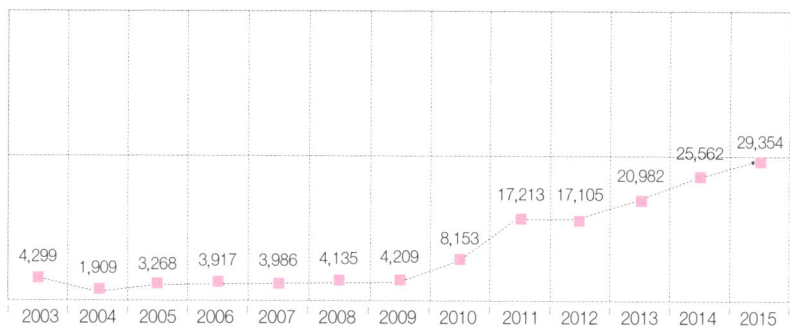

출처: 통계청 국가통계포털. URL: http://kosis.kr/

    만화 수출은 2003년 429만 9,000달러(약 47억 2,890만 원)에 달한 뒤 2004년 55.6% 감소했다. 2005년에는 71.2%로 반등해 2009년까지 미세한 성장을 유지해오다가 2010년 93.7%, 2011년 111.1%까지 대폭 증가한 이후 매년 20%대의 성장을 지속하고 있다. 만화 수출액 변화 추이를 보면 2003년과 2010~2011년, 2013년까지 총 세 번에 걸친 상승점이 존재함을 확인할 수 있다.

    만화 한류의 1차 확산은 2003년 앙굴렘 국제만화페스티벌의 '한국만화특별전'이 계기가 됐다. 이후 정부의 지속적인 해외 시장 지원 정책을 통해 한국 만화의 수출 지역이 북미와 유럽으로 확대됐다. 2000년대 이후부터는 학습만화의 저작권 판매가 확대되면서 2010~2011년 만화 한류의 2차 확산이 시작됐다. 〈테일즈런너 Tales Runner〉 시리즈, 〈살아남기〉 시리즈, 〈와이 Why〉 시리즈, 〈후 Who〉 시리즈 등 주로 시리즈물이 좋은 실적을 올렸다. 〈살아남기〉 시리즈의 경우 2001년 출간을 시작해 2016년 기준 미국, 대만, 태국 등 7개국에 수출됐다. 한국에서 판매된 1,100만 권을 포함해 국내외에서 약 2,800만 권이 판매됐는데, 800만 권이 팔린 중국에 이어 만화 강국 일본에서도 약 600만 권이 팔려 해외에서 두 번째로 많이 판매된 국가에 이름을 올렸다.

　2003년 장르만화, 2010~2011년 학습만화 등 출판만화의 저작권 판매가 만화 한류를 확산시켰다면, 2013년은 만화 한류의 3차 확산이 시작되는 시점이다. 2012년 마이너스 성장을 극복해 전년 대비 22.7% 성장으로 해외 수출을 견인했고, 2013년 이후에는 출판만화에서 웹툰으로 주체가 이동된다. 한국의 스마트폰 보급률이 67.6%로 세계 1위에 오른 2012년 이후 인터넷 트래픽도 PC에서 모바일로 전환됐고, 모바일에서 손쉽게 구독할 수 있는 콘텐츠인 웹툰의 인기도 함께 올라갔다. 2013년 이후 2017년 현재까지 지속되고 있는 만화 한류는 디지털 모바일 생태계에 적합한 만화 형태인 웹툰, 웹툰이 만들어낸 비즈니스 모델, 경쟁력 있는 콘텐츠 수출이라는 세 가지 요인에 힘입어 확산됐다.

웹툰 플랫폼의 해외 서비스 확대

　2017년 웹툰 중심의 만화 한류는 개별 작품의 저작권 판매가 아닌, 한국 기업들이 최초로 제작한 '웹툰 플랫폼'의 해외 서비스에 기반을 둔다. 2013년 10월 일본에서 오픈한 코미코comico.jp와 2014년 7월 일본어·영어·중국어 번체 서비스를 시작한 라인웹툰webtoons.com이 글로벌 웹툰 플랫폼의 시초라고 할 수 있다. 라인웹툰은 추후 중국어 간체·태국어·인도네시아어로 제공 언어를 확대했으며, 라인웹툰의 일본어 서비스는 2016년 11월부터 별도의 URL로 분리해 '조이웹툰xoy.webtoons. com'이라는 이름으로 디스커버Discover 코너를 운영 중이다. 네이버웹툰 '도전만화' 코너처럼 아마추어 작가들이 자유롭게 작품을 올리고, 좋은 성과가 쌓이면 정식 연재로 옮겨가는 방식이다.

글로벌 서비스를 내세운 웹툰 플랫폼은 지속적으로 늘어났다. 2013년 6월 7일 서비스를 시작한 유료 웹툰 플랫폼 레진코믹스lezhin.com는 2017년 9월 기준, 일본 플랫폼에 한국 웹툰 120여 편과 일본 만화 300여 편을, 미국 플랫폼에는 한국 웹툰 150여 편을 서비스하고 있다. 한편 2014년 1월 서비스를 시작한 유료 웹툰 플랫폼 탑툰toptoon.com은 2015년 7월 일본과 대만에 자체 플랫폼을 론칭했다. 2017년 11월 기준, 국내외 누적 가입자 수만 1,800만 명에 이를 만큼 성장해 한국 웹툰의 새로운 가능성을 보여줬다. 2016년 4월 카카오재팬은 픽코마piccoma.com/web라는 서비스를 시작해 2017년 한 해 일본 만화 애플리케이션 시장에서 선풍적인 인기를 얻었다. 카카오페이지를 운영하며 쌓아올린 노하우를 잘 활용해 성공을 이끌었다.

만화 한류는 과거의 주된 수출 방식이었던 개별 저작권 판매와 달리, 모바일 환경에 최적화된 웹툰 비즈니스 모델을 중심으로 확산되고 있다. 일본과 동남아시아(대만·태국·인도네시아), 북미 지역에는 한국 기업이 만든 플랫폼이 직접 진출해 한국뿐 아니라 현지 웹툰 작가를 발굴하는 방식으로 운영 중이다. 일본과 동남아시아는 코미코, 라인웹툰 같은 대기업이 운영하는 플랫폼이 주도하고 있지

카카오재팬의 만화 앱 '픽코마' 화면
출처: 《한겨레》 (2017. 11. 30),
〈카카오재팬 '만화 앱' 픽코마 일본 망가 팬 홀렸다〉.

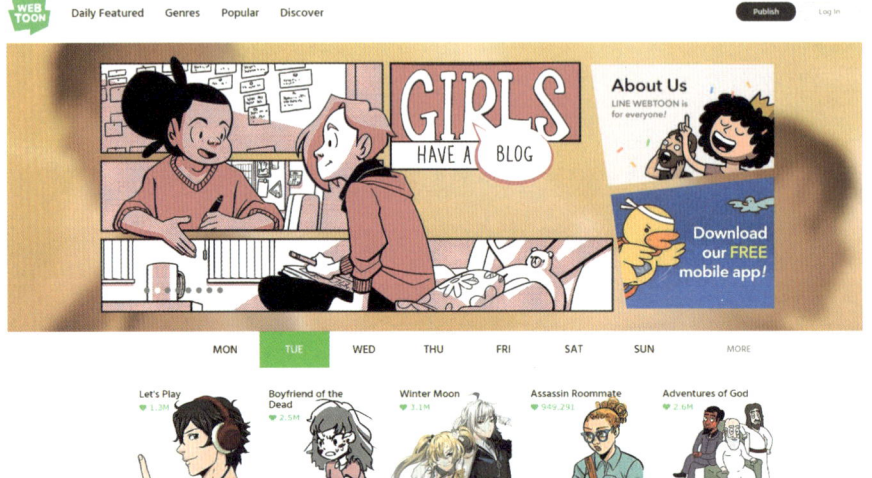

라인웹툰 웹페이지 메인 화면
출처: 라인웹툰. URL: http://www.webtoons.com/en/

만, 북미 지역은 라인웹툰을 제외하고 대부분 스타트업 기업이 플랫폼을 운영하고 있다. 전 세계에서 유래 없는 한국 고유의 만화 생태계 모델인 웹툰 플랫폼이 글로벌 미디어 시장에 새로운 콘텐츠의 공급을 이어나가고 있는 것이다.

만화
한류
핫이슈

일본에서 안착에 성공한 한국 웹툰 플랫폼

　세계 최고의 만화 대국 일본의 만화 시장은 주로 박리다매로 만화잡지를 판매해 독자를 확보한 후, 인기 작품을 단행본으로 제작 판매해 수익을 올리는 구조로 운영된다. 그러나 만화잡지와 만화책의 판매액 총합은 14년 연속 마이너스를 보이는 상태다. 특히 만화잡지는 21년 연속 적자 상태로, 심지어 최근 2년 연속 판매액이 10% 이상 줄어들었다. 만화책의 경우 대형 히트작들의 후속권 출간으로 일정 규모를 유지했지만, 2014년부터는 만화책 판매액도 줄어드는 등 불황이 여전하다.*

---

* 2017년에도 일본 출판만화 시장의 불황은 개선되지 않았다. 일본 전국출판협회에서 발표한 자료에 따르면, 2017년 종이 출판물(서적과 잡지 합계)의 추정 판매 금액은 전년 대비 6.9% 감소한 1조 3,701억 엔(약 13조 7,010억 원)으로 13년 연속 줄어들었다. 그중 만화잡지도 포함된 잡지 시장은 전년 대비 10.8% 줄어들었으며, 만화 단행본도 약 13% 줄어들었다. 반면 전자책 시장은 성장을 이어갔다. 전자책 시장 규모는 전년 대비 16.0% 성장한 2,215억 엔(약 2조 2,150억 원)으로 이 가운데 만화가 17.2% 증가한 1,711억 엔(약 1조 7,110억 원), 일반도서가 12.4% 증가한 290억 엔(약 2,900억 원), 잡지가 12.0% 증가한 214억 엔(약 2,140억 원)으로 집계됐다. 전자책 시장에서 만화가 차지하는 비율은 77.2%로, 이 시장의 성장은 만화가 견인하고 있다. 전자책 시장에서 만화의 판매액이 1,000억 엔, 한화로 1조 원을 넘어선 시점은 2014년이다(『전자서적 비즈니스 조사 보고서(電子書籍ビジネス調査報告書)』, 2017). 일본에서 전자서적(電子書籍)이라 분류되는 시장은 한국 기준으로 e-pub이나 PDF 형식의 파일을 활용해 서비스되는 전자책(e-book)과 웹툰을 모두 포함한 디지털 만화 시장이다.

일본 만화 추정 판매액

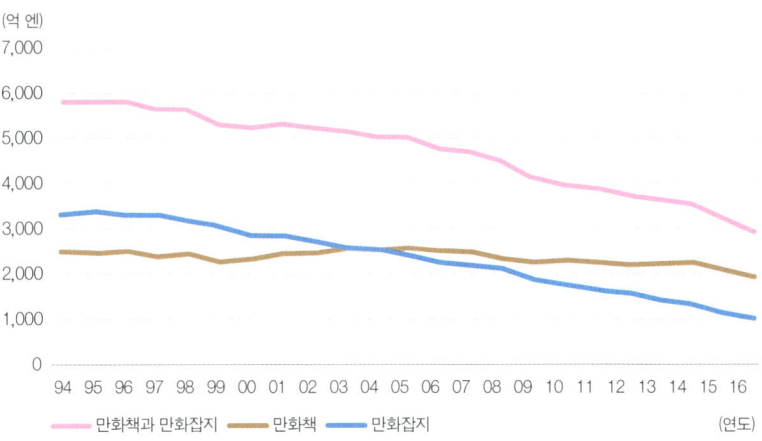

출처: **出版科學硏究所**(출판과학연구소) (2017. 04. 25), 「2017年版 出版指標 年報(2017년판 출판지표 연보)」

　　실상 일본 디지털 만화 시장의 성장을 견인한 주인공은 한국계 웹툰 플랫폼이다. 전술했듯, 2010년 이후 스마트폰을 중심으로 한 모바일 시장에 적응한 한국 웹툰은 2013년과 2014년에 걸쳐 일본에 진출했다. 대표적인 브랜드는 네이버웹툰을 모태로 하는 코미코와 라인웹툰이다. 이들은 2013년 8월 NHN이 네이버와 NHN엔터테인먼트로 분사하기 이전까지 한 회사였다. 코미코는 네이버웹툰을 그대로 벤치마킹해 일본의 로컬 웹툰 플랫폼 서비스를 시작했고, 라인웹툰은 네이버웹툰의 글로벌 서비스로 기획되어 일본어 · 영어 · 중국어(번체) 서비스를 시작했다. 코미코의 경우 초창기 엄청난 마케팅 비용을 투자해 다양한 광고 · 홍보 활동을 펼쳤는데, 스마트폰에 최적화된 세로 스크롤, 주간 업데이트 등의 UX_{User Experience}(사용자 경험)를 그대로 적용하는 한편 무료로 트래픽을 확대하는 데 주력했다. "일본도 출판 분야에서 디지털로의 이행이라는 시대의 흐름을 피할 수 없고, 이제 스마트폰 중심의 새로운 플랫폼이 나타날 시기"라고 밝힌 이즈미 다다히로 NHN코미코 대표의 말

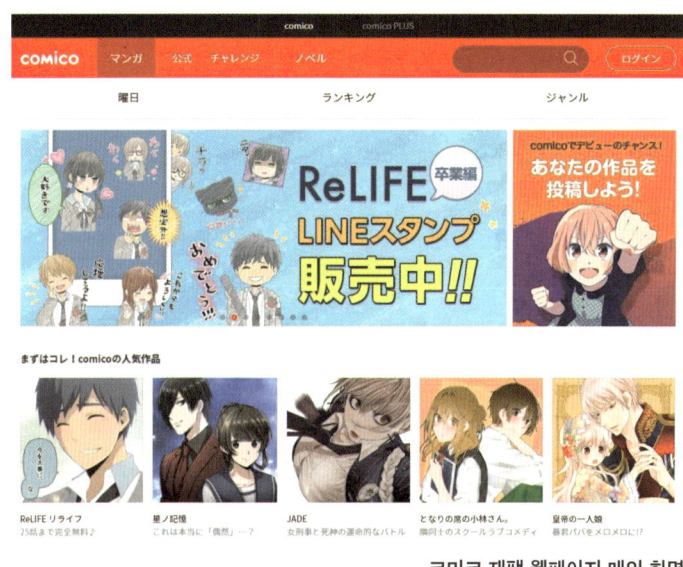

코미코 재팬 웹페이지 메인 화면
출처: 코미코 재팬. URL: https://www.comico.jp/

을 증명하듯, 코미코의 일본 내 성적은 2017년 4월 기준 다운로드 수 1,400만 건으로 1위를 유지했다.

한국의 웹툰 앱은 일본에서 말 그대로 만화 같은 성장을 기록했다. 2017년 11월 기준, 일본 내 앱 스토어 북 카테고리 매출 랭킹에서 무려 4개의 한국 앱 서비스가 탑 10 순위에 올랐다. 1위 라인망가, 2위 픽코마*, 3위 코미코, 8위 코미코 플러스가 그 주인공이다. 이들은 각기

---

* 픽코마는 한국 웹툰의 유료 비즈니스 모델로서 성공한 '기다리면 무료' 전략을 현지화한 '기다리면 0엔'을 도입했다. 2016년 5월 20일 〈텐프리즘〉을 시작으로, 6월 14일 〈쿠로칸〉, 7월 11일 〈중졸 노동자부터 시작한 고교생활〉이 연이어 '기다리면 0엔' 서비스 방식으로 제공되면서 유저들이 유입되고, 차츰 유료 결제로 이어졌다. 서비스 시작 3개월째인 7월 19일과 2016년 12월 31일을 비교하면 일일 열람자 수는 25.3배, 일 매출은 26.1배 성장했다. 2016년 성공적으로 시장에 안착한 픽코마는 2017년에도 일열람자 수는 2016년 12월 31일자 수치와 비교해서 7.4배 성장했고, 일 매출도 7.9배 성장했다(2017년 12월 11일 기준). 그 결과 2017년도 3/4분기 매출은 7억 엔(약 79억 원)을 넘겨 전년도인 2016년과 비교하면 무려 3,991% 성장하는 경이적인 성공을 거뒀다(3/4분기 매출 기준 2016년 대비).

다른 비즈니스 모델 운영을 통해 일본 디지털 만화 시장을 선도하고 있다. 라인망가는 메신저 서비스 라인 사용자를 기반으로 일본 출판만화의 디지털 서비스에 주력하고 있다. 코미코와 코미코 플러스는 한국에서 검증된 트래픽 중심의 웹툰 비즈니스 모델을 활용해 일본·한국·대만·태국 현지에서 작품을 발굴, 서비스하고 있다. 이들은 여러 논란 끝에 2017년부터 부분 유료화를 시도해 매출 순위 4위에 올랐다. 픽코마의 경우 현지 독자에게 높은 호응이 예상되는 작품을 미리 선정해 서비스하는 방식을 택해 2017년 4분기 매출 추정치로 2억 5,000만 엔(약 25억 원)을 기록, 전 분기 대비 125%의 성장을 이뤘다. 이렇듯 한국 웹툰과 비즈니스 모델이 세계에서 가장 큰 만화 시장인 일본에서 디지털 만화 시장을 견인하고 있다.

웹툰 한류를 흔드는 불법 복제 사이트

2016년까지 급성장한 한국 웹툰 시장은 2017년 성장이 둔화됐다. 성장 둔화의 가장 큰 원인은 조직적으로 벌어진 저작권 침해에 있다. 2017년 이전에는 소셜미디어나 블로그, 커뮤니티 등에 개인들이 불법으로 웹툰을 공유하는 정도의 저작권 침해 사건이 발생했다. 그러나 2016년 10월 초대형 웹툰 저작권 침해 사이트 '밤토끼'가 등장해 네이버와 카카오를 비롯한 거의 모든 유료 웹툰 플랫폼의 유료 회차를 불법으로 게시했다. 네이버웹툰 카테고리를 그대로 차용해서 요일별, 장르별, 완결, 미완결 등의 방식으로 국내 플랫폼에 게재된 대부분의 웹툰을 찾아볼 수 있게 했으며, 검색 사이트에서 작품을 검색하면 불법 사이트로 연결되기도 한다.

 2017년 11월 3일 만화의 날에 열린 '불법 공유가 파괴하는 웹툰 생태계 토론회' 내용을 보면 상황의 심각성을 알 수 있다. 네이버웹툰 주식회사의 김준구 대표는 "대부분의 플랫폼, 즉 포털, 웹툰 사이트, 무료 사이트, 유료 사이트, 성인 사이트를 막론하고 모든 플랫폼에서 매출과 트래픽이 감소했다"며 "산업이 망가지는 건 한순간이다. 딱 2년 남았다. 업계 입장에서는 지금이 골든타임"이라고 심각성을 증언했다. 플랫폼 별로 각기 다른 작품을 일일이 찾아갈 필요 없이 해외 서버를 통해 한곳에서 모든 웹툰을 감상할 수 있는 불법 사이트 때문에 국내 웹툰 플랫폼 수익이 줄어든 것이다. 게다가 성인 웹툰도 성인 인증 없이 접속 가능할 뿐만 아니라 여기에 접속한 이들을 불법 도박과 성인물 사이트로 유도해 수익을 올린다. 심지어 불법 웹툰 사이트를 공급하는 업자도 등장했다.*

 웹툰 플랫폼의 해외 진출에 있어 개선해야 할 첫 과제는 '불법 복제'다. 정보통신산업진흥원이 발표한 「웹툰 플랫폼 글로벌화 전략 연구」에 따르면, 2017년에는 기업화된 불법 복제 사이트들의 등장으로 많은 플랫폼들이 피해를 호소하고 있다. 업계 관계자들은 불법 복제로 인해 매출액 감소, 이미지 저하, 독자 이탈, 작가들의 사기 저하 등과 같은 유무형의 손실**을 강하게 우려했다. 현행법은 사업자 또는 원저작자가

---

* 2017년 12월 기준으로 밤토끼 월 방문자 수는 6,100만 명을 넘어섰으며, 모바일 웹사이트 페이지 뷰는 1억 3,709만 건으로 집계됐다. 이는 네이버웹툰의 페이지 뷰(1억 2,081만 건)를 넘어선 수치다.
** 기업화된 저작권 침해로 인한 피해와 관련해 밤토끼의 트래픽을 기반으로 피해액을 산출해보면, 월간 방문자×방문자당 평균 페이지×유효 클릭율(50%)×유료 웹툰 회차당 평균 가격(상위 7개 플랫폼 코인 가격 평균 358원)으로 대략의 금액을 알 수 있다. 웹사이트 통계 분석 업체

불법 저작물 사이트를 신고하면 저작권보호원을 거쳐 문화체육관광부, 다시 방송심의위원회 심의를 거쳐 차단이 이뤄지도록 하고 있다. 이 과정은 적어도 3개월 이상이 걸린다. 심의를 담당하는 방송통신심의위원회 산하의 통신소위원회도 1년에 약 네 차례밖에 열리지 않는다. 2017년 6~7월 사이에는 소위원회조차 구성되지 않아 심의 자체가 이뤄지지 않았다. 경찰에 신고해 차단 권고가 내려진다 해도 주간 단위로 연재되는 웹툰 특성상 해당 회차가 무료로 전환된 뒤라 실효성이 없다. 개별 사이트나 URL 단위로 차단이 이뤄지다 보니 차단이 되더라도 불법 업자가 유사한 URL을 가진 미러사이트mirror site(다른 사이트의 정보를 그대로 복사해 관리하는 사이트)를 만들거나, 다른 게시판으로 옮겨버리고 나면 그만이기도 하다.

　이들 불법 사이트는 국가를 넘어 다양한 언어로 번역·운영되고 있다. 초대형 불법 번역 사이트인 망가폭스의 경우 일본 만화와 한국 출판만화는 물론 웹툰도 대거 불법 번역해 제공하고 있다. 망가폭스에서 'Korean Manhwa'를 선택하면 불법 게재된 작품이 무려 1,432편에 달하며, 인기 순위 상위권에 한국 웹툰이 다수 올라와 있는 만큼 일본에서도 많은 사람이 불법으로 한국 웹툰을 보고 있음을 알 수 있다.

　한국과 해외의 불법 업자들 모두 해외에 서버를 두고 불법 사이트를 운영한다. 한국의 불법 업자들이 해외에 서버를 두고 있으면, 즉 고정사업장(서버)이 국내에 없으면 규제 대상이 되지 않는다. 법과 제도의 한계로 인해 사업자들은 자체적으로 피해 확산 방지를 위한 노력을 기

시밀러웹(Sililarweb) 기준 2017년 10월 1개월 기준으로, 51,800,000(트래픽)×12.18(방문자당 평균 페이지)×0.5(유효 클릭률)×358원(코인 평균 가격)을 적용하면, 약 1,129억 3,540만 원에 달한다.

울이는 실정이다. 그 일환으로 2017년 3월 사업자들이 주축이 되어 해외 저작물 실태의 점검과 대응을 위한 저작권해외진흥협회Copyright Overseas promotion Associatio(이하 COA)를 출범했다. COA는 모니터링, 해외 유관 단체와의 교류 협력, 국내 저작권 침해 실태조사 등의 사업을 진행한다. 현재 COA에는 KBS, MBC, SBS, JTBC, 음악실연자협회, 음악저작권협회, 네이버 등이 회원사로 참여하고 있다.

웹툰의 안정적인 해외 진출을 위해 불법 사이트를 최대한 빠르게, 효과적으로 막아야 한다. 이를 위해서 웹툰 플랫폼들은 검색 사이트와 소셜미디어에 자사의 작품이 불법으로 서비스되고 있는가를 지속적으로 모니터링하고 있고, 발견 시 삭제 요청 등의 조치를 취한다. 탑툰은 해외 저작권 관리 에이전시로 미국의 루멘데이터베이스https://lumendatabase.org를 선임했고, 레진은 독일의 코메소COMESO사를 통해 국제 모니터링을 진행 중이다. 업계에서는 저작물 보호를 위한 정부 차원의 지원이 절실하다는 입장이다. 불법 업로더들의 수법은 계속 진화하는데, 자체적인 모니터링과 신고 업무만을 반복해야 하는 현행 제도는 근본적인 문제를 해결하지 못한다. 시간과 비용만 소모될 뿐, 피해는 줄어들지 않기 때문이다.

사드 배치 이후 한한령의 틈을 공략하는 만화 한류

콘텐츠 비즈니스에서 중국은 수요의 측면에서 볼 때 인구 대국이라는 거대 시장으로 인해 누구에게나 선망의 대상이다. 그러나 저작권 관리 차원에서는 불법 복제, 불투명한 저작권 정산 체계 같은 리스크가 동반되는 시장이다. 뿐만 아니라 정치·경제적인 이유로 콘텐츠, 특히 해외 콘텐츠에 대해 차별적 규제 조치를 시행하는 시장이기도 하다.

중국 만화 시장은 1990년대 불법 복제한 일본 만화를 기반으로 형성됐다. 1995년 중국공산당 선전부와 신문출판총서가 공동으로 불법 복제 만화를 단속하고, 5개 만화 출판 제작소와 15개의 만화 출판소, 5종의 만화잡지를 창간하겠다는 계획인 '5155 공정'을 시행했다. 이후 만화잡지를 중심으로 만화가 연재되고, 한국 만화가 중국 만화잡지에 소개되기도 했다.

2010년대 이후 중국은 전 지역에 걸쳐 급격히 모바일 인프라가 확장되어 2013~2014년 무렵 웨이보 같은 소셜미디어의 발전 이후 새로운 작가들이 신규 플랫폼에 만화를 발표하기 시작했다. 특히 2015년 모든 전자기기에 인터넷을 더하는 '인터넷 플러스' 정책이 시행되면서 인터넷·디지털 비즈니스가 비약적으로 발전했다. 같은 시기, 웹툰으로 만화 시장이 전환된 한국에서는 개발한 콘텐츠의 시장 활로를 찾기 위해 해외 수출을 고민하게 됐다. 포털 사이트나 소셜미디어 등 웹툰 플랫폼이 큰 성공을 거두면서 2016년부터는 콘텐츠 사업에도 참여하게 된다. 이 시기에 중국 디지털 만화 시장에 대기업의 자본이 유입되기 시작한다. 웹툰을 효율적인 지식재산권Intellectual Property(이하 IP)으로 판단한 중국은 콘텐츠 수입에서 한발 나아가 적극적인 한류 투자자로 나섰다. 그러나 2016년 7월 사드 배치 결정 이후 활발하던 교류가 신기루처럼 사라졌다. 검토 중인 프로젝트는 중단됐고, 계약서에 도장을 찍은 프로젝트도 진전되지 않았다.

2017년에도 상황은 크게 변하지 않았지만, 개별 프로젝트가 조금씩 진행됐다. 여러 사례 중 배틀코믹스의 중국 진출 프로세스는 주목할 만하다. 2015년 인기 게임 〈리그 오브 레전드〉의 IP를 활용한 게임 전문 웹툰 사이트로 시작한 배틀코믹스는 게임 유저들을 유입시켜 탄탄한 트래픽을 확보함으로써 투자에도 성공하는 한편, 월 사용자 100만 명을 돌파하는 웹툰 플랫폼으로도 성장했다. 실제 게임업체 넥슨 출신의 배승익 대표는 2016년 4월 중국 상하이에 지사를 설립하고 중국 현지 진출을 이끌었다. 중국 지사에서는 중국인 직원들을 고용해 중국 독자들에게 호응을 얻을 수 있는 웹툰을 선별하고, 번역과 운영을 포괄적으로 담당했다. 그 결과, 만화 전문매체 텐센트동만에 연재한 〈아주 굉장한 밴드〉(개호주, 이관용)는 2개월 만에 누적 조회 수 1억 뷰를 돌파했다*. 이 전략 속에는 한·중 콘텐츠 공동 개발 및 교류가 중요한 자리를 차지했다.

---

* 〈아주 굉장한 밴드〉의 IP는 향후 애니메이션, 웹 드라마, 방송 프로그램 등으로 활용할 계획이다.

주요 진출국 및 진출 경로

일본, 플랫폼과 에이전시 단위로 진출

디지털 만화로는 한국보다 한발 뒤처진 일본 만화업계는 한국의 디지털화 성공 사례를 참고해 시장 전환에 노력 중이다. 안정적인 콘텐츠 유료 소비 시장을 보유한 일본이지만, 1995년 대형 히트작의 종료 이후 신규 독자 유입이 줄어들어 헤비 유저 중심으로 만화 시장이 유지돼 왔다. 이러한 상황 속에서 코미코, 픽코마 같은 한국계 디지털 만화 서비스들이 기존 만화 독자가 아닌 신규 만화 독자를 유입하며 좋은 성과를 기록했다.

일본의 만화 시장은 빠르게 디지털 시장으로 전환되고 있다. 쇼가쿠칸의 망가원, 슈에이샤의 소년점프+, 고단샤의 매거진포켓, 스퀘어에닉스의 망가업 등 전통적이고 보수적인 일본 만화 출판사뿐만 아니라, 대형 IT회사들도 디지털 만화 시장에 도전적으로 적극 뛰어들고 있는 상황이다. '라인망가'는 메신저 서비스를 운영하는 라인주식회사, '코미코'는 한게임을 서비스하는 NHN의 자회사인 NHN코미코, '픽코마'는 한국의 카카오의 자회사인 카카오재팬, '간마GANMA'는 인터넷 마케팅사인 세프테니홀딩스 산하 코믹스마트, '망가박스'는 인터넷 회사인 DeNA, '망가BANG'은 IT회사인 Amazia가 운영한다. 코미코나 픽코마와 같은 한국계 회사는 한국인 직원들도 많아 다양한 논의를 수월하게 진행할 수 있다. 2017년 현재 네이버, 카카오다음, 레진, 탑툰, 코미코 등이 직접 진출해 있고, 2018년에도 플랫폼이나 에이전시 단위의 일본 진출이 추가적으로 진행될 예정이다.

중국, 서비스 제휴사 통해 만화 콘텐츠 제공

중국 역시 기존의 출판만화에서 디지털 시장으로 빠른 전환을 겪으면서 한국 웹툰 수요가 높게 나타나는 시장이다. 콘텐츠 수입은 물론 공동 개발, 자본 투자에 이르기까지 한국 웹툰 진출이 활발히 진행됐다. 특히 2015~2016년 한국 웹툰 IP를 활용한 다수의 프로젝트는 중국 투자를 전제로 진행됐다. 이후 2016년 하반기부터 2017년까지 계속된 한한령限韓令으로 공식적인 제휴나 투자는 모두 막혀버렸지만, 콘텐츠 수입은 완전히 차단되지 않았다.

2016년 〈왕의 딸로 태어났다고 합니다〉가 중국 만화 전문매체 텐센트동만의 인기 차트에서 28일 연속 유료 매출 1위를 달성했고, 서비스 2개월 만에 2억 뷰를 돌파해 한국 로맨스 판타지 웹툰의 수요를 끌어냈다. 로맨스 판타지물의 인기는 2017년에도 계속되어 〈황제의 외동딸〉이나 〈일진녀 길들이기〉, 〈백투더 하이틴〉 등이 좋은 성과를 냈다.

중국 시장 특성상 한국 만화 플랫폼의 직접 진출보다는 서비스 제휴사를 통한 콘텐츠 제공 방식이 활발히 이루어졌다. 카카오는 다음 웹툰과 카카오페이지웹툰을 2015년 4월부터 QQ닷컴·유야오치·텐센트동만 등의 웹툰 사이트와, 메이란만화·차이나모바일 등의 웹툰 앱, 모바일 콘텐츠 플랫폼인 웨두기지 등에서 서비스하고 있다. 레진도

로맨스 판타지물 〈황제의 외동딸〉과 〈백투더 하이틴〉
출처: 《오후미디어》 (2017. 03. 29), 〈만화 '황제의 외동딸', 중국 안방을 공략하다〉; 스팟툰 웹페이지.

2014년부터 유야오치와 QQ닷컴에 웹툰을 서비스하고 있으며, 케이툰은 2015년부터 차이나모바일의 만화 플랫폼 미구동만에 〈냄새를 보는 소녀〉를 제공한 데 이어, 2017년 콰이칸에도 작품 서비스를 시작했다. 미스터블루는 2016년 중국 선전 지역의 518애니메이션이 운영하는 만화 앱 코믹쿨에 〈러브 컴퍼니〉, 〈좀비무사〉, 〈카운트다운 7시〉 세 개 작품을 서비스하고 있다.

꾸준한 진출이 필요한 북미와 유럽

영어권 웹툰 서비스는 네이버웹툰이 라인웹툰을 출시한 후 미주 지역에 직접 진출함으로써 꾸준히 시장을 확대해나가고 있다. 네이버웹툰이 북미의 대형 코믹북 출판사에 맞서 웹툰 시장을 적극적으로 개척하고 있는 상황이다. DC코믹스와 마블코믹스를 주축으로 하는 북미 웹툰 시장의 경우, 코믹북 출판사가 온라인 만화 포털 코믹솔로지ComiXology의 솔루션을 활용해 만화 앱을 출시해 운영하고 있다. 미국의 앱 개발업체인 코믹솔로지가 기업명과 동명의 앱을 아이패드와 거의 같은 시기에 출시해 이미 많은 독자들을 선점한 상태다.

사실상 북미와 유럽의 만화 시장은 자국만의 독특한 만화 스타일이 존재해 한국 웹툰의 진입이 쉽지 않다. 한국 웹툰이라는 낯선 만화를 북미에 진출시키기 위해 코믹콘 등 대형 콘텐츠 행사에 참여하는가 하면, 마블 히어로의 창시자 스탠 리Stan Lee를 심사위원으로 내세워 '슈퍼히어로 만화 공모전'을 진행하기도 했다.

북미 최초의 한국산 웹툰 포털인 타파스틱tapastic.com을 비롯해 스팟툰spottoon.com, 태피툰tappytoon.com이 각각 2013년, 2015년, 2016년에 서비스를 시작했다. 타파스틱은 론칭 초기에는 한국 웹툰을 기반으로 운영했지만, 현재 로컬화를 완료한 상태다. 태피툰은 한류 팬들을 겨냥해 인기 드라마나 영화의 원작 웹툰을 서비스하는 전략과 함께 여성 독자를 타깃으로 한 여성향 웹툰을 연재해 서비스를 성공적으로 정착시켰다. 이 중 윤태호, 전극진, 고영훈을 비롯한 한국 대표 웹툰 작가들이 출자한 작가조합 투니온의 자회사 롤링스토리에서 운영하는 영어 웹툰 플랫폼 스팟툰의 전략이 주목할 만하다. 스팟툰은 독자적인 웹툰 플랫폼을 운영하며, 이와 동시에 영어권 독자들을 대상으로 한국 웹툰에 대한 독서 경험을 확대하기 위해 허핑턴포스트 영어판에 독자적인 메뉴를 구성, 웹툰을 동시에 연재하고 있다.

북미 지역과 달리 유럽은 디지털 코믹스로의 전환도 늦고, 만화 스타일도 다르다. 프랑스에서는 현지 최대 웹툰 플랫폼 업체인 델리툰을 제외하면 특별한 사례가 없다. 유럽 지역에서도 스마트폰 보급 증가와 모바일 인터넷 접속이 점차 활발해지고 있어, 향후 이들 시장을 지속적으로 모니터링할 필요가 있다.

웹툰은 기본, 다양하게 확산되는 디지털 만화 시장

웹툰의 글로벌 진출은 2017년과 크게 다르지 않을 것으로 보인다. 다만, 콘텐츠를 보유하고 있으나 해외 서비스를 하지 않았던 투믹스 등 일부 플랫폼의 해외 진출이 시도된다는 점이 눈에 띈다. 무엇보다 웹툰을 기본으로 더욱 확장되는 디지털 만화 시장에 주목할 만하다.

현재 디지털 만화 시장은 웹툰과 전자책e-book으로 나뉜다. 네이버 웹툰 서비스의 경우 웹툰, 베스트 도전, 도전만화 서비스가 여기에 해당된다. N스토어에서 판매하고 있는 만화들은 단행본을 전자책 형식으로 바꾼 작품이다.* 웹툰은 요일별로 신작이 연재되고, 스크롤로 구성되어 있으며, 게시판형 뷰어로 쉽게 접근할 수 있다. 전자책은 작품별로 서비스되며, 페이지 기반으로 DRMDigital Right Management(디지털 저작권 관리)이 적용된 별도의 뷰어를 다시 가동시켜 구독한다. 작품의 최적 형태도 웹툰은 이미지 파일이고, 전자책은 e-pub이나 PDF 형태로 제작되어 DRM이 적용된 뷰어로 볼 수 있다. 웹툰은 포털 기반 서비스로 시작되어 전문 플랫폼으로 운영되는 반면, 전자책은 인터넷 서점이나 포털 사이트의 전자책 서비스와 리디북스 같은 전문 플랫폼에서 서비스된다.

---

* URL: http://nstore.naver.com/comic/recommendList.nhn

웹툰과 전자책 만화의 차이점

구분		웹툰	전자책
UX	서비스 형태	요일별 서비스	작품별 서비스
	작품 형태	스크롤	페이지 기반 뷰어
	뷰어	게시판형 뷰어	DRM 적용한 뷰어
작품 형태		이미지 파일	e-pub, PDF
과금 형태		무료, 유료	무료, 유료
서비스 형태		• 포털 기반: 네이버, 다음 • 전문 플랫폼: 레진, 투믹스, 탑툰, 배틀코믹스	• 서점 기반 : 교보, 알라딘 • 포털 기반 : 네이버북스, 카카오페이지 • 전문 플랫폼 : 리디북스

2013년 이후 만화 한류를 주도한 웹툰은 각 국가마다 기존 만화 인프라와 함께 자연스럽게 녹아 들어갔다. 전통적인 만화 강국 일본은 모바일에 적합한 세로 스크롤 방식으로 웹툰을 서비스하기도 하지만(코미코 · 조이), 대부분의 디지털 만화 앱이 페이지 기반의 흑백만화에 최적화된 전자책 서비스(라인망가 · 망가박스 · 망가원 · 소년점프+)로 운영 중이다. 디스플레이의 해상도가 좋아지면서 페이지 기반의 흑백만화도 어렵지 않게 감상할 수 있다.

2017년 일본에서 성공을 거둔 카카오재팬의 픽코마는 90% 이상의 콘텐츠를 페이지 기반의 흑백만화로 채우고, 소수의 큐레이션(curation)된 한국 웹툰을 서비스해 수익을 올리는 형태다. 네이버에서 분사한 네이버웹툰 주식회사는 2017년에는 일본에서 무료 웹툰 서비스인 조이웹툰만 운영했지만, 픽코마의 성공 사례를 벤치마킹해 2018년에는 전자책도 함께 글로벌 서비스를 시도할 예정이다.

대원CI, 학산문화사, 서울문화사 등 전통적인 만화 출판사들은 꾸준히 흑백만화 콘텐츠를 생산해왔고, 이 콘텐츠들은 전자책의 형태로도 서비스되고 있다. 국내에서는 이 시장 규모가 크지 않지만, 일본 만화 시장은 급격히 디지털화되는 과정에서 한국과 달리 페이지 기반의 흑백만화도 디지털화시켜 기존 만화 독자가 아닌 새로운 독자들을 개발해 성공 사례를 만들었다. 한국의 전통적인 만화 출판사들은 출판만화 시장의 주요 협력사인 일본의 대형 출판사들과 보다 적극적인 협조를 통해 자사에서 개발한 전자책 콘텐츠를 일본에 수출할 수 있을 것이다.

많은 글로벌 소셜미디어들이 전자상거래 기능을 강화하는 상황에서, 이들 소셜미디어 내에서 자체적으로 디지털 콘텐츠 판매 기능을 도입할 가능성이 높은 것도 유념해야 한다. 페이스북의 경우 숍 섹션을 통해 물건을 사고팔 수 있는데, 이곳에 웹툰이나 웹소설 같은 디지털 콘텐츠를 판매하는 섹션을 도입한다면, 기존 웹툰 생태계가 크게 흔들릴 수 있다. 개인이나 프로덕션 혹은 에이전시 차원에서 소셜미디어를 활용해 글로벌 웹툰 서비스에 도전하고, 의외의 수익을 올리는 사례도 나올 수 있는 것이다.

기술 혁신에 기반을 둔 만화 한류의 확산

웹툰이 21세기에 만화 한류를 끌어갈 수 있었던 이유는 디지털 시대에 가장 빨리 적응한 만화의 새로운 모델이기 때문이다. 한국은 웹툰이 등장한 이후 만화가들이 스스로 기술 개선에 나섰다. 전통적인 아날로그 작화 대신 디지털 작화가 도입되면서 끊임없는 기술 개선이 이루어진 것이다. 건물의 아웃테리어나 인테리어를 모델링하기 위해 제작한 스케치업을 만화 배경 제작에 활용한 것도 한국의 웹툰 작가들이다.

2017년 한국 웹툰 분야에서 일어난 최첨단 기술 혁신은 가상현실Virtual Reality, VR 웹툰이다. 가상현실 웹툰 시장은 2016년 이탈리아의 스타트업 기업 오니라이드Oniride가 처음 시작했고, 미국의 디지털 만화책 스타트업 기업 메이드파이어Madefire와 일본의 스퀘어에닉스Square Enix도 가상현실 웹툰 서비스를 론칭하거나 연구에 돌입했다.

2017년 한국도 가상현실 웹툰으로 상업 시장에 뛰어들었다. 이를 가장 먼저 선보인 회사는 코믹스브이comixV다. 코믹스브이는 2017년 8월 제20회 부천국제만화축제에 부스를 설치하고, 여러 편의 가상현실 웹툰을 선보였다. 코믹스브이는 360도 파노라마 이미지로 확장된 만화 지면을 기본으로 삼아 가상현실 웹툰에 접근한다는 점에서 기존 만화가들의 진입 장벽을 낮추었고, 모바일 웹과 앱 서비스를 병행해 이용자의 접근성을 강화했다. 주 1회 업데이트를 실시하고 있어 현재 동종 업계 중에서 가장 많은 콘텐츠 수를 확보했다.

같은 해 12월 〈옥수역 귀신〉으로 잘 알려진 호랑 작가의 호랑스튜디오는 가상현실 웹툰 플랫폼 '스피어툰'을 내놓았다. 스피어툰의 경우

글로벌 가상현실 만화(웹툰) 현황 (2018년 2월 기준)

앱 이름(출시연월)	회사	지원 언어	작품 목록	최종 업데이트
코믹스브이 ComixV (2017년 8월)	Comixv	한국어, 영어	총 12개 작품 40개 에피소드	2018년 2월
스피어툰 SphereToon (2017년 12월)	Studio HORANG	한국어, 영어	총 5개 작품 6개 에피소드	2018년 1월
메이드파이어 Madefire (2016년 10월)	Madefire	영어	총 1개 작품 3개 에피소드	2018년 1월
마그네티크 Magnetique (2016년 9월)	Oniride	영어, 한국어, 이탈리아어	총 1개 작품 2개 에피소드	2016년 12월
샐비지드 Salvaged (2016년 11월)	Opposable VR	영어	총 1개 작품 3개 에피소드	2016년 12월

별도의 제작 도구를 개발해 이를 작가들에게 공개한 덕에 가상현실 웹툰 시장에 대한 작가들의 접근을 수월하게 해주었다. 코믹스브이나 호랑스튜디오 모두 해외 가상현실 웹툰 기업들처럼 작품 제작 방식에 있어 혁신적인 진전을 보였다.

　이처럼 한국의 가상현실 웹툰 기업들은 가상현실을 이벤트용이 아닌 차세대 미디어로 간주해 콘텐츠 생태계 구축에 앞장서고 있다. 웹툰으로 디지털 만화를 선도했던 한국이 가상현실 플랫폼에서도 디지털 만화를 이끌 가능성이 높은 이유다.

3 | 분야별 한류 동향

_ 4대 소비재·서비스 산업과 콘텐츠 기업 분석

패션 한류

뷰티 한류

음식 한류

관광 한류

콘텐츠 기업 분석

패션
한류

차이나 플러스와 커뮤니티형 플랫폼 속에서
재도약을 꿈꾸다

한국패션협회 사업2부 부장 **신희진**

2017
HALLYU
WHITE
PAPER

패션 한류 현황

'한류 패션'에서 '패션 한류'로

초기의 '한류 패션'은 한류 스타에게서 영향을 받은 패션, 혹은 한류 마케팅을 활용한 패션 제품 등으로 인식됐다. 현재는 과거와 양상이 달라져, '전 세계 젊은이들이 선호하는 신한류의 이미지, 그와 함께 소비될 수 있는 한국의 패션'이라는 '패션 한류'의 확장된 의미로 재정의되어 발전을 이어나가고 있다. '신한류 이미지'라 함은, '동시대적으로 통용되는 젊은 감각의 세련된 패션'뿐만 아니라 '한국적 감성을 담은 것'이라고 정의 내릴 수 있다.

2017년은 이렇듯 젊고 세련된 이미지의 패션 한류가 글로벌 브랜드들에게도 큰 영향을 미치고 있음을 방증하는 해였다. 루이비통의 〈비행하라, 항해하라, 여행하라〉, 샤넬의 〈마드모아젤 프리베〉, 까르띠에의 〈하이라이트〉 등 세계적인 럭셔리 브랜드들이 이 같은 제목을 내걸고 서울에서 대규모 전시회를 열었다. 글로벌 브랜드들이 서울을 테스트 베드Test Bed로 활용하는 까닭은 한국 소비자가 매우 섬세하고 까다로운 취향을 가지고 있기 때문이다. 이러한 특성을 지닌 소비자들은 새로운 트렌드 및 제품 모델을 실험하기 적합하며, 소셜 네트워크 서비스SNS 활동이 활발해 '온라인 입소문 효과'도 얻을 수 있다는 장점이 있다.

동남아시아 · 파리 · 미국까지, 진격의 패션 한류

　패션 한류의 2017년도 해외 진출 평가는 중국 시장 '먹구름', 중국 외 시장 '맑음'이다. 2016년부터 시작된 중국과의 '사드 갈등'은 2017년 하반기 한 · 중 관계 회복이 있기 전까지 한국 패션의 해외 진출에 큰 어려움을 끼쳤다. 롯데쇼핑(백화점 · 아웃렛 · 마트 포함)의 경우 2017년도 3분기 매출은 7조 1,176억 원으로 전년 대비 6% 역신장, 누계 매출 실적은 21조 999억 원으로 4% 하락이라는 매우 저조한 성적을 냈다. 이뿐만 아니라 중국 관광객 감소에 따른 면세점과 백화점의 매출 감소가 이어졌으며, 유커들의 단체 관광 실종으로 활기를 잃은 명동 및 동대문 상권 매출은 참담했다. 특히 중국 내 온라인 직구몰의 한류 스타 배너광고 게재 불가 조치는 트래픽이 생명인 온라인 플랫폼에 매출 하락이라는 직격탄을 날렸으며, 드라마 PPL 광고에 한국 제품 방영 불가 조치 또한 패션 한류에 직간접적으로 부정적 영향을 미쳤다.

　중국과 좋지 않은 상황은 국내 기업들이 글로벌 진출 전략을 수정하게 하는 계기가 됐다. 세계 최대 소비 시장인 중국을 외면할 수 없기에 직접 진출보다는 중국 현지 유력 기업에 사업권을 매각해 기업을 키우고, 중국 시장에서의 성장을 발판으로 동남아 시장으로 진출하겠다는 '차이나 플러스' 전략에 집중하게 됐다. 실제 중국 진출에 있어 업계에서 성공 신화로 불리던 이랜드는 간판 브랜드인 '티니위니'를 중국 기업에 매각했으며, '온앤온', '더블유닷', '샤틴' 등의 브랜드도 매각을 진행했다.

　한편, 올해 패션 한류, K-패션은 중국을 넘어 아시아 국가에서 인기몰이에 성공을 거뒀다. 우선, 아시아 패션의 성지로 꼽히는 일본에서 한국 패션 스타일이 10~20대 일본 소비자들이 열광하는 콘텐츠 중 하나로 자리매김했다. 2016년 1월부터 2017년 6월까지 구글재팬 트렌드를 분석해본 결과, 패션 연관 검색어 중 '한국 패션'이 검색 순위 9위를 차지했다. 이런 흐름을 타고 한국의 개인 온라인 쇼핑몰들이 속속 일본어 사이트를 열고 있다.

또한 한국의 패션 기업들은 베트남, 인도네시아, 필리핀, 싱가포르 등 주요 동남아시아 국가에 연이어 진출하고 있다. LF의 '헤지스'는 2017년 11월 베트남 하노이 롯데 백화점에 동남아 1호점을 오픈했으며, 오는 2020년까지 다이아몬드 백화점, 다카시마야 백화점 등 고급 유통망을 중심으로 총 15개점 오픈을 목표로 하고 있다. 베트남 패션 시장은 한류 열풍의 진원지로서 인구가 1억 명에 육박하는 거대한 내수 시장을 보유하고 있고, 과거 프랑스 문화의 영향을 받아 상류층을 중심으로 명품 선호도가 높은 편이다. 이에 맞춰 고급화 전략을 추진하고 있

베트남 롯데 백화점 하노이점 1층에 신규 개점한 헤지스 플래그십 매장
출처: 《매일경제》(2017. 11. 27), 〈LF 헤지스, 국내 캐주얼 브랜드 최초 베트남 진출〉.

는 헤지스가 앞으로 동남아 시장에서 패션 한류 진출의 교두보 역할을 하리라 기대하고 있다.

나아가 K-패션은 패션의 본고장 프랑스 파리에까지 당당하게 입성했다. 120년 역사를 지닌 프랑스 라파예트$_{\text{La Fayette}}$ 백화점에 '시스템'과 '시스템옴므'를 입점시킨 '한섬', 세계 패션 트렌드의 진원지라 불리는 파리의 편집숍 콜레트$_{\text{Colette}}$와 마레 지구에 팝업스토어를 오픈한 'LF' 등이 글로벌 시장의 문을 두드리며 패션 한류의 입지를 다져 나가고 있다. '비욘드클로젯'의 디자이너 고태용 또한 파리 편집숍 콜레트에서 캡슐 컬렉션 '마이 비 리그$_{\text{MY B LEAGUE}}$'를 선보였다. 파리 현지에서 얻은 큰 인기에 힘입어 국내에서도 플래그십 스토어와 온라인몰에서 상품을 판매해 큰 주목을 받는 등 괄목할 만한 성과를 내고 있다.

패션 한류 핫이슈

사드 갈등 극복하고 '차이나 플러스'로 전략 수정

중국 해외여행객들의 글로벌 쇼핑 액수가 2020년에 4,220억 달러(약 464조 2,000억 원)에 육박할 것이라는 전망과 함께, 중국 해외여행 인구가 2014년 1억 1,700만 명에서 2020년 2억 3,400만 명으로 두 배 가량 증가할 것이라는 예측을 중국 핑 비즈니스 인텔리전스 센터FBIC와 차이나 럭셔리 어드바이저스CLA가 내놓은 바 있다. 이러한 중국인들의 움직임은 국내에도 마찬가지로 적용되면서, 국내 유통망에서 중국 여행객 요우커遊客의 중요성과 의존도가 지속적으로 강조되고 증가하는 추세였다. 그러다 지난 2015년 상반기 메르스 사태로 한국행 요우커의 감소와 더불어 여행 및 쇼핑 경비 감소는 국내 브랜드와 유통 업체의 매출 부진을 야기했다. 요우커의 쇼핑 경비 감소의 이유로는 그들 중 20대, 즉 '주링허우九零後(1990년 이후 태어난 세대)'의 비중이 증가했기 때문이라고 분석한다. 이들은 중저가 화장품 브랜드나 트렌디 상품을 보다 저렴하게 구입할 수 있는 온라인·스트리트 숍 등을 주로 이용하고, 쇼핑보다 맛집 탐방을 선호하는 등 과거 요우커들과 다른 구매 패턴을 띤다.

더욱이 2016년부터 시작된 사드 갈등으로 야기된 한한령은 그동안 중국에 크게 의존하던 한국 패션 시장에 많은 어려움을 가져왔다. 이후 중국과의 관계는 롤러코스터를 탄 것 같이 연일 예측할 수 없는 변수가 계속되고 있다. 2017년 말 한·중 정상회담을 앞두고 열린, 11월 11일 중국판 '블랙 프라이데이' 광군제를 시작으로 해빙 모드가 조성되는 듯보였다. 예컨대, 광군제를 앞두고 한국 제품의 온라인 광고에 전지현 등 한류 스타가 다시 등장했으며, 일찍이 중국 시장에 진출해 위상을 떨치던 이랜드는 광군제 기간 4억 5,600만 위안(약 775억 원)의 깜짝 매출을 달성했다. 그러나 한·중 정상회담 이후 이뤄질 거라 기대했던 중국 단체관광 재개에 대한 답을 아직까지 얻지 못하고 있어, 관련 기업들이 중국 시장에 대한 의존도를 낮추는 방안이 절대적으로 필요함을 재인식하는 계기가 됐다.

이에 한국 패션 기업들은 그동안 고수하던 직접 진출 방식 대신 라이선스 진출, M&A 등의 비즈니스 전략 변화를 꾀하고 있다. 코오롱인더스트리 FnC 부문의 경우, 지난 2월 코오롱인더스트리와 코오롱, 안타 등 3개 사가 합작사를 설립하고 '중국 코오롱스포츠법인Kolon Sport China Holdings Limited'을 내세워 본격적인 중국 진출 비즈니스를 펼치고 있다.

업계는 중국을 중심으로 일본, 인도네시아, 말레이시아 등 아세안 시장으로의 진출을 주 내용으로 하는 '차이나 플러스 전략'에 집중하고 있다. 2016년 아세안 패션의류 시장 규모는 424억 달러(46조 6,400억 원)로 전년 대비 4.2% 성장했으며, 2020년까지 연평균 7.2%씩 성장할 것으로 예상한다. 특히 인도네시아는 2016년 기준 시장 규모 110억 달러(약 12조 1,000억 원)로 아세안 내 최대 패션의류 시장으로 꼽히고 있는데, 글로벌 시장 분석기관 유로모니터euromonitor에 따르면 2018년부터는 필리핀이 인도네시아를 제치고 아세안 내 최대 시장으로 부상할 것으로 내다보았다.

아세안 시장은 현재 전자상거래 시스템이 매우 빠른 속도로 확대되고 있기에 시장 개척에 앞서 온라인 및 모바일 플랫폼을 활용한 진출 방안을 고민해야 한다. 구글Google과 테마섹Temasek의 공동 연구에 따르면, 2025년까지 아세안 지역의 전자상거래 시장 규모를 878억 달러(96조 5,800억 원), 연평균 32% 성장할 것으로 전망하고 있다. 2016년 아세안 지역 패션의류 온라인 시장 규모는 16억 달러(1조 7,600억 원)로 2012년부터 연평균 25%가량 빠르게 성장하고 있기 때문이다.

온라인 플랫폼을 활용한 아세안 시장 진출 성과는 정부 지원 프로젝트에서도 찾아볼 수 있다. 지난 2016년 8월, 한국패션협회와 코트라가 2개월간 추진한 온라인 쇼핑몰 '자로라Zalora'* 내 한국 패션 브랜드 전용 사이트 운영이 그것이다. 이 기간 동안 싱가포르 · 대만 · 홍콩 등

아세안 주요 국가의 패션의류 온라인 시장 규모 추이

(단위: 백만 달러, %)

구분	2012년		2016년		2012~2016 연평균 성장률
	패션의류 온라인 시장 규모	전체 패션의류 유통 시장에서 차지하는 비중	패션의류 온라인 시장 규모	전체 패션의류 유통 시장에서 차지하는 비중	
인도네시아	32	0.3	463	4.2	95.1
필리핀	76	0.9	166	1.7	21.5
태국	63	0.8	101	1.2	12.5
말레이시아	146	2.2	180	2.8	5.4
싱가포르	212	6.6	245	8.3	3.7
베트남	117	4.6	421	11.1	37.7
합계	646	1.6	1,576	3.7	25.0

출처: KOTRA (2017). 「우리나라 5대 유망 소비재의 아세안 내 시장 동향」. 원자료: 유로모니터.

---

* 자로라(Zalora)는 2012년 독일 IT 투자기업 로켓인터넷의 온라인 패션 사업 부문인 GFG에 의해 설립된 동남아 지역 최대 인기 패션의류 쇼핑몰로, 현재 싱가포르·인도네시아·말레이시아·브루나이·필리핀·태국·베트남·홍콩에서 온라인 쇼핑몰을 운영하고 있다.

자로라 팝업 이미지 'Premium Korean Fashion'
출처: 《한국패션협회》 (2016). 「자로라 Premium Korean Fashion 진출 성과 보고서」.

3개 도시에서는 사이트 운영과 함께 오프라인 행사로 팝업 스토어를 동시에 운영해 시너지 효과를 냈다. 이는 한국 패션 디자이너의 프리미엄 브랜드를 아세안 시장에 진출시키는 플랫폼으로의 역할을 기대하게 만든 프로젝트로 평가된다.

K-패션의 아세안 시장 대상 수출은 지속적으로 성장할 것으로 전망하고 있다. 현재 한국은 아세안 패션 의류 수입 대상국 중 3위, 시장 점유율은 5.2%를 차지하고 있다. 2017년 5월 누계 기준, 한국의 대(對)아세안 패션의류 수출 규모는 3억 4,000달러(3,740억 원)로 전년 동기 대비 10.9% 증가한 지표를 통해서도 앞으로의 성장세를 확인할 수 있다.

　　2017년에는 한국 패션 기업의 아세안 지역 오프라인 매장 진출도 활발히 이뤄졌다. 패션 멀티숍 유통 채널인 에이랜드 ALAND는 태국 방콕의 대표 쇼핑몰 시암 센터 2층에 태국점을 오픈했다. 여기에 입점한 브랜드 참스, 에드, 오아이오아이 O!Oi 등 K-패션의 대표 브랜드가 태국 현지인들의 눈길을 사로잡고 있다. 유아 패션용품 선도 기업 아가방앤컴퍼니는 자사 프리미엄 브랜드 '에뜨와'와 디자이너 편집 브랜드 '타이니플렉스'를 말레이시아 초대형 쇼핑몰 로빈슨 백화점에 입점시켰다. 유수의 글로벌 브랜드 사이에서 입점 경쟁을 뚫고 로빈슨 백화점에 러브콜을 받은 아가방앤컴퍼니는 이를 시작으로 본격적인 동남아 시장 확장에 나설 예정이다.

아세안의 주요 의류 수입 대상국(2016년 기준)　　　　　　　　　　　(단위: 백만 달러, %)

순위	국가	수입 규모	비중	순위	국가	수입 규모	비중
1	중국	6,957	52.7	7	방글라데시	425	3.2
2	베트남	721	5.5	8	말레이시아	522	3.2
3	한국	686	5.2	9	태국	303	2.3
4	인도네시아	489	3.7	10	인도	274	2.1
5	이탈리아	472	3.6		아세안 역내	2,384	18.1
6	홍콩(중국)	470	3.6		전체	13,194	100.0

출처: KOTRA (2017). 「우리나라 5대 유망 소비재의 아세안 내 시장동향」. 원자료: Trademap.

또한 최근 세계 패션의류 수입 시장이 신흥국을 중심으로 성장하고 있는 가운데, 한국 패션의류 수출도 신흥국에게 상대적으로 호조를 띠고 있다. 한국의 패션의류 수출은 2005년에는 미국·일본 등 선진국 비중이 컸으나, 이후 선진국 비중은 감소하고 중국·베트남 등 신흥국 비중이 증가하고 있는 추세이다.

한국의 5대 의류 수출 대상국 (단위: %)

2005	2010	2015	2016. 1~3.
미국(45.2)	일본	베트남	일본(23.6)
일본(18.0)	중국	중국	중국(20.0)
중국(14.1)	미국	일본	베트남(15.6)
독일(1.9)	베트남	미국	미국(13.4)
베트남(1.9)	인도네시아	인도네시아	인도네시아(4.0)

주: 1) ( )안은 전체 수출 대비 해당 국가 비중 / 2) MTI 코드 441(의류) 기준
출처: 한국무역협회

수출 대상국별 의류 수출 증가율 (단위: %)

구분	2013	2014	2015	2016.1~3
전체	11.3	6.1	△4.5	△3.5
미국	10.0	1.6	△1.0	△1.3
일본	△2.1	11.0	△13.3	△2.7
중국	9.5	△3.6	2.1	△1.3
베트남	49.2	25.8	6.2	3.1

주: MTI 코드 441(의류) 기준
출처: 한국무역협회

대기업의 해외 진출 러시, 디자이너 브랜드와의 협업 필요

2017년에는 패션 대기업들의 해외 진출 주력 소식이 많이 들렸다. FnC코오롱은 밀레니얼Millennials 세대를 공략한 온라인 전용 브랜드 '레그나 엑스Regna X'를 론칭해 미국 온라인 유통업체 아마존에 입점 판매 중이다.

삼성물산 패션부문의 '구호KUHO', '준지JUUN.J', '노나곤NONA9ON' 등도 브랜드 글로벌화에 많은 성과를 거뒀다. 남성복 브랜드 준지는 현재 파리 라파예트, 런던 해러즈Harrods, 뉴욕 니만마커스Neiman Marcus, 밀라노 라리나센테La Rinascente 등 30개국 100여 개 백화점 매장에서 남성복에 이어 여성복 및 커머셜 라인까지 확장해 판매하고 있다. 2011년 삼성물산과의 인수합병으로 대기업과 디자이너 간 성공적인 M&A 사례로 평

신세계백화점 편집숍 '분더샵'의 2017년 F/W(가을/겨울) 컬렉션
출처: 신세계백화점

가되는 브랜드 준지는, K-패션이 글로벌 경쟁력을 갖추고 세계적인 브랜드가 되기 위해서는 기업의 자본력과 디자이너의 독창적인 디자인 역량, 그리고 글로벌 스탠더드에 맞춘 홍보 마케팅이 더해져야 함을 직접적으로 보여주고 있다.

신세계백화점의 대표 편집숍 '분더샵BOONTHESHOP'은 지난 9월, 글로벌 최대 패션 시장 뉴욕에 진출했다. 영국의 해러즈, 프랑스 봉 마르셰Bon Marché와 함께 고급 백화점의 대명사로 불리는 '바니스Barneys 뉴욕' 백화점에 정식 입점하게 됐다. 분더샵은 이곳에서 직접 기획한 모피, 캐시미어, 향수 등 200여 종의 상품을 선보인다. K-패션을 앞세워 K-라이프스타일까지 전파하는 국가대표 패션 기업으로 성장하겠다는 포부를 지닌 분더샵이, 앞으로 우수한 한국 패션 디자이너 브랜드를 분더샵의 키 콘텐츠로 활용한다면 새로운 패션 한류의 역사를 이끌 수 있으리라 본다.

주요 진출국 및 진출 경로

크로스보더 무역과 월드스타 디자이너 육성

패션 한류의 본격적인 해외 진출은 1997년 외환위기 이후로, 지속적인 성장과 생존을 목적으로 세계 시장에 나섰다. 초창기에 진출한 선두주자들의 가시적인 성과와 한류 열풍에 힘입어 최근 4~5년 전부터 한국 패션 브랜드들이 적극적으로 진출에 나서고 있다. 그 결과, 현재 디자이너 브랜드와 소규모 브랜드까지 포함하면 약 300여 개의 한국 브랜드가 세계 패션 시장에 진출한 것으로 추정된다. 특히 최근 들어 전 세계적으로 온라인·모바일 시장을 중심으로 한 크로스보더cross-border(국경을 넘는) 무역이 활성화됨에 따라 해외 진출 브랜드는 앞으로 계속 증가할 것으로 예측하고 있다.

국가별로 구분하면, 중국에는 이랜드·삼성물산 패션부문·신성통상·더베이직하우스·보끄레머천다이징·한세엠케이·스타일난다·위비스·아이올리·대현·지엔코·아가방앤컴퍼니·아비스타·데코네이션 등 내셔널 브랜드들이 중심으로 진출해 있다. 유럽 시장에는 솔리드옴므·준지·데무 박춘무·최복호·이상봉 등이, 미국 시장에는 손정완·구호·준지·데무 박춘무·제이에스티나 등이 진출해 있다.

한국패션협회가 추진 중인 '월드스타 디자이너 육성 프로젝트'를 통해 2017년에 선정된 디자이너의 경우, 총 37개 국가, 39개 지역에 진

2017년도 월드스타 디자이너 육성 프로젝트 선정 50명 해외 진출 현황

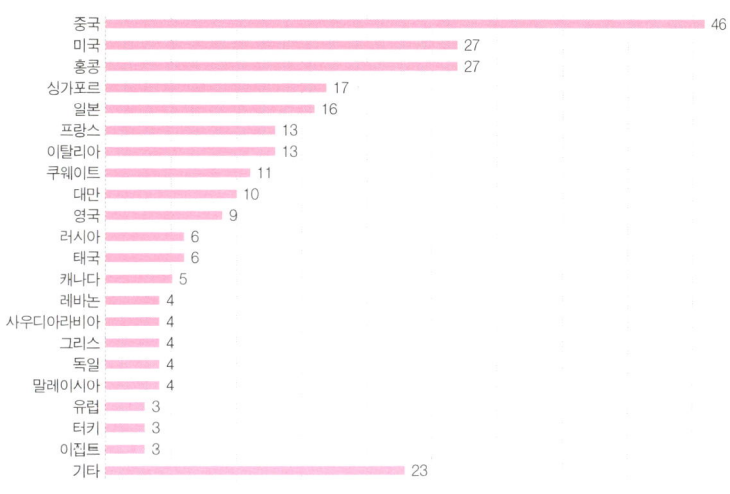

출처: 한국패션협회 (2017), 「2017년도 월드스타 디자이너 육성 프로젝트 성과 분석 보고서」

출한 것으로 분석됐다. 이들은 대부분 중국 진출을 기반에 두고 유럽, 아시아-태평양, 중동, 미주 지역 순으로 진출한 것으로 조사됐다.

글로벌 전자상거래 플랫폼 '카페24'의 자사 글로벌 물류 서비스를 이용하고 있는 국내 역직구 쇼핑몰들의 배송 데이터를 분석한 결과를 통해, 패션 한류의 진출 지역을 대략적으로나마 가늠해볼 수 있다. K-스타일 상품을 구매한 해외 고객의 국가는 총 75개국으로 유럽이 35개국(46.6%)으로 가장 높았으며, 아시아 17개국(22.6%), 중동 9개국(12%), 남미 4개국(5.3%), 북미 2개국(2.6%), 오세아니아 2개국(2.6%), 아프리카 2개국(2.6%) 순이었다. 그 외 미국 자치령 푸에르토리코, 영국 자치령 버뮤다, 네덜란드 왕국 자치국 아루바 등 패션 한류와 상관없을 것 같은 지역에 거주하는 해외 고객들도 국내 역직구 쇼핑몰에서 K-스타일 상품을 구매한 것으로 나타났다. 쇼핑몰에서 지난 3년간 K-스타일 상품을 가장 많이 구매한 국가는 일본이었으며, 중국·미국·대만·

호주·캐나다·홍콩·영국·싱가포르·뉴질랜드가 뒤를 이어 구매량 상위 10위권을 형성했다.

'기업+디자이너' 연합형 진출 유형에 주목

국내 패션 기업의 글로벌 진출은 기업 통합 확장형, 기업+디자이너 연합형, 디자이너 브랜드형, 글로벌 내수화형, 실리추구 전문기업형으로 나누어볼 수 있다. 진출 초기에는 국내 내수 시장을 기반으로 성장한 패션 중소기업들이 지금까지 쌓아온 노하우를 바탕으로 글로벌 시장

국내 패션 기업의 글로벌 진출 유형별 분석

순위	특성	강점	약점
기업 통합 확장형 (이랜드, 삼성물산 등)	대기업, 중견 기업들의 다양한 영역 확장의 일부로 글로벌 진출	각 부문의 공동 공략으로 상대적으로 빠르게 해외 시장 진입 가능	브랜드별 차별화 요소의 부족
기업+디자이너 연합형 (준지, SJYP 등)	디자이너 브랜드를 기업에서 M&A	차별화된 아이덴티티와 자본의 결합	M&A 후 아이덴티티와 디자인 품질의 지속 유지 어려움
디자이너 브랜드형 (우영미, 데무 박춘무 등)	디자이너의 아이덴티티를 기반으로 진출	디자이너 브랜드만의 독창성과 가치	자본력, 조직력의 한계
글로벌 내수화형 (지센, 버커루 등)	내수에서 축적된 프로세스와 기반을 글로벌 시장에 이식하고자 함	축적된 의류 제품에 대한 노하우	내수와 다른 시스템의 시장 적응력 부족
실리추구 전문기업형 (스타일난다 등)	직접 진출, 라이선스, 합작 등 형태와 관계없이 가장 효과적인 방법으로 진출 선택	특정 부문에 대한 강력한 경쟁력	글로벌 관리 및 통제 어려움. 브랜드 이미지 유지를 위한 별도의 방법이 필요

출처: 한국패션협회 (2015). 「2035 한국 패션 산업 발전 전략」.

으로 확장하고자 하는 글로벌 내수화형이 많은 비중을 차지했다. 하지만 글로벌 시장의 운영 방식이 국내 시장과 다르고 글로벌 빅브랜드들의 경쟁이 심화되면서 점차 진출 방식이 다각화되고 있다. 그중에서도 기업의 자본과 디자이너의 독창성이 결합한 기업+디자이너 연합형이 경쟁력 부문에서 주목받기에 앞으로 지향해야 할 비즈니스 모델이라는 견해가 부각되고 있다. 그밖에 온라인·모바일 쇼핑몰을 중심으로 해외 직접 진출 또는 해외 직구 시장을 공략하는 소호형 브랜드 진출 전략에도 집중할 필요가 있다.

홀세일 비즈니스와 커뮤니티형 플랫폼의 중요성

패션 브랜드의 해외 진출 방식은 기업 규모, 비즈니스 전략에 따라 다양한 방식이 있지만 크게 직접 진출, 라이선스 진출, 홀세일 wholesale(도매) 진출, 온라인 진출로 구분된다. 최근에는 해외 진출에 따른 초기 투자 리스크 최소화를 위해 세일즈랩 Sales Representative 및 전시회 등을 통한 홀세일 비즈니스와 온라인 플랫폼을 통한 진출을 많이 활용하고 있다. 특히 세일즈랩을 통한 홀세일 비즈니스는 글로벌 패션 도시에 위치한 쇼룸을 통해 다양한 디자이너의 컬렉션을 바이어에게 소개하는 비즈니스 모델로, 브랜드 콘셉트에 맞는 적절한 쇼룸을 선정하는 것이 중요하다. 디자이너 브랜드와 소기업 브랜드들이 활용하고 있는 방식이다.

온라인 및 모바일 패션 시장의 확장으로 이에 대한 중요성은 날로 커지고 있다. 네이버의 스타일윈도우, SK플래닛의 시럽 스타일, 네이버의 라인샵, 카카오의 메이커스 등의 플랫폼들은 온라인과 오프라인 매장을 자연스럽게 연결하면서 온·오프 채널 간의 통합이 가속화됐다. 특히 2017년은 이커머스electronic commerce 시장을 주도하는 '커뮤니티형 플랫폼'에 주목한 한 해였다. 가장 주목받은 업체인 '무신사musinsa', '임블리imvely', '서울스토어seoulstore' 등은 커뮤니티형 플랫폼으로, '가장 많이, 가장 싸게'로 수렴되던 전통적인 유통 패러다임에서 벗어나 소비자가 즐길 수 있는 다양한 콘텐츠를 제공한다는 특징을 가지고 있다. 이들 업체는 커뮤니티, SNS, 인플루언서Influence 등 소비자들이 활동하는 일종의 놀이터를 토양 삼아 성장했다. 소비자들이 놀이터 안의 콘텐츠를 자유롭게 즐기면서 쇼핑할 수 있도록 환경을 조성한 것이 성장의 디딤돌이 됐다.

중국 온라인 패션 시장은 폭발적인 거래 성장을 거듭하며 2013년에 고점을 찍은 뒤 성숙기에 접어들었다. 지난 5년간 '티몰tmall.com 대 징동jd.com, 기타 나머지 업체' 구도가 고착화되면서, 기타 업체들은 2강 쇼핑몰에 대항하기 위해 한두 개의 카테고리 제품만 전문적으로 판매하는 쇼핑몰의 형태로 시장 점유율을 높여가고 있다. 새로운 형태의 온라인 패션 플랫폼들도 등장하고 있는데, 최근 미국에서 유학한 젊은 CEO들이 중국으로 돌아와 혁신적인 플랫폼을 개발하는 사례가 많아졌다. 대표적 사례가 커뮤니티형 플랫폼인 샤오홍슈小红书, RED이다.

중국의 젊은 소비자들이 해외 상품을 구매할 때 1순위로 찾는 애플리케이션 '샤오홍슈'는 SNS와 이커머스의 특성을 더한 중국 최대의 커뮤니티형 플랫폼이다. 사용자 창작 콘텐츠User Generated Contents, UGC 기반의 플랫폼으로 이미 7,500만 명 이상의 회원을 확보했으며, 이곳의 회원들은 하루 평균 3만 개에 달하는 양질의 콘텐츠를 자발적으로 업로드하고 있다. 특히, 인스타그램처럼 팔로우를 맺어 관심 있는 유저의 콘텐츠를 수시로 확인할 수 있는 시스템은 SNS에 익숙한 젊은 회원들의 적극적인 참여를 이끌어내고 있다. 이들이 생산하는 풍부한 콘텐츠는 곧 매출과 직결된다. 사용자와 콘텐츠가 크게 늘면서 지난해 6,500억 원이던 매출은 폭발적으로 증가해 올해 2조 원에 달할 전망이며, 국내에서도 이미 앤더슨벨, 인디브랜드, 아모레 등이 입점해 상당한 성과를 얻고 있다.

한국패션협회는 보다 많은 한국의 패션 브랜드가 샤오홍슈를 통해 중국에 진출할 수 있도록 지난 12월 1일에 전략제휴MOU를 맺었다. 체결식에 참여한 샤오홍슈의 CEO 마원차오는 '중국 시장에 글로벌 브랜드가 진출하기 위해선, 우선 자사의 브랜드 스토리를 잘 알릴 수 있어야 하며 제품과 관련한 콘텐츠가 풍부해야 성공할 수 있다. 앞으로 한국의 우수한 브랜드들이 스토리텔링을 통해 샤오홍슈의 유저들과 소통하며 플랫폼 내에서 성장할 수 있기를 바란다'고 언급했다. 제품에 대한 고객들의 솔직한 후기와 세련된 콘텐츠를 통해 많은 브랜드들이 '무無 광고, 무 마케팅'으로 성과를 거두며 그 시장성을 증명하고 있는 샤오홍슈에서 앞으로 더 많은 한국 브랜드가 중국 소비자에게 이름을 알릴 것으로 기대한다.

한국패션협회-샤오홍슈 전략제휴 체결식
출처: 한국패션협회 홈페이지, URL: www.koreafashion.org

2018 패션 한류 전망

4차 산업혁명 시대, '취향 소비'를 반영한 접근법 필요

4차 산업혁명이라는 시대적 이슈와 함께 패션 산업 또한 대변혁기를 맞이하고 있다. 그 변화의 흐름은 2018년부터 조금씩 가시화될 것으로 보인다. 특히 디자인 감성 산업으로 꼽히던 패션 산업이 데이터에 기반을 둔 플랫폼 혁신 산업으로 재정의되고 있으며, 그에 따른 소비·유통·스타일 트렌드가 변화하고 있음을 감지할 수 있다.

소비자의 측면에서 바라본 패션 산업의 향후 방향은, 경제적 관점에서는 가격 경쟁력을 갖추면서도 사회적 관점에서는 개성을 추구해 그 개성을 타인에게 과시하고 인정받을 수 있도록, 즉 경제적·사회적 균형감을 어떻게 유지시켜 주는가가 관건이다. 소비자들이 자신이 지향하는 가치를 포기하지 않는 대신 가격이나 만족도 등을 세밀히 따져 소비하는 '가치 소비'를 넘어, 유행을 따르지 않고 자신의 성향에 집중하는 '취향 소비'가 늘어나면서 패션 산업의 방향성도 차츰 바뀌고 있다. 이에 발맞춰 패션, 뷰티, 가구를 비롯한 여러 분야에서 소비자 개인의 취향을 존중해 제품을 제공하거나 서비스하는 개인별 맞춤 비즈니스가 활성화되고 있다. 이는 국내뿐 아니라 글로벌 시장에서도 예측되는 현상으로, 패션 한류의 비즈니스 전략 모색에 있어서 고려해야 할 사항이다.

요컨대, 인공지능·3D프린팅·로봇·가상현실·IoT 등 4차 산업혁명으로 탄생한 혁신적인 기술이 패션 산업과 융합되면서, 패션 디자인·기획·생산·마케팅·유통 전반에 걸쳐 산업 생태계 변화가 예상되기에, 취향 소비처럼 주위의 유행이나 대세와 무관하게 본인만의 패션 차별화를 추구하는 전략형 소비자 증가에 따른 고객의 취향을 저격할 수 있는 새로운 상품 기획이 필요하다.

디지털 혁신을 활용한 패션 유통 및 소비 활성화

뷰티 산업 전반에서 괄목할 만한 성과를 이끌어낸 한류 파급 효과는, 그러나 패션 산업에서는 기대만큼 영향을 끼치지 못하고 있다. 한국 인플루언서들의 SNS 및 MCN multi channel network (다중채널네트워크) 활동을 통한 동북아시아 및 메인 스트림 마켓의 영향력 확보는 K-팝, K-뷰티 및 부티크형 레스토랑 시장을 통해 입증된 바 있으나, 패션 분야에서는 아직까지 큰 파급력을 미치지 못하고 있다. 그러나 패션 산업의 경우, 신기술을 고객의 요구와 연결시키는 데에 타 산업 분야보다 앞서 있고, 특정 상품 또는 기술이 가지고 있는 기능적인 부분과 타깃 고객층 사이의 연관성이 타 산업에 비해 월등하기에 패션 한류에 대한 기대와 지원이 계속적으로 이루어진다면 앞으로 큰 성과를 기대해도 좋을 것이다.

다만 변화하고 있는 패러다임에 따른 접근 방식의 혁신이 필요하다. 점점 대량 생산, 천편일률적 스타일의 온라인 브랜드나 SPA 브랜드에 싫증을 느낀 소비자들이 남들과 다른 나만의 개성이 묻어나는 스타일을 찾고 있다. 이런 소비자의 취향을 저격할 수 있는 방법으로 데이터와 예측 알고리즘 등의 4차 산업혁명의 기술을 활용할 수 있는 방법을 강구해야 할 것이다.

　이미 미국에서는 데이터 기반 플랫폼 산업이 패션 산업에 지대한 영향을 주고 있으며, 미국을 중심으로 해당 산업이 전 세계로 확산되고 있다. 지난 2017년 4월, 미국 특허국에 의해 아마존사의 온디맨드 의류 생산 공정on-demand apparel manufacturing 시스템의 특허 신청이 공식 승인되었다. 이번 특허 신청의 성공적인 결과는, 세계 최대 전자 상거래 업체인 아마존이 패션 업계의 핵심 기업으로도 부상하는 계기가 됐다. 주어진 주문에 따라 다양한 텍스타일 상품이 온디맨드 생산 공정에 의해 프린트, 재단, 조립되고 나면, 상품들은 자동화된 시스템을 따라 품질 검수 과정Quality Inspection을 거치게 되고, 전자동 상업 시스템에 따라 사진으로 기록되며, 마지막으로 고객에게 직접 배송된다. 고객에게 배송되는 제품 외에도, 경우에 따라 재고 관리 혹은 오프라인 스토어 유지를 위해 정해진 오프라인 스토어로 배송될 수 있다. 해당 특허는 일반적으로 디자인, 소재 개발, 소재 프린팅, 재단과 봉제 공정을 포함한다. 소비자의 니즈에 따른 기획과 생산 그리고 유통이 현실화되고 있는 것이다. 이 밖에도 럭셔리 브랜드 구찌의 온라인 판매 채널 강화, 버버리의 비즈니스 시스템 혁신, 타미힐피거의 컬렉션 및 온라인 상거래에서 챗봇chatter robot 활용, 인공지능이 개개인의 스타일링을 제안해주는 스티치 픽스Stitch fix 등 해외 패션 브랜드와 신유통 채널이 디지털 혁신을 통해 새로운 시장을 개척하고 있다.

　2017년 12월에 오픈한 중국 최초의 인공지능 온라인 플랫폼 'ABOX'는 미국의 '스티치 픽스'를 벤치마킹한 것이다. ABOX는 쇼핑할 시간이 여유롭지 못한 중국의 전문직 '바링허우八零後(1980년대에 태어난 세대)' 여성을 타깃으로 스타일링을 제안해 그에 해당하는 제품을 판매하고 있다. 소비자 알고리즘 분석 시스템을 통해 40여 가지의 소비자 구매 패턴 수치를 분석, 소비자의 니즈를 만족시켜 매출을 확대하고 있는 혁신적인 데이터 기반 플랫폼이다.

이제 패션 산업의 종사자들은 모든 것을 데이터화할 수 있다는 것을 인정하고 이를 사업에 적극 활용해야 할 것이다. 4차 산업혁명의 핵심인 '맞춤 생산'의 기술을 역발상으로 이용할 수도 있다. 소비자의 니즈를 예측한 후, 그에 맞게 디자인해 필요한 만큼의 수량을 기획 · 생산 · 유통할 수 있는 패션 브랜드 자체의 제작도 가능하다. 또한 과거처럼 유행에 발맞춰 빠르게 생산하는 것에만 초점을 맞출 것이 아니라, 브랜드 철학을 내세워 자신만의 콘셉트 설계가 가능하도록 진화해야 한다.

패션 한류, 브랜드 매니지먼트 시스템 구축 필요

2018년도에도 패션 한류에 있어 크고 작은 국내외 어려움은 감지되고 있으나, 한국 패션 산업이 지닌 역량 때문에 올 한 해도 좋은 성과를 이끌어낼 것이라 예상하고 있다. 한편, 패션 분야에서도 K-팝처럼 한류 성공 케이스가 탄생하려면, 앞으로 스타 패션 브랜드 매니지먼트 시스템 구축이 필요할 것으로 판단된다. 요컨대, 독창성과 창조성 등 디자인 감성이 뛰어난 패션 한류를 이끄는 디자이너 브랜드와, 생산 및 유통 경쟁력을 지닌 패션 기업과의 전략적 융합과 그에 따른 브랜드 매니지먼트 시스템이 정책적으로 마련되어야 할 것이다. 디자이너 브랜드가 지니고 있는 스토리텔링을 패션 기업과의 협업으로 지속적인 SNS 활동 및 홍보 마케팅을 통해 단순 구매 고객을 넘어 팬덤이 형성될 수 있도록 브랜드 매니지먼트 시스템이 구축된다면, 업계가 지속적으로 꿈꾸고 있는 '한국발發, 글로벌 패션 브랜드 탄생'에 한걸음 나아갈 수 있을 것이다.

뷰티 한류

혁신 기술과 만난 뷰티 한류, 글로벌 시장 도약의 해
국제사이버대학교 뷰티비즈니스학과 겸임교수 **김혜란**

2017
HALLYU
WHITE
PAPER

뷰티 한류 현황

날개 꺾인 대중국 화장품 수출

〈별에서 온 그대〉, 〈태양의 후예〉 등 〈대장금〉의 계보를 잇는 한류 드라마들의 등장과 함께 한국 뷰티 상품들의 해외 수출도 화장품을 필두로 급성장해왔다. 하지만 한국의 사드 배치와 중국의 수출 제한 조치의 여파로 2017년 한국 화장품의 수출증가율은 급격히 둔화됐다. 한국 화장품 수출의 절대적 비중을 차지하는 국가가 중국(38.9%) 및 홍콩(24.8%) 등 중화권 국가이기 때문이다.

2007년 이후 10년이 지난 2017년까지 한국 화장품의 누적평균 수출성장률Compound Annual Growth Rate, CAGR은 30.9%를 기록, 가히 폭발적인 성장을 이루었다. 같은 기간 동안 한국의 전 산업 누적평균 수출성장률 4.4%보다 약 7배에 달하는 수치이다. 화장품 수출량이 급증한 시기는 2012년부터다. 2011년 2.5%에서 2012년 20.7%로 증가율이 급증하며 한국 화장품 수출액이 10억 달러에 근접하게 된다. 2013년에도 24.2%로 성장세를 이어가다가, 2013년 말 〈별에서 온 그대〉의 흥행과 함께 한류가 크게 확산했고, 이런 분위기에 동참해 2014년 51.2%, 2015년 53.8%의 드라마틱한 수출증가율을 기록했다. 그러나 2016년 사드 배치로 인한 중국의 한한령이 거세지며, 2016년에는 43.3%로 기세가 한풀 꺾였고, 2017년 12월 말 화장품 수출 규모는 48억 8,600만 달러(약 5조

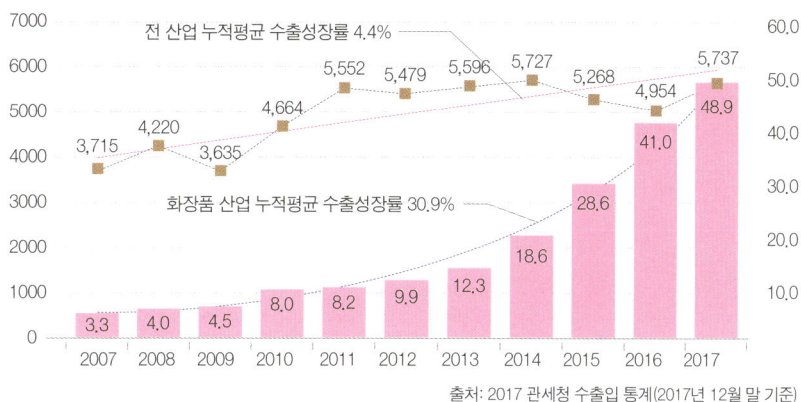

10년간 전 산업 수출 및 화장품 수출 추이 (단위: 억 달러)

출처: 2017 관세청 수출입 통계(2017년 12월 말 기준)

3,746억 원)로 다시 20% 미만의 증가율을 기록하게 됐다. 전년과 비교하면 증가율이 절반 이하로 곤두박질친 것이다.

중국만 놓고 보더라도 2016년 수출증가율이 34%에서 2017년 23.1%로 급감해 18억 9,800만 달러(약 2조 878억 원)의 수출 규모를 기록했다. 홍콩의 경우는 더욱 심각했다. 2017년 대(對)홍콩 수출 규모는 12억 1,200만 달러(약 1조 3,332억 원)로 전년 대비 -1.6% 줄어 수출증가율이 오히려 뒷걸음질 쳤다. 상대적으로 통관 절차가 수월해 홍콩을 경유해 중국 본토로 진입했던 한국 화장품의 유통 경로가 거의 차단되다시피 한 것이다.

수출선 다변화 노력으로 베트남, 폴란드 등 수출증가율 두각

뷰티 한류의 주축인 한국 화장품 수출에 제동이 걸린 악조건 속에서도 2017년은 한국 기업들이 생존 전략을 모색하고자 동남아, 유럽, 미주 등 전 세계 시장으로 화장품 수출선 다변화를 모색했던 역동적인

국가별 화장품 수출 비중

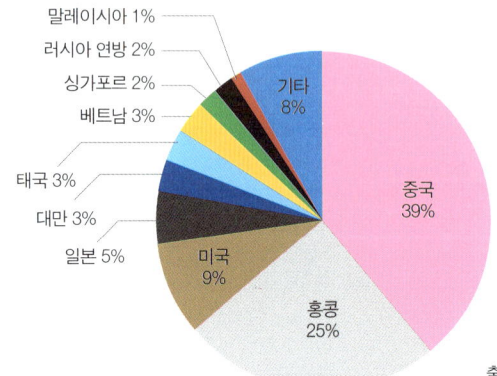

출처: 2017 관세청 수출입 통계(2017년 12월 말 기준)

한 해이기도 했다. 한국 화장품 수출 기업들은 2017년 한 해 동안 동남아, 러시아, 유럽 및 북미 등을 중심으로 중국을 대체할 새로운 시장을 개척해 수출선을 다변화하는 데 큰 공을 들인 것으로 보인다. 과도한 중국 수출 의존도를 낮춰 사드 보복과 같은 경제 보복 피해를 줄이겠다는 것이다.

중화권 국가의 수출 비중 감소분을 대체할 만한 지역으로, 먼저 유럽의 성장세가 두드러지게 눈에 띈다. 한국 화장품 수출에 있어 철옹성같이 여겨졌던 유럽 지역 국가들은 사실 수출 규모로만 보면 매우 작은 비중을 차지한다. 하지만 이 국가들이 보여주는 증가세는 상상 이상이다. 아시아와 유럽에 포함된 러시아 지역의 경우, 2017년 기준 한국 화장품 수출액이 9,600만 달러(1,056억 원)로 전년 대비 100.9%의 수출 증가율을 기록했다. 이는 한국 화장품이 수출되는 국가 중 가장 높은 수치이다. 그 외 유럽 국가들의 증가세도 만만치 않다. 대폴란드 수출액은 1,003만 달러(약 110억 원)로 전년 대비 99.62%, 영국은 2,500만 달러(약 275억 원)로 전년 대비 87.9%, 독일은 1,300만 달러(약 143억 원)로 전년 대비 72.6%, 네덜란드는 1,300만 달러(약 143억 원)로 전년 대비 70%, 프랑스는 4,600만 달러(약 506억 원)로 전년 대비 38.4%의 증가율을 기록했다. 이미 유럽에서는 한국 화장품이 가성비가 높은 제품, 즉 저렴하면서도 질 좋은 화장품이라는 인식이 자리 잡혔고, 최근에는 원료와 제품기술 측면에서 독창적인 점까지 인정받으며 유럽 내 백화점에 입점하기 시작했다.

두 번째로 북미 지역이다. 단일 국가로는 중국, 홍콩에 이어 한국 화장품 수출 규모가 세 번째로 높은 국가가 미국이다. 2017년 기준 전년 대비 29.3%가 증가한 4억 4,500만 달러(약 4,895억 원)를 기록하며 전체 수출액의 약 9%를 점유하고 있다. 이러한 증가세를 반영하듯 최근 미국 화장품 소매업계 1위 유통기업인 얼타ULTA는 한국산 마스크팩 라인을 확대했으며, 2위인 세포라Sephora는 온·오프라인 매장에 'K-뷰티' 코너를 별도로 마련하기도 했다. 대형마트에서 취급하는 한국 화장품의 규모 또한 크게 늘어나고 있다. 한편, 캐나다는 2,609만 달러(약 286억 원)로 규모는 크지 않지만 전년 대비 45.3%의 높은 증가율을 보였다.

마지막으로 동남아시아 국가들이다. 개별 국가 규모로 봤을 때는 3% 이하로 작은 편이지만, 동남아시아 국가 전체 시장 규모는 미국에 버금간다. 특히, 이 국가들은 수출증가율이 매우 가파르게 오르고 있다. 동남아시아 국가 중 수출액 규모가 가장 큰 태국의 경우, 2017년 한국 화장품 수출액으로 1억 5,000만 달러(약 1,650억 원)를 기록했는데, 이는 전년 대비 36% 증가한 수치이다. 그다음으로 수출액 규모가 큰 국가인 베트남은 1억 3,900만 달러(약 1,529억 원)로 전년 대비 무려 98.1% 증가했다. 거의 두 배로 수출량이 껑충 뛴 것이다. 필리핀의 경우 수출액이 약 3,000만 달러(약 330억 원)로 전년 대비 37.7%, 인도네시아의

2017년 1,000만 달러 이상 수출 국가별 화장품 수출액 및 전년 대비 수출증가율 (단위: 백만 달러, %)

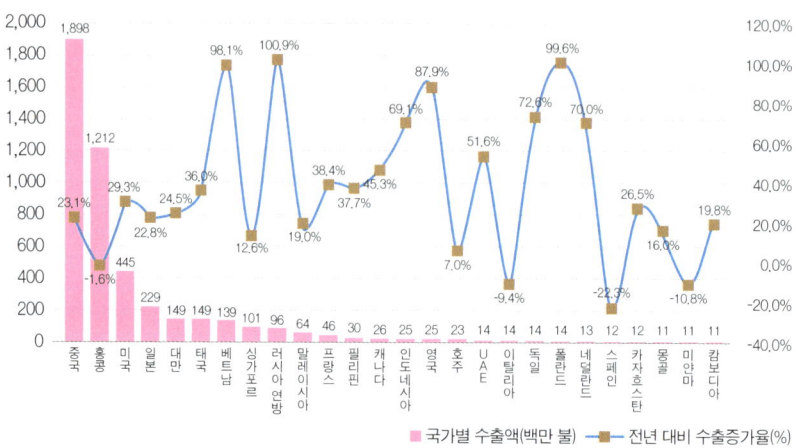

출처: 2017 관세청 수출입 통계(2017년 12월 말 기준)

수출액은 약 2,500만 달러(약 275억 원)로 전년 대비 69.2%의 증가율을 각각 기록했다.

러시아 연방을 비롯한 유럽과 동남아시아 지역에서의 높은 수출 증가율, 미주 지역에서의 지속적인 증가율 상승은 중화권 국가 중심의 수출 편중을 해소시킬 긍정적인 신호로 볼 수 있다. 그러나 여전히 한국의 화장품 수출은 상위 5개국이 전체 수출의 80.7%를, 상위 10개국이 91.7%를 차지할 정도로 소수 국가로의 편중이 심하다. 동일 권역에서의 수출 호조가 해당 권역에 포함된 다수 국가 전반에 걸쳐 이어져야만 수출 편중 문제가 해소될 수 있다.

뷰티 한류 핫이슈

VR존, 챗봇 등 신기술을 적용한 뷰티 한류 트렌드 확산

2017년 국내 화장품 기업들의 유통 전쟁은 그 어느 때보다 활발했다. 한류 열풍을 주도해온 화장품업계는 내실 다지기와 동시에 해외 시장 공략에도 박차를 가하며 새로운 트렌드 확산을 주도하고 있다. 지금까지 국내 화장품 시장을 '원 브랜드 숍one brand shop'이 주도해왔다면, 최근에는 다양한 화장품과 함께 헬스케어health care 제품을 모아서 판매하는 '헬스&뷰티 멀티숍'이 새로운 유통채널로 부상하고 있다. 그리고 그 중심에 신기술을 접목한 뷰티 체험이 확산되고 있다.*

이러한 변화를 주도하는 주요 뷰티 그룹은 아모레퍼시픽과 LG생활건강이다. 먼저 아모레퍼시픽의 화장품 브랜드 이니스프리는 아이돌 그룹 워너원Wanna One을 모델로 내세운 '컬러마스크 360° 가상현실VR 영상 체험존'을 명동을 비롯한 네 개 매장에서 운영하고 있다. 체험존에서는 감상자가 워너원 멤버들의 숙소를 찾아가 이니스프리의 제품인 컬러마스크를 함께 발라보는 등의 경험을 할 수 있어 소비 욕구를 높이고

---

* 아모레퍼시픽에 따르면, 자사의 공식 온라인 쇼핑몰인 'APMall'에서 고객 맞춤형 서비스를 선보여 지난 3년간 연평균 50.4%에 이르는 매출 증가를 기록했다. APMall의 이 같은 서비스는 2016년에 시작한 '디지털 이노베이션 랩(Digital Innovation Lab)'의 일환이다. 이를 시작으로 AI, IoT, AR, VR 등 뷰티 산업의 디지털화를 위한 여러 노력을 기울이고 있다.

워너원의 이니스프리 '컬러마스크 360° 가상현실' 영상
출처: 《뉴스앤미디어》(2017. 08. 19). 〈이니스프리 워너원 #컬러마스크 360° VR 매장체험 도입〉.

있다. 이보다 앞서 VR로 직접 체험하는 듯한 영상을 유튜브에 공개했는데, 워너원의 인기를 반영하듯 조회 수가 210만 건을 넘어섰다. 이밖에도 중국 최대 메신저 플랫폼인 텐센트QQ와 디지털 기술 교류를 위한 협약MOU을 맺고 다양한 서비스와 상품 패키지 및 증강현실AR 기술을 결합한 디지털 콘텐츠를 선보이기도 했다.

아모레퍼시픽의 또 다른 브랜드 에뛰드하우스는 페이스북 메신저를 통해 고객이 전송한 사진 속 입술 컬러를 분석해 비슷한 컬러의 제품을 추천하는 '컬러피킹 챗봇' 서비스를 제공하고 있다. 드라마나 화보를 보면서 평소 마음에 들었던 입술 컬러 사진을 페이스북 메신저 채팅 창에 전송하면 인공지능이 에뛰드하우스 제품 중 가장 유사한 색깔의 제품 최대 세 가지를 추천한다. 이와 유사한 서비스로 아모레퍼시픽 라네즈의 '뷰티미러 앱'을 들 수 있다. 메이크업 제품들을 직접 테스트하지 않고도 스마트폰이나 태블릿 PC를 통해 가상으로 체험할 수 있다. 뷰티미러 앱에는 '미러링' 기술이 적용돼, 사용자 얼굴의 미세한 움직임과 빛의 각도까지 실시간으로 인식해 가상 메이크업을 한 모습을 3차원으로 다채롭게 보여준다.

LG생활건강은 뷰티&라이프스타일 편집매장인 네이처컬렉션의 강남점과 신촌점을 디지털 기술을 접목한 '스마트 스토어' 형태로 리뉴얼했다. 먼저, 개인 화장대에서 메이크업을 하듯 제품을 체험해볼 수 있도록 거울과 의자를 설치한 '메이크업 디스플레이존'에서는 최신 트렌드를 반영한 다양한 메이크업 노하우와 제품의 제형 등과 관련한 디지털 콘텐츠를 감상할 수 있다. 또한, 인공지능 메이크업 전문가에게 화장이 잘 됐는지 확인해보고 화장법에 대한 조언을 얻을 수 있는 앱인 '오늘 나의 메이크업'을 매장에서 직접 경험할 수 있다. 해당 앱은 촬영된 고객의 사진 속 화장을 분석해서 콘셉트와 메이크업 완성도를 점수로 보여준다. 베이스, 아이, 쉐이딩, 립, 아이브로우 등 다섯 가지 항목별 세부점수와 함께 어떻게 보완하면 좋을지에 대한 정보와 관련 제품을 추천해준다. 전문 메이크업 아티스트들이 분석·평가한 3만여 건의 메이크업 이미지 빅데이터에 딥러닝과 인공지능 등 최신 기술을 접목해 생활 속에서 유용하고 재미있게 활용할 수 있도록 만들어졌다.

에뛰드 하우스 컬러피킹 챗봇
출처:《스포츠서울》(2017. 10. 15).
〈챗봇, 뷰티미러… 다채로워지는 뷰티 AI〉.

LG생활건강 '오늘 나의 메이크업'
출처: 《이데일리》 (2017. 08. 03). 〈네이처컬렉션 강남점〉, "메이크업 상태 AI로 상담받으세요").

글로벌 뷰티 기업의 '스마트 패키징' 벤치마킹 필요

스마트 기술을 통한 지속적인 제품 서비스 혁신은 글로벌 시장 경쟁력을 확보하기 위한 필수 조건이 되고 있다. 최근 글로벌 뷰티 기업들이 빠르게 앞서 나가고 있는 분야가 바로 '스마트 패키징' 기술이다. 스마트 패키징이란, 단순히 제품을 보호하기 위해 포장하는 것에 그치지 않고 그 이상의 능동적 기능을 갖춘 제품 포장재를 의미한다. 예컨대, 매장에서 스마트 패키징 기술을 적용한 제품에 스마트폰을 가져다 대면 브랜드 스토리, 제품 뉴스, 성분 정보, 사용법 동영상 등 맞춤형 콘텐츠가 제공된다. 제품 사용 중에는 소비자에게 리필 알림, 신선도 알림 등의 부가 정보를 제공하며, 소비자 습관 등 행동 데이터를 수집해 기업에서 향후 제품개발 시 이를 활용하고 있다.

스마트 패키징은 본질적으로 사람, 브랜드, 제품 간의 결합을 의미한다. 제품의 형태가 기능의 일부가 돼 더 이상 수동적 제품이 아닌 상호작용, 인식, 지능 기반의 제품으로 활용될 수 있다. 소비자에게 감각적 경험과 제품의 추가적 기능을 제공함으로써 궁극적으로 소비자 참여를 강화시킬 수 있다. 최근 근거리 무선통신Near Field Communication, NFC의 발전과 사물인터넷 등 디지털 혁신에 힘입어 스마트 패키징이 더욱 확산되고 있으며, 특히 뷰티 산업의 미래를 바꿀 혁신 트렌드 기술로 주목받고 있다. 그러나 국내 뷰티 기업의 경우, 이 분야에서 앞서나갈 만한 기술력을 보유하고 있지 못하기에 글로벌 시장을 주도하는 유수 브랜드의 기술을 벤치마킹할 필요가 있다.

스마트 패키징 기술을 시행하고 있는 대표적인 사례로, 글로벌 메이크업 브랜드 스매시박스Smashbox를 꼽을 수 있다. 이 회사의 아이섀도 제품인 '셰이프매터스 팔레트ShapeMatters Palette'의 패키징에는 세 종류의 '겟더룩Get the Look' 카드가 포함되어 있다. 카드에 혁신적인 전자잉크 기술이 적용되어 있어 휴대폰에 카드를 갖다 대면 메이크업 아티스트의 가이드 영상이 자동 재생된다. 이 같은 기능은 개인화된 맞춤형 경험을 선호하는 밀레니엄 세대에게 인기를 얻고 있다. 또 다른 예로, 유럽의

스매시박스의 '셰이프매터스 팔레트'와 '겟더룩' 카드
출처: 《뷰티 소스》 (2017. 05. 22). 〈KOTRA 4차산업 시대의 뷰티 시장, 스마트 패키징이 주도〉.

뷰티 컨소시엄 아크티코스팩Acticospack은 제품 성분에 방부제를 함유하지 않고 패키징에 방부제를 별도로 담아 제품 신선도를 모니터링하면서 최소량만 사용되도록 조절하는 방식인 액티브 패키징Active Packaging 기술을 선보였다. 제품의 보존 기간을 연장하고, 파라벤 같은 인체에 유해한 방부제 사용을 25~40% 줄일 수 있어 뷰티업계에서 큰 주목을 받았다. 이처럼 글로벌 뷰티 기업들이 내세운 스마트 패키징 신기술의 높은 유용성과 발전 가능성은 최근 새로운 기술과 접목을 시도하고 있는 한국의 뷰티업계도 눈여겨보아야 할 것이다.

천연·유기농 화장품 인증제 도입

한국 뷰티 제품이 해외에서 긍정적으로 평가받는 대표적인 이유 중 하나가 바로 '건강함'이다. 몇 년 전부터 화장품에 함유된 화학성분의 유해성이 지속적으로 보도되면서 제품 구매 시 성분에 관심을 갖는 소비자가 증가하고 있다. 관련 전문 지식이 없더라도 뷰티 전문 블로거들이 화장품 유해성 정보와 제품별 성분을 분석해 올리고 있어 누구나 쉽게 제품의 성분 정보를 확인할 수 있다. 이러한 가운데 천연·유기농 화장품처럼 좋은 원재료를 내세워 홍보하는 한국의 여러 뷰티 브랜드들이 건강한 아름다움을 추구하는 전 세계 소비자들의 눈길을 끌고 있다.

화장품 원재료에 대한 인증 제도는 소비자가 제품을 손쉽게 객관적으로 평가할 수 있어 간접적인 홍보 효과를 얻을 수 있다. 한국은 2017년에 이와 관련한 화장품법 일부를 개정했다. 먼저, 제조 또는 수입한 화장품의 내용물에 다른 화장품의 내용물을 추가해 혼합한 화장품을 맞춤형 화장품으로 정의하고, 맞춤형 화장품을 판매하는 영업을 신설하는 한편, 천연 및 유기농 화장품 인증 제도를 도입했다. 식품의약품안전처장이 천연·유기농 화장품에 대한 기준을 정하고, 이를 충족하는 화장품에 인증을 부여한다.*

한류 뷰티 브랜드에 대한 인증제 도입은 건강과 안전에 대한 요구가 높은 미국과 유럽 시장으로 수출을 확대하는 데 긍정적으로 작용할 수 있다. 예컨대, 미국 스킨케어 화장품 소비자들은 화장품에 함유된 '유해 화학성분'을 중요한 구매 결정 요소로 꼽는다. 시장조사기관 NPD그룹이 발표한 「2017년 여성의 페이셜 스킨케어 소비자 동향 보고서」에 따르면 미국 소비자의 40~50%가 적극적으로 화장품의 화학성분을 살펴본 뒤 제품을 구입한다고 답했으며, 해당 소비자들은 유기농 혹은 자연 유래성분이 함유되었는지 여부와 특정 유해성분(향료, 파라벤, 글루텐, 프탈레이트, 설페이트)이 배제됐는지를 살펴본다. 이 결과에 대해 NPD그룹의 뷰티 산업 분야 애널리스트인 라리사 젠슨Larissa Jensen은 "식품부터 의류에 이르기까지 산업 전반에서 자연 성분과 안전한 성분을 추구하는 것이 현재 트렌드"라며 "화장품 산업에서도 같은 현상이 일어나고 있는 것"이라고 설명했다.

최근 몇 년 새 화장품 성분의 안전 수준을 평가하는 미국 EWG**

---

* 의안소관 부서: 식품의약품안전처 화장품정책과. 2017년 제도적으로 가장 큰 변화는 기능성 화장품의 확대이다. 의약외품으로 관리되던 염모제와 제모제, 탈모완화 보조제가 기능성 화장품으로 전환됐고, 아토피성 피부로 인한 건조함 개선 보조, 여드름성 피부 완화 보조, 튼살로 인한 붉은 선 완화 등의 효능을 가진 화장품이 기능성 화장품에 새롭게 추가됐다. 이외에도 소용량과 샘플 화장품의 사용기한 등 표기, 미세 플라스틱 사용 화장품 판매 금지 등 소비자 권리를 확대하고 환경보호를 위한 부분도 올해 주요 제도 변화 중 하나이다.
** 미국의 비영리 환경단체(Environmental Working Group, EWG)에서 화장품 성분에 대한 데이터베이스를 가지고 객관적으로 평가해 등급을 매긴다. 0~10등급까지 있으며, 0~2등급은

인증을 받는 브랜드들이 점차 늘어나고 있다. 한국 화장품 브랜드 중에는 '아이소이'와 '아로마티카' 등이 이 인증을 받았다. EWG 인증을 받으면 홀푸드마켓 같은 유기농 전문 유통업체들과 거래 성사 확률을 높일 수 있다. 또한, 소비자들이 피하고 싶어 하는 유해성분이 제품에 함유되지 않았다면, 제품 패키지에 이를 표시해 안전성을 내세워 홍보할 수 있다.

유럽에서도 한국 천연·유기농 화장품이 높은 판매 성장세를 보이며 인기를 구가하고 있다. 대한화장품산업연구원 조사에 따르면 러시아와 프랑스에서는 자연 유래성분을 첨가해 안전함을 내세우는 브랜드에 대한 선호가 높으며, 스페인 역시 인체에 안전한 성분을 사용한 '인간 친화적' 제품을 중요시하는 경향이 있다. 러시아의 경우, 건강한 피부 관리가 새로운 트렌드가 되면서 기존 색조화장품 중심이던 화장품 시장이 스킨케어 중심으로 이동하는 경향을 보인다. 서부 러시아와 시베리아에서는 2010년부터 블로거와 유튜브를 통해 한국의 천연재료 화장품의 브랜드가 인지도를 얻고 있다.

천연재료 성분은 K-뷰티가 세계 시장 확대를 위해 활용할 수 있는 강점이다. 갈수록 더 많은 소비자가 안전한 성분의 제품을 찾고 있기에, 제품 성분의 확실한 안정성 검증과 아직 시장에 선보이지 않은 독특한 자연 유래성분을 함유한 제품을 출시한다면 신생 브랜드라 해도 시장에서 좋은 반응을 얻을 수 있을 것이다.

안전, 3~6등급은 보통 위험, 7~10등급은 높은 위험으로 분류된다.

화장품 플랫폼 기업의 코스닥 상장, ODM/OEM 기업의 활약

　CTK 코스메틱스(이하 CTK)는 최초의 글로벌 화장품 종합서비스 플랫폼 기업이다. 2017년 12월 7일 코스닥 시장에서 두 번째로 패스트 트랙(신속 상장 제도)을 적용받아 상장했는데, 이 같은 업종의 기업이 상장한 사례도 국내에서 처음이다. CTK는 2001년 화장품 용기 제조업체로 설립됐으며, 2009년부터는 글로벌 화장품 기업을 대상으로 상품 기획부터 디자인, 마케팅, 제품 개발, 생산, 공급망 관리, 납품까지 원스톱 서비스를 제공하는 '화장품 종합 플랫폼 서비스'를 시작했다. 플랫폼 서비스의 핵심은 ODM_{Original Design Manufacturing}(제조자개발생산) · OEM_{Original Equipment Manufacturing}(주문자상표부착생산) 업체를 통한 화장품 제조와 빅데이터를 기반으로 하는 시장 트렌드 선점 능력이다. 자체 공장 없이 화장품을 제조함으로써 확보할 수 있는 경영 효율성을 새로운 상품의 기획과 개발, 유통, 그리고 파트너사와의 맞춤형 프로젝트를 추진하는 데 이용할 수 있다. 현재 CTK의 고객사는 100곳이 넘으며, 이 중 로레알, 유니레버, 에스티로더, 샤넬, LVMH(모엣 헤네시 루이비통) 등 글로벌 상위 화장품 사업자들이 CTK 매출의 약 80%를 차지할 정도이다. 이들과 수행한 프로젝트는 100만 개 이상 팔린 커피 캡슐형 파운데이션 콤팩트 등을 비롯해 968건(2016년 말 기준)에 이른다.

　CTK의 플랫폼 서비스가 안정적으로 유지되는 이유는 화장품을 제조하는 국내 ODM/OEM 전문업체의 뛰어난 기술력 때문이다. 국내 화장품 기업의 매출 순위를 살펴보면, 다른 국가와 달리 ODM/OEM 전문업체들이 상위권에 포진되어 있다. 이는 제조공장을 가지고 있지 않아도 화장품 제조 · 판매업으로 등록할 수 있는 현행 규정으로 인해 생기는 현상이다. 국내 ODM/OEM 업체들은 '한국 화장품은 브랜드가 달라도 수준 이상의 제품력을 보인다'는 인식을 심어줄 만큼 훌륭한 기술력을 선보이고 있다. 이들 업체가 K-뷰티 열풍을 뒷받침하고 있다는 점은 누구도 부인할 수 없을 것이다.

대표적인 ODM 업체로 한국콜마, 코스맥스를 꼽을 수 있다. 품질인증과 국제인증을 획득하며 국제 경쟁력을 높여가고 있는 이들 업체는, 특히 최근 북미 시장을 중심으로 사업을 확장하는 데 적극적이다. 한국콜마의 경우, 2016년 미국의 프로세스 테크놀러지스 앤드 패키징 Process Technologies and Packaging과 캐나다의 CSR 코스메틱 솔루션Cosmetics Solution을 인수했다. 코스맥스는 2013년에 로레알그룹의 오하이오주 솔론Solon 공장 인수에 이어, 2017년 11월 미국 화장품 제조업체 누월드NU-WORLD를 인수했다. 북미 시장으로의 진출은 남미, 그리고 유럽까지 시장을 확대하기 위한 교두보로서 중요하다.

ODM/OEM 기업의 경쟁력 강화는 한국 화장품 브랜드 기업들이 마케팅에 집중할 수 있는 환경을 조성해줘, 결국 K-뷰티의 경쟁력 상승으로 이어지게 된다. 물론 2017년 한 해를 본다면 중국의 사드 보복 영향으로 전년에 비해 성장률이 저하된 것은 사실이지만, 어려움 속에서도 새로운 돌파구를 찾기 위한 노력이 계속됐다.

주요 진출국 및 진출 경로

    기업의 해외 시장 진입은 다양한 요인에 의해 결정되지만, 무엇보다도 해외 진출을 위한 자원과 역량의 전략적 적합성을 갖추어야 한다. 기업국제화이론의 모델을 제시한 러그만A. M. Rugman과 허쉬S. Hirsch에 따르면, 일차적인 해외 시장 진입방식으로는 수출을 고려한다. 위험 부담이 적고 별다른 자원 투입이 요구되지 않기 때문이다. 한편, 무역장벽에 의해 수출이 불가능한 상태가 될 경우에는 전략적 제휴Strategic Alliance나 해외 직접투자Foreign direct investment와 같은 다른 대안을 선택하게 된다고 한다. 다시 말하면, 수출, 라이선싱, 해외 직접투자 등 세 개의 주요 진입 방법을 비교 분석함으로써 가장 효율적인 사업방식을 선택하게 되는데, 이 세 가지 방식은 사업의 규모에 따라 고정비가 높고 유동비가 낮을 가능성이 있다고 보았다. 그렇다면 뷰티 산업의 해외 진출은 어떤 형태와 경로로 이루어지고 있을까. 이를 크게 중국과 중동, 동남아시아 시장으로 구분해 살펴보고자 한다.

뷰티 한류 효자 시장 중국, 현지 브랜드 론칭 또는 대리상을 통한 공급

    중국 시장 진출에 있어 한국 화장품은 수출 효자상품이라고 해도 과언이 아니다. 비록 최근에는 주춤한 수출 성장 곡선을 보이고 있으나, 지난 10년간 꾸준히 수출 성장세를 보이고 있다. 그 결과, 한국 화장품의 세계 최대 수출국 자리를 여전히 중국이 차지하고 있다. 그런데 한국 화장품의 중국 시장 진출은 중국의 까다로운 위생 허가 절차로 인해 '현지 브랜드 론칭'과 '대리상을 통한 공급' 방식에 집중되어 있다.

첫 번째 진출 방식 현지 브랜드 론칭은 한국 브랜드가 중국 식약처인 국가질량감독검험검역총국General Administration of Quality Supervision, Inspection and Quarantine, GAQSIQ의 화장품 품질 허가인 위생 허가를 받고 정식 오프라인 매장을 내거나 온라인 공식몰에 입점하는 방식이다. 즉, 중국 내 정식 판매 허가를 받고 현지에서 사업을 영위하는 것이다. 아모레퍼시픽 산하 브랜드인 설화수 · 헤라 · 라네즈 · 이니스프리 · 마몽드 · 아이오페 · 에뛰드하우스, LG생활건강의 더히스토리오브후 · 숨37 · 비욘드 · 더페이스샵, 그 외에도 클리오, 토니모리, 스킨푸드, 미샤 등이 그 예다. 주로 상하이나 베이징 등 중국 1선 도시에 단독 매장을 가지고 있거나, B2CBusiness to Consumer(기업이 소비자를 상대로 행하는 인터넷 비즈니스로, 한국으로 치자면 백화점 공식 온라인 쇼핑몰) 형식의 온라인 공식몰인 티몰tmall, 징둥jd, 브이아이피닷컴vip.com 등에 입점한 경우가 많다.

두 번째는 비공식 유통채널을 통한 진출이다. 위생 허가를 받지 않고 직구나 개인 대 개인으로 중국에서 제품을 판매하는 형식이며, 주로 대리상(벤더)을 통해 제품을 공급한다. 중소기업 브랜드나, 한 가지 아이템으로 이슈 몰이를 하는 브랜드인 경우가 많다. 중국 내 SNS 채널이나 개인 쇼핑몰, 타오바오와 같은 C2CCustomer to Customer(소비자가 소비자를 상대로 행하는 인터넷 비즈니스로, 한국의 G마켓, 옥션과 같은 오픈마켓) 형식의 온라인 쇼핑몰에서 주로 판매된다.

동남아시아 지역, 생산시설 구축 및 현지 브랜드 론칭

동남아시아의 현재 인구는 약 6억 명으로 주요 도시의 인구 증가율은 2025년까지 최소 10~60%에 이를 것으로 보인다. 인구 증가는 곧 시장의 확대를 의미하기에 한국 화장품 기업들이 동남아시아 지역의 수출 비중을 늘릴 만한 충분한 이유가 된다. 더욱이 동남아시아는 중국이나 일본처럼 자국 문화 우선주의나 반한 감정이 상대적으로 적어서 한류의 확산과 심화가 가능하다. 그중 화장품은 한류의 유망 소비재로서 한류 마케팅을 활용해 수출 규모를 지속적으로 확대할 수 있는 품목이다.

먼저, 한국 ODM/OEM 사업자는 동남아시아 국가에 생산기지를 구축해 현지에 적합한 화장품 생산에 주력하고 있다. 예컨대, 국내 주요 ODM 사업자인 코스맥스는 동남아시아 거점 국가인 인도네시아와 태국에 자회사를 설립하고 화장품을 생산하고 있다. 특히 이슬람 문화권에 진입하기 위해 2016년 세계 3대 할랄 인증기관인 '무이MUI'로부터 국내 ODM 업체 중 최초로 할랄 인증을 받았다. 인도네시아에서 생산한 할랄 화장품은 인근 이슬람 국가로, 태국에서 생산한 제품은 미얀마·베트남 등으로 수출해 동남아 지역의 K-뷰티 수요를 충족시킨다는 전략이다.

브랜드 기업들은 현지에 브랜드를 직접 론칭하는 방식과 생산시설을 구축하는 방법을 동시에 채택하고 있다. 대표적인 예로, 아모레퍼시픽의 경우 인도네시아를 비롯해 베트남·싱가포르·말레이시아 등에 집중적으로 사업을 확장하고 있다. 2016년 10월 베트남 호찌민에 이니스프리 브랜드숍 베트남 1호점을 신설한 데 이어, 이듬해 3월 인도네시아 자카르타에 1호점을 론칭했다. 베트남 1호점이 들어선 호찌민 '하이

태국의 이니스프리 매장
출처: 아모레퍼시픽

바쯩 거리'와 인도네시아 1호점이 있는 자카르타 '센트럴파크'는 모두 쇼핑 명소로 유명한 곳이다. 아울러 아세안 지역의 수요에 대응하기 위해 2020년 완공을 목표로 말레이시아에 새로운 해외 생산기지를 구축 중이다.

    동남아시아 국가 중 베트남은 오래전부터 국내 화장품 브랜드들이 진출한 시장이다. 예컨대, LG생활건강은 1997년 베트남 현지기업 보카리맥스사와의 합작법인을 설립한 후 1998년 3월부터 본격적으로 사업을 시작했다. 적극적인 한류 마케팅과 철저한 고객관리 시스템을 통해 '드봉'으로 성공을 거둔 LG생활건강은 2005년부터 프리미엄 브랜드인 '오휘'와 '후'를 선보였다. 호찌민과 하노이의 주요 백화점 등 23곳에 매장을 운영할 정도를 큰 인기를 끌고 있는 두 브랜드는 글로벌 고급화장품 부문 매출 1위를 유지하고 있다. LG생활건강의 다른 브랜드 더페이스샵은 2005년에 처음 베트남에 진출한 후 현재 64개의 매장을 운영하고 있으며, 2016년에는 다낭에 3개의 매장을 오픈했다. LG생활건강의 베트남 매출 비중은 해외 전체 매출의 5~6%를 차지하는 것으로 추정하고 있다.

아모레퍼시픽 또한 동남아시아 국가 중에서는 베트남에 최초로 현지 법인을 1998년에 설립했다. 이후 2003년 프리미엄 브랜드 '라네즈'를, 2013년에는 '설화수'를 론칭했다. 현재 16개 백화점 매장에 입점했으며 '오피스 어택Office Attack' 이벤트 등 고객을 찾아가는 마케팅 활동을 전개해 베트남 뷰티업계에서 큰 반향을 일으키고 있다.

중동 지역, 현지 유통사와의 파트너십 기반 쇼핑몰 입점

중국의 사드 보복으로 인해 어려움을 겪고 있는 국내 화장품업계가 주목하는 또 다른 수출 잠재 시장이 바로 중동 지역이다. 현재는 대형 브랜드사 중심으로 진출하고 있으며, 현지 주요 유통 에이전트 및 마케팅 기업과의 파트너십이나 합작 계약을 통해 현지 쇼핑몰에 브랜드를 론칭하는 방식이 주를 이룬다. 현지 기업과의 합작 방식이 주를 이루는 것은 외국인 투자에 대한 제한 때문이다. 예를 들어, 사우디아라비아*의 무역 및 유통(도소매 포함) 업종은 외국인 투자 제한으로 인해 합작 진출(지분 최대한도 25%)이나 에이전트를 통한 진출만 가능하다. 따라서 중동 진출을 위해선 능력 있는 에이전트를 발굴하는 것이 가장 중요하다.

UAE는 한국 화장품 기업들이 중동 지역 진출을 앞두고 필수적으로 거치는 시험대처럼 인식되고 있다. 기업 대부분이 UAE 소재 에이전

---

* 사우디아라비아는 세 개의 지역 상권으로 구분된다. 동부는 담맘시 및 인근 지역, 서부는 제다 및 인근 지역, 중부는 리야드 및 인근 지역이다.

트를 통해 마케팅 시험을 치른 뒤 사우디아라비아 등 인근국에 진출하는 것이 일반적이다. 그렇다 보니 현지의 유통 혹은 마케팅 에이전트와의 총판권 계약이나 합작이 중동 지역에 진출하는 주요 방식이 되고 있다.

LG생활건강의 더페이스샵은 UAE 내 독립매장을 보유한 첫 한국 기업이다. 2006년에 요르단에 진출한 이후 중동 지역 두 번째 국가로 UAE에 입성했는데, 중동의 알 구라이르Al Ghurair 그룹과 총판권 형태로 계약을 맺었다. 현재 두바이 이븐 바투타몰Ibn Battuta Mall, 데이라 시티 센터Deira City Centre 등 대형 쇼핑몰을 중심으로 UAE 내 20개 매장을 운영 중이다. 아모레퍼시픽 또한 2016년 아모레퍼시픽 중동법인Amorepacific ME FZ LLC을 설립하고, 중동 내 첫 매장으로 2018년 두바이몰에 에뛰드하우스 1호점을 오픈했다. 중동 지역 내 70개 이상 글로벌 브랜드 유통을 맡고 있는 알샤야 그룹Alshaya Group과 파트너십 계약을 맺고 사업을 추진 중이다.

사우디아라비아는 중동 최대 뷰티 시장으로 알려져 있다. LG생활건강은 2012년 사우디아라비아 에이전트 K사와 독점계약을 체결한 후 사우디아라비아 전역에서 40개의 직영 매장을 운영해 자체 유통채널을 구축했다. 특히 LG생활건강의 더페이스샵은 UAE를 시험대로 거치지 않고 사우디아라비아 현지 에이전트와 직접 계약을 체결해 눈길을 끌었다. 아모레퍼시픽 또한 UAE의 매장 론칭을 시작으로 사우디아라비아 및 인근 걸프협력회의GCC 국가로 진출할 계획을 세우고 있다. 코스닥 상장 바이오화장품 기업인 현대아이비티 또한 2017년에 중동 지역 글로벌 마케팅 그룹인 LMTD사와 250억 달러(약 27조 5,000억 원) 규모의 중동·북아프리카 지역 합작사 설립 계약을 체결했다. 국내 최초 미국의 백화점 체인 그룹 바니스뉴욕Barneys New York과 브랜드 독점계약을 맺은

점을 내세워, 명품 화장품 브랜드의 이미지를 적극 활용해 UAE와 사우디아라비아 등 중동 상류층 대상 마케팅을 집중하겠다는 계획을 가지고 있다.

'센텐스SCENTENCE'라는 브랜드로 자체 화장품 제작에 나선 국내 유통사 이마트 또한 현지 유통사와의 협력을 통해 중동 시장에 진출했다. 사우디아라비아 최대 유통 그룹인 '파와츠 알호카이르Fawaz Alhokair'사와 프랜차이즈 계약을 체결하고, 이마트의 센텐스를 파트너사가 운영하는 주요 쇼핑몰에 입점시키기로 했다. 이마트가 차세대 성장 동력으로 추진하는 '전문점'이 해외에 진출한 첫 사례라는 점에서 큰 의미가 있다. 2018년에는 사우디아라비아의 수도 '리야드Riyadh'와 '지다Jiddah' 등

사우디아라비아 알나킬몰(Al-Nakheel Mall)
출처: 《뉴스핌》(2017. 06. 26), 〈중동 모래바람 뚫은 이마트 '슈가컵', 사우디 최대 쇼핑몰 진출〉.

대도시 두 곳에 매장을 열고 연중 최대 6개 지점까지 확대할 계획이다. 그 외에도 미샤, 홀리카홀리카, 비욘드, 토니모리 등 국내 유명 브랜드들이 다국적 대형 화장품 유통체인에 납품하거나, 대형 쇼핑몰에 입점하는 방식으로 터키, 카타르 등 중동의 무슬림 국가들에 진출해 있다.

　　코트라KOTRA는 글로벌, 중견, 중소 등 브랜드의 규모에 따라서 중동 지역 진출 전략을 구분해 제시하고 있다. 글로벌 브랜드의 경우 중동에 진출한 서구 브랜드에 비해 인지도가 매우 낮아 초기 마케팅에 시간과 비용이 많이 소요되기 때문에 단독 매장 설립 방식을 제언한다. 특히 중동 지역의 뷰티 한류 주 고객층이 20대라는 점에서 소매 전문매장을 통한 진출과 공격적이고 장기적 마케팅이 필요하다. 한편, 중견 브랜드의 경우에는 ODM을 통한 색조화장품 시장 진출을 추천하고 있다. 중동 지역에서 색조화장품 라인에 대한 수요가 높아 다양한 색상의 제품 개발과 재고 처리에 중견기업이 유리하다는 것이다. 중소 브랜드의 경우 OEM을 통한 진출을 제언한다. 대형 브랜드가 아니더라도 고정적인 수요층이 있는 스킨케어 제품을 중심으로 현지 슈퍼마켓, 드럭스토어, 화장품 전문유통망 등에 수출하는 방식을 추천한다.

2018 뷰티 한류 전망

　　최근 뷰티 한류 산업의 급성장은 중국과의 사드 갈등을 계기로 성장세가 크게 둔화됐다. 그러나 중국과의 관계 개선에 대한 분위기가 형성되고 있고, 그간 수출선 다변화를 위한 국내 기업들의 노력으로 과거 3년만큼의 수준은 아니지만 지속적인 성장을 이어나갈 것으로 전망된다. 변수도 존재한다. 성분의 안정성이 중요시되는 뷰티업계의 특성상, 최근 국내 대표 화장품 브랜드 제품에서 중금속이 과다 검출된 사례는 비단 해당 기업만이 아니라 한국 뷰티 상품 전반에 대한 인식을 부정적으로 각인시킬 우려가 있다. 긍정적인 부분은 국내에서 천연·유기농 화장품 인증 제도를 도입할 예정으로 건강과 안전에 대한 안전장치가 마련될 수 있다는 점이다. 뷰티 상품에 대한 안전에 대한 인식이 높아지는 것은 국제적인 트렌드이다. 이에 맞춘 적극적인 법과 제도가 마련되어야 하며, 기업의 지속적인 노력이 함께 수반되어야 한다. 해외에서의 수출을 위한 것이기보다 우리 국민을 포함한 모든 상품 소비자의 안전과 신뢰를 강화하는 것이기 때문이다. 특히 정부에서 국내 화장품 산업을 국가 기간산업으로 육성하고 글로벌 경쟁력을 강화하기 위한 정책을 강하게 추진하고 있어 뷰티 한류에 대해서는 긍정적인 효과를 기대하게 하고 있다.

화장품 및 위생용품 안전관리 강화를 위한 제도 도입

앞서 언급한 바와 같이 위생용품 특히 피부에 직접적인 접촉이 있는 뷰티 상품에 대한 안전과 건강에 대한 수요가 높아지고 있다. 이러한 트렌드에 부합하는 제도가 2018년부터 도입될 예정이다. 식품의약품안전처(이하 식약처)는 '천연·유기농 화장품 인증 제도'를 2018년 6월경 도입한다고 발표했다. 화장품과 새롭게 신설되는 위생용품 분야의 안전관리를 강화해 소비자의 안정성과 신뢰를 확보하기 위함이다. 그동안 천연·유기농 화장품에 대한 개념이 명확하게 정의되지 않아 제품 신뢰성에 대해 소비자의 판단 근거가 부재하고, 오인 가능한 광고들에 대한 규제가 어렵다는 점에서 개선이 필요한 상황이었다. 인증 제도의 도입은 천연·유기농 화장품에 대한 법적인 개념을 정의할 수 있으며, 각종 부작용을 규제할 수 있는 기준으로 삼을 수 있게 된다. 천연 및 유기농이라는 키워드는 한국 화장품이 해외에서 인기를 구가하는 데 중요한 요인으로 작용해온 것이 사실이다. 정부 차원의 인증은 해외 바이어 및 소비자들에게도 건강과 안전에 대한 신뢰를 높여줄 수 있는 근거가 될 것이다.

식약처는 또한 소비자의 다양한 개성과 요구를 반영하기 위해 재료를 혼합·소분하는 '맞춤형 화장품'을 제도화할 예정이다. 이에 따라 앞으로 화장품 매장에서는 기존에 제조된 화장품에 다른 화장품 내용물을 혼합해 만든 로션이나 향수 등을 판매할 수 있게 된다.

정부의 적극적인 화장품 산업 육성 정책

정부가 2016년에 이어 2017년에 추진한 화장품 산업 관련 주요 정책 방향은 크게 두 가지로, 'K-뷰티의 글로벌 경쟁력 강화를 위한 불필요한 규제 개선'과 '안전한 화장품 사용환경 조성 및 정확한 정보제공을 위한 제도 개선'이다. 그 일환으로 2017년 말 정부는 화장품 수출 규모를 5년 내 세계 3위로 끌어올린다는 목표를 세우고, 화장품 산업을 국가 기간산업으로 육성하기 위해 화장품 산업 컨트롤타워를 구축한다고 밝혔다.

화장품 산업 컨트롤타워 구축 계획의 주요 과제는 화장품 산업 종합지원센터 운영, 화장품 산업 진흥법 제정·개정, 화장품 해외 사무소 운영 등이다. 종합지원센터가 컨트롤타워의 핵심으로 판단된다. 종합지원센터에서는 화장품 산업 육성을 위한 중장기 목표를 세울 뿐 아니라, 투자재원조달 및 인력자원개발 방안 마련, 국제협력 및 해외시장 진출 지원, 연구개발 및 기술거래 지원 등 화장품 산업 전반에 걸친 지원 방안을 체계화한다. 이를 법·제도적으로 뒷받침하기 위해 화장품 산업 진흥법의 제·개정도 이뤄질 예정이다. 특히 해외 진출과 관련해서는 해외 현지의 산업 동향을 모니터링하고, 현지 진출 기업에 대한 지원 효율성을 높이기 위해 화장품 해외 사무소를 운영할 예정이다. 1차 운영 국가로 중국, 태국, 베트남이 선정됐다.

해외 현지의 사무소 운영은 중소기업들에게 특히 도움이 되는 정책이라 판단된다. 화장품 수출은 국가마다 규제사항이 상이할 뿐 아니라 절차 및 내용이 매우 까다롭다. 이 때문에 현지에 특화된 비즈니스 정보와 네트워크가 필수적이며, 현지 사무소를 운영하는 것이 부담스러

화장품 산업 컨트롤타워 구축 계획

주요 과제	세부 내용
화장품산업 종합지원센터 운영	센터 주요 업무 ① 화장품 산업의 육성을 위한 중장기적 목표 수립 ② 화장품 산업 육성에 필요한 투자재원의 조달 및 활용계획 마련 ③ 화장품 산업 육성에 필요한 인력자원의 개발 및 효율적 활용 방안 마련 ④ 화장품 산업의 국제협력 및 해외 시장 진출 지원 ⑤ 혁신제품 등 연구개발 및 기술거래 지원 ⑥ 중소 화장품 기업 지원 등
화장품 산업 진흥법 제·개정	화장품 산업 육성의 안정적인 지원 체계 구축, 예산 및 전담 조직 확보
화장품 해외 사무소 운영	해외 화장품 산업의 규정(법) 모니터링 및 수출 이슈 점검 1차 해외 사무소 운영 국가: 중국, 태국, 베트남

출처: 보건복지부

운 중소기업들에게는 현지 진출의 장벽이 될 수 있다. 정부가 내세운 야심 찬 화장품 산업 육성 정책이 주춤하고 있던 뷰티 한류의 새로운 도약을 위한 마중물이 될 수 있도록, 민간기업들 또한 정책을 분석하고, 최대한 적극적으로 활용하기 위해 노력하는 것이 필요하다.

글로벌 인증제와 지식재산권 확보의 중요성

해외 진출에 있어 개별 민간기업이 해결하기 어려운 제약들이 산재해 있다. 이러한 제약에 대한 국가 차원에서의 완화 지원이 뷰티 한류 확산을 위해 중요하다. 해외 진출 시 민간기업 특히 중소기업이 해결하기 어려운 문제 중 하나는 국가별 인증 및 허가사항의 복잡함이다. 특히 중국 진출을 위한 위생 허가, 인도네시아 및 중동 지역 진출을 위한 할랄 인증, 유럽 진출을 위한 유럽화장품 인증CPNP은 필요한 서류가 많고 절차가 매우 복잡해 충분한 대비가 필요하다. 일반적으로 국내 중소기업들은 제품의 허가 및 인증에 관한 일들을 브로커나 전문가에게 의뢰

한국 화장품 수출 시장 규모별 수출 허가 조건

국가	순위	수출 조건	화장품 용도	국제상표
중국	1위	• 사전 위생허가증 또는 등록증 취득	• 특수용도 화장품/비(非)특수용도 화장품	• 국제 상표등록제도 활용 가능
홍콩	2위	• 화장품 필수인증 없음 • 선통관 후 신고제 • 관세·부가세 없음	• 제한 없음	• 국제 상표등록제도 활용 가능
미국	3위	• FDA 사전등록 권장	• 일반 화장품/기능성 화장품(OTC)	• 국제 상표등록제도 활용 가능
일본	4위	• 화장품 제조업 및 제조판매업 라이선스 발급 필요	• 일반 화장품/의약부외품	• 국제 상표등록제도 활용 가능
대만	5위	• 화장품 분류에 따른 광고 허가 필요	• 일반 화장품/함약 화장품*	• 대만 현지에서 직접 상표등록 필요(대만 경제부지혜재산국)
대국	6위	• 태국상공회의소에 등록된 태국 기업을 통해 사전신고 선행	• 전자통관 시스템 통해 사전수입 신고	• 국제 상표등록제도 활용 가능
싱가포르	7위	• 제품 사전등록 필요 (Sing Pass)	• Sing Pass 발급은 현지 시민, 영주권자, 사업비자 소지자에 한함	• 국제 상표등록제도 활용 가능
베트남	8위	• 베트남 의약청 사전승인 필요	• 2010년 도입한 전자통관시스템을 통해 빠른 통관	• 국제 상표등록제도 활용 가능
말레이시아	9위	• NPCB 사전가입 필요	• 전자통관시스템을 통해 빠르게 수속	• 말레이시아 현지에서 직접 상표등록 필요(말레이시아 특허청)
러시아	10위	• 제품 사전인증 필요 • TR CU, 등록증명서 (위생증명서)	• 통관 소요기간 21일 안팎으로 다른 나라에 비해 절차가 긴 편	• 국제 상표등록제도 활용 가능

출처: 관세청 수출입무역통계 및 대한화장품산업연구원 (2017). 「화장품수출가이드」.

하는데, 길게는 1~2년가량 소비되기도 하는 등 시간 손실과 비용 문제가 큰 부담이 되고 있다. 따라서 국가적 차원에서 허가사항 문제를 지원하는 것이 상당히 중요하다.

또 다른 문제는 바로 위조 화장품의 유통이다. 위조 화장품의 유통은 주로 화장품 용기, 라벨, 화장품 원료 등으로 나눠서 각 품목을 생

---

* 대만에서 화장품은 성분에 따라 함약 화장품과 일반 화장품 두 가지로 분류된다. 함약 화장품에는 자외선 차단제, 염색제, 파마제 등 비교적 위험성이 높은 성분이 함유된 화장품이 해당되며, 수입 시 특별히 허가를 받아야 한다.

산하거나, 몇 개의 품목을 한군데서 생산해 유통업자에게 공급하고, 각각의 품목을 공급받은 자가 최종적으로 완성품을 조립하는 방식으로 이뤄진다. 이 위조 화장품은 주로 대형마트, 백화점, 오프라인 전문매장, 온라인 쇼핑몰 등 판매처에 별다른 제약 없이 판매된다. 특히 중국 인터넷 사용자의 증가 및 전자상거래를 통한 소비 습관의 변화로 온라인 화장품 시장에서의 위조 상품 유통은 더욱 확대되고 있다.

위조 화장품 유통으로 인한 피해를 최소화하기 위해 중요한 것은 지식재산권의 확보이다. 물론 개별 기업들이 상표 출원이나 등록을 철저히 하는 것이 중요하나, 국가 차원에서 위조유통 사례를 지속적으로 모니터링하고 분석하는 것이 선제적으로 중요하다. 특허청이나 KOTRA가 위조 화장품 유통 분석 가이드라인을 제공하는 것도 이러한 노력을 위한 기초가 된다. 화장품 수출량이 가장 많은 중국의 상황을 살펴보면, 티몰, 쥐메이, 징둥, VIP닷컴, 르펑 등 중국 온라인 쇼핑몰에서 주로 위조 화장품이 판매되고 있다. 이 중에서 티몰, 쥐메이, 징둥 세 개의 온라인 쇼핑몰에서의 위조 화장품 판매량이 전체의 80% 이상을 차지한다. 제3자가 상표권자의 허락을 받지 않고 화장품 용기, 라벨 또는 포장된 박스 외부에 상표를 표기하고, 그 제품을 판매하거나 판매를 위해 창고에 보관하는 것은 상표법에서 규정하고 있는 상표권 침해행위에 해당한다. 그런데 제3자의 이와 같은 행위에 대해 중국 당국에 단속을 요청하기 위해서는 먼저 자사의 상표가 중국에 등록되어 있어야 한다. 따라서 중국에서 개최되는 박람회에 참가하는 경우 필수적으로 자사의 상표를 중국에 출원했는지 여부를 먼저 체크해야 한다.

국내 기업들이 중국에서 위조 화장품 문제에 대응하는 사전예방 대책으로는 관련 상표 출원과 모니터링이 중요하다. 그러나 중소기업들은 내부에 상표 출원을 담당할 인력이 부족한 점 등의 여러 이유로 이를 해결하지 못하는 경우가 많다. 또한 중국에서 자사의 화장품 관련 상표가 도용당하고 있는지, 위조 화장품이 유통되고 있는지에 대해 사전 모니터링을 진행하는 것은 더욱 어렵다. 따라서 위조 화장품에 대한 적극적인 대응을 위해 정부의 지식재산권 지키기 지원정책이 필요하다.

우리에게 뷰티 한류는 국가적 자부심이다. 그러나 K-뷰티의 K를 떼고도 성공할 수 있어야 앞으로도 지속 가능한 성공을 이룰 수 있을 것이다. 한류가 속한 창조 산업은 기발하고 새로운 것이 아니면 살아남지 못한다. 뷰티 한류 또한 창조적 측면에서 글로벌 뷰티 산업의 선도자가 되어 살아남아야 한다. 이러한 상향식 혁신이 모여 뷰티 산업이 국제적 경쟁력을 갖추고, 이어 국가의 경제 상승으로 이어지는 구조로 이어진다면 이것이 바로 성공경제일 것이다. 수없이 많은 선도자의 도전과 가치창출 활동이 축적될 수 있도록, 혁신 기술을 접목한 상품개발 환경을 구축하고, 해외 진출과 유통환경을 개선하기 위한 정부의 지원과 민간의 노력이 계속되어야 할 것이다.

음식
한류

편견을 뛰어넘어 다양화·다각화로 승부한다
한국외식산업연구원 수석연구원 **서용희**

2017
HALLYU
WHITE
PAPER

음식 한류 현황

라면, 소스류의 수출 호조

2017년도 국내 농수산식품의 수출액 잠정치는 79억 3,100만 달러(약 8조 7,241억 달러)로 전년 대비 약 3% 증가한 것으로 집계됐다.* 이 중 농식품 수출액은 전년 대비 약 5.6% 증가한 68억 3,000만 달러(약 7조 5,130억 원)로 나타났다.** 부류별로는 신선식품의 경우 딸기(29.0%), 인삼류(18.7%)가 증가했으나, 조류독감 Avian Influenza, AI 발생의 영향으로 가금육류가 전년 대비 58.7% 급감하는 등 전년 대비 1.2% 감소한 11억 달러(약 1조 2,100억 원)로 나타났다. 반면 가공식품의 경우 라면(31.2%), 소스류(12.1%) 등의 수출 호조로 전년 대비 7.0% 증가한 57억 3,000만 달러(약 6조 3,030억 원)로 나타나 눈길을 끌었다.

국가별로는 일본(13.4%), 아세안(9.3%), 미국(4.2%), 걸프협력회의 Gulf Cooperation Council, GCC(9.9%), 대만(10.2%) 등은 증가한 반면, 중국은 10% 감소한 것으로 나타났다. 사드 여파에 따른 대對중국 수출 감소분이 일본, 동남아, 중동 등 대체 시장 공략을 통해 2년 연속 5% 이상의 성장세로 유지된 것이다. 특히 최대 수출 시장인 일본의 경우, 지난

---

* 산업통상자원부 (2018. 01. 01). 「2017년 수출입 동향 및 2018년 수출입 전망」 보도자료.
** 농림축산식품부 (2018. 01. 05). 「2017년 농식품 수출, 전년 대비 5.6% 증가한 68억불 달성」 보도자료.

주요 부류별 농림축산식품 수출 실적   (단위 : 백만 달러, %)

구분	2016년	2017년	증감률(B/A)
□ 농림축산식품	6,465.0	6,828.0	5.6
○ 신선	1,109.4	1,096.0	△1.2
○ 가공	3,430.3	5,732.0	7.0
- 과자류	447.0	415.5	△7.0
- 면류	409.6	514.5	25.6
- 주류	369.8	386.5	4.5
- 음료	334.4	347.2	3.8
- 소스류	187.0	209.6	12.1
- 유제품	173.9	127.9	△26.4

출처: 농수산식품유통공사 농수산식품수출지원정보 홈페이지. URL: http://www.kati.net

2012년 이후 수출액이 지속적으로 감소했으나, 2017년 증가세로 전환을 이뤄냈다. 품목별로는 해외 시장에서 라면의 인기가 계속되면서 면류(25.6%)의 수출 증가세가 두드러졌으며, 중화권 시장의 수요 증가에 따른 맥주 수출(23.8%)이 늘어났다. 또한 인삼류는 중국의 현지 뿌리삼 재고 감소와 미국 내 히스패닉·중국계 등 유통망 확대 및 제품 다양화 등으로 두 자릿수 증가세를 보였다.

한편 수산물 수출액의 경우는 전년 대비 약 9.5% 증가한 23억 3,000만 달러(약 2조 5,630억 원, 잠정치)로 집계됐다.* 수산물 수출액이 23억 달러를 돌파한 것은 지난 2012년 이후 5년 만으로, 금액에 있어서도 2012년 23억 6,000만 달러(약 2조 5,960억 원)에 이어 역대 두 번째로 많다. 국가별로는 홍콩과 중국을 제외한 대부분 국가로의 수출이 증가했으며, 그중에서도 대만(40.5%), 태국(32.8%), 프랑스(32.5%)로의 수출이 크게 증가해 수출 상승세를 주도한 것으로 나타났다. 수출 규모로

---

* 해양수산부 (2018. 01. 05). 「2017년 수산물 수출 23.3억 달러로 역대 2위 실적 달성」 보도자료.

는 대(對)일본이 7억 7,000만 달러(약 8,470억 원), 대중국이 3억 7,000만 달러(4,070억 원), 대미국이 2억 8,000만 달러(3,080억 원) 순으로 집계됐다. 품목별로는 김 수출액이 전년 대비 약 45.3% 증가해 사상 최초로 5억 달러(약 5,500억 원)를 돌파한 것으로 잠정 집계됐다.[*] 김 수출 5억 달러는 세계에서 한국이 최초로 거둔 성과이며, 수출 물량 기준으로도 2만 톤을 돌파함으로써 역대 최고 실적을 기록했다. 물량이나 금액에 있어 최대 수출 품목은 참치로, 약 19만 톤을 수출해 62억 5,000만 달러(약 6조 8,750억)를 벌어들인 것으로 나타났다.

한편 '직구(직접 구매)'라 일컫는 PC와 모바일 기반의 온라인 해외 직접 판매액은 '농축수산물'과 '음·식료품' 모두 전년 대비 각각 83.9%, 5.6% 감소한 1억 원과 312억 원으로 집계됐다.[**]

김 수출액 및 수출 물량 추이 (단위: 톤, 천 달러)

구분		2013년	2014년	2015년	2016년	2017년 12월 20일 기준
전체	물량	15,908	15,556	17,694	17,835	20,763
	금액	251,694	274,390	304,868	353,016	500,831
조미 김	물량	11,363	11,230	12,438	11,404	11,990
	금액	180,235	202,466	224,272	236,899	290,367
마른 김	물량	4,395	4,222	5,218	6,400	8,694
	금액	68,797	70,232	79,959	115,681	209,245
기타	물량	150	103	38	31	80
	금액	2,662	1,693	637	436	1,219

출처: 해양수산부. (2017. 12. 26). 「한국 김 수출, 사상 최초로 5억 달러 넘어섰다」 보도자료.

---

[*] 해양수산부 (2017. 12. 26). 「한국 김 수출, 사상 최초로 5억 달러 넘어섰다」 보도자료.
[**] 통계청 (2018. 02. 02). 「2017년 12월 및 연간 온라인쇼핑 동향(온라인 해외 직접 판매 및 구매 통계 '17년 4/4분기 및 연간 포함)」 보도자료.

한식당 수, 3년 새 약 3배 증가

2017년 말 기준, 국내 농수산식품의 수출 대상 국가는 총 205개국에 달하는 것으로 나타났다.* 국제연합UN 가입국이 총 193개국임을 감안한다면, 전 세계 대부분의 국가에서 한국 농수산식품을 접할 수 있는 것이다.

한식진흥원이 2016년 10월부터 2017년 10월까지 1년에 걸쳐 재외공관이 소재한 118개 국가에서 운영 중인 한식당을 전수 조사한 결과, 전 세계적으로 33,499개의 한식당이 운영 중인 것으로 파악됐다. 이는 2014년 11,905개 대비 181.4%로 약 세 배 가까이 증가한 수치다.** 권역별로는 아시아에 28,151개로 가장 많았으며, 이어서 북중미 3,850개, 유럽 864개 순으로, 국가별로는 중국 15,985개, 일본 9,238개, 미국

전 세계 한식당 분포 현황 및 변동 추이 (단위: 개소, %)

구분	2009년	2014년	2017년	2009년 대비 증가율	2014년 대비 증가율
아시아	7,456	9,249	28,151	277.6%	204.4%
북중미	1,144	1,517	3,850	236.5%	153.8%
유럽	321	514	864	169.2%	68.1%
오세아니아	186	413	392	110.8%	-5.1%
남미	80	132	157	96.3%	18.9%
중동	18	33	57	216.7%	72.7%
아프리카	48	47	28	-41.7%	-40.4%
합계	9,253	11,905	33,499	262.0%	181.4%

출처: 한식진흥원 (2017). 「2017 글로벌 한식당 현황 조사 결과」. p. 27.

* 한국농수산식품유통공사 농수산식품수출지원정보 홈페이지. URL: http://www.kati.net
** 한식진흥원 (2017). 「2017 글로벌 한식당 현황 조사 결과」. p. 26.

1,300개 순으로 한식당이 많이 운영되고 있는 것으로 나타났다.

한국농수산식품유통공사에서 파악한 국내 외식기업의 해외 진출 실태를 살펴보면, 2017년 기준, 총 50개 국가에서 193개 외식기업이 6,001개의 매장을 운영 중인 것으로 조사됐다. 전년도 5,476개에 비해 약 9.6%가 늘어난 수치로, 첫 조사를 실시한 2005년 이래로 국내 외식기업의 해외 진출은 매해 지속적인 증가를 거듭하고 있다.

한편 문화체육관광부와 한국문화산업교류재단(현 한국국제문화교류진흥원)에서 세계 15개국 성인 남녀 7,200명을 대상으로 실시한 조사에 따르면, 한국에 대한 연상 이미지에 있어 '한국 음식(김치, 불고기 등)'이 12.5%로 타 한류 콘텐츠들에 비해 가장 높게 나타났으며, 특히 일본(35.5%), 대만(28.3%)에서는 평균의 두 배를 상회하는 높은 응답률을 보였다.* 한국 연상 제품에 있어서도 '김치(7.4%)', '식품(5.0%)'이 휴대폰이나 K-팝 등을 제치고 2위와 5위를 차지한 것으로 조사됐다. 자국에서 인기 있는 한국 콘텐츠 역시 '한국 음식'이 48.6%로 가장 많은 지지를 받은 것으로 나타났다. 한류 콘텐츠에 대한 호감도와 인기도에 있어서도 '한국 음식'이 각각 2위(57.4%)와 1위(47.1%)를 차지해, 타 한류 콘텐츠에 비해 상대적으로 보다 높은 경쟁력을 지녔음을 알 수 있다. 구체적으로 한식이 인기 있는 이유로는 '맛이 있어서'가 31.5%로 가장 많았으며 '건강에 좋은 식재료 사용(14.5%)', '한국 대중문화 콘텐츠에서 접했던 한식/식문화 경험 가능(13.8%)' 순으로 의견을 보였다.

한식 소비자 결과도 의미심장하다. 한식진흥원에서 외국의 주요 도시 10곳에 거주하고 있는 현지인을 대상으로 조사를 시행한 결과, 한

---

* 한국문화산업교류재단 (2017). 「2016-2017 글로벌한류실태조사」, pp. 7~36.

식에 대한 인지도는 64.1%로 3명 중 1명은 한식당을 알고 있는 것으로 나타났으며, 방문 경험 역시 54.7%로 과반수 정도는 실제 한식당을 방문한 경험이 있는 것으로 조사됐다.* 이들의 한식 만족도(83.2%)와 한식당 만족도(92.2%)는 매우 높은 수준으로 한식당 추천 의향 역시 89.7%에 달하는 것으로 분석됐다. 음식을 목적으로 방한할 의향을 묻는 질문에는 56.7%가 의향이 있다고 밝혀 해외 한식당이 국내 음식관광에 긍정적인 영향을 미치고 있는 것으로 나타났다.

---

* 한식진흥원 (2017). 「2017 글로벌 한식소비자 조사보고서」, pp. 1~3.

음식 한류 핫이슈

상품이자 문화가 된 한국 음식

음식 한류를 단지 경제적 측면(대외 거래)에서만 본다면 외국에 한국 음식을 수출하거나 외국인이 한국을 방문해 우리 음식을 구매해야만 이를 음식 한류의 성과로 내보일 수 있을 것이다. 하지만 음식 한류는 돈으로 환산되는 경제적 측면과 함께, 돈으로 환산하기 어려운 문화적 측면을 동시에 지니고 있다. 양자는 결코 별개의 것이 아니다. 문화로서 녹아든 음식 또한 당장은 아닐지라도 언제고 반드시 경제적 가치를 발한다. 이러한 측면에서 한국 음식이 외국의 (식)문화에 자연스레 융화되는 일은 음식 한류의 확산에 있어 매우 중요한 변수가 아닐 수 없다.

한국의 대표적인 음식인 '김치'가 그 대표적인 예다. 유산균이 풍부한 발효식품으로서 김치의 우수성은 이미 여러 과학적 연구들을 통해 입증된 바 있다. 2017년 3월 미국 일간지 《뉴욕포스트 New York Post》는 기사를 통해 '건강하게 오래 살고 싶다면 한국으로 가라'는 내용과 함께 한국의 음식 문화를 소개하기도 했다.[*] 한국인의 식탁에서 빠지지 않는 김치는 포만감을 주는 섬유질과 항산화 성분뿐만 아니라 유산균이 풍부

---

[*] 《뉴욕포스트(New York Post)》 (2017. 03. 07). 〈Diet secrets from the world's healthiest countries〉.

《뉴욕포스트》에 소개된 한국 음식과 김치
출처: 《뉴욕포스트(New York Post)》 (2017. 03. 07).
〈Diet secrets from the world's healthiest countries〉.

해 인체의 병균을 퇴치하는 데도 도움이 된다는 것이다.

김치는 한국의 대표 음식이자 외국인이 한국을 연상할 때 가장 먼저 떠올리는 상품 중 하나이기도 하다.* 하지만 김치의 수출입 동향을 살펴보면 지난 2005년까지는 수출액이 월등한 우위를 점했으나 2006년을 기점으로 수입액과 수출액이 역전된 것으로 나타났다.** 다행히 일본에 대한 수출 의존도(2000년 97.0% → 2016년 59.7%)를 지속적으로 낮추고 수출 대상국 수를 꾸준히 늘리는 등 판로의 다각화를 꾀한 것은 긍정적이라 할 수 있다.

이러한 지속적인 노력이 K-팝과 한국 드라마 등 한류 문화와 맞물려 긍정적인 효과를 가져왔음을 보여주는 결과가 발표되기도 했다. 한국식품연구원 산하 세계김치연구소가 2017년 5월부터 11월에 걸쳐

---

* 한국문화산업교류재단 (2017). 「2016-2017 글로벌한류실태조사」. p. 9.
** 세계김치연구소 (2017). 「2016 김치 수출입 동향」. 단, 2009년은 중국의 멜라민 파동으로 인해 한시적이나마 김치의 수출액이 수입액을 넘어섰다.

약 6개월간 13개국 45개 도시의 레스토랑에서 판매 중인 김치 메뉴를 조사했는데, 그 결과에 따르면 총 63가지의 김치 요리가 현지 음식과 융합된 다양한 형태로 현지에서 선보이고 있다.* 주요 결과를 살펴보면, 해외에서 판매 중인 김치 요리 가운데 대표적인 요리로 김치찌개, 김치볶음밥, 김치전 등이 꼽혔다. 김치찌개를 판매하는 레스토랑은 51개소, 김치볶음밥은 50개소, 김치전은 47개소이며, 그 외 39개소에서는 '김치'를 별도의 메뉴로 유료 판매하고 있었다. 무엇보다 김치가 현지 요리와 융합하여 판매되고 있는 것이 주목할 만하다.

해외 이색 김치 메뉴
출처: 세계김치연구소 (2017. 11. 29). 「김치 어디까지 먹어봤니」 보도자료.

---

* 세계김치연구소 (2017. 11. 29). 「김치 어디까지 먹어봤니?」 보도자료.

치즈닭갈비의 일본 내 인기, SNS 마케팅의 승리

입소문 마케팅buzz marketing은 소비자들이 자발적으로 메시지를 전달하게 함으로써, 상품에 대한 긍정적인 입소문을 내게 하는 마케팅 기법이다. 꿀벌이 윙윙거리는buzz 것처럼 소비자들이 상품에 대해 자주 언급하는 것을 주요 마케팅으로 삼는 것이다. 본래 입소문은 입에서 입으로 전하는 소문을 뜻하나, 정보화 시대의 입소문은 다양한 미디어 매체를 통해서 진행되며, 그 방식(글·사진·음성·영상 등)과 범위도 크게 확장됐다.

2017년 이러한 입소문 마케팅을 바탕으로 냉랭한 반한反韓 감정을 뚫고 일본 내에서 선풍적인 인기를 구가한 한국 음식이 있다. 일본 인스타그램을 중심으로 인기몰이에 성공한 한국의 '치즈닭갈비'가 그 주인공이다. 따끈따끈한 치즈가 쭉 늘어나 식욕을 자극하는 치즈닭갈비 사진이 2017년 한 해 일본인들의 인스타그램을 가득 메웠다.

일본 마케팅 기업 '아시아 마케팅 연맹Asia Marketing Federation, AMF'은 2017년 11월 30일, '2017년 여중·고생 유행어 대상'의 상품 부문에서 치즈닭갈비가 대상을 차지했다고 발표했다. 인물 부문 대상에는 '트와이스TWICE'가 선정됐는데, 치즈닭갈비와 트와이스의 인기에 힘입어 2018년에는 일본에 '쿨 코리아Cool Korea' 현상이 일어날 것으로 예측하기도 했다.* 일본 최대의 조리법 사이트인 '쿡 패드Cook Pad'가 발표한 2017년 '음식 트렌드 대상'에서도 치즈닭갈비가 대상을 수상했다. 치즈닭갈비의 대상 선정 이유로 "인스타그램에 올라온 사진들이 구매 욕구를 자

---

* KOTRA 해외시장정보 (2017. 12. 20). '일본 인스타그램을 장악한 한국 치즈닭갈비'.

チーズタッカルビ

일본 매체에서 언급된 치즈 닭갈비
출처: (상) 《피알타임즈(PRTIMES)》 (2017. 11. 30).
(하) 쿡 패드(Cook Pad) 홈페이지.

극했기 때문"이라고 언급했다.

그런가 하면 일본의 대표적인 음식점 정보 사이트인 '구루나비'에서 발표하는 '올해의 한 접시' 부문 '인기 급상승 키워드 상'에도 치즈닭갈비가 선정됐다.* 작년 대비 1,500배 정도 인기가 급상승한 키워드라는 이유 때문이다. 이밖에도 일본 최대 맛집 웹매거진 《핫 페퍼 Hot Pepper》 12월호에서는 20~30대 남녀를 대상으로 2017년에 유행한 음식 설문 결과를 발표했는데, 치즈닭갈비가 3위에 선정됐다.**

과거 한류 문화가 한·일 관계의 부침에 따라 매우 민감하게 반응했다면, 이번 치즈닭갈비 열풍은 이러한 법칙에 좌우되지 않았다는 점에서 의외라는 평가다. 2016년 말 위안부 소녀상으로 촉발된 반한 감정이 최고조에 달한 상황에서도 한국의 치즈닭갈비가 인기를 끌었기 때문이다. 이는 치즈닭갈비가 일본 젊은 층의 선호 트렌드인 '인스타바에 インスタ映え'와 '시즐감 sizzle感'에 최적인 음식이기 때문이다.***

---

* 라이브재팬 (2017. 12. 25). '2017년 올해의 한 접시 요리는 바로 닭 가슴살 요리!'.
** 한국농수산식품유통공사 농수산식품수출지원정보. '[일본-도쿄] 2017년 일본 유행음식 10위'.
*** '인스타바에(インスタ映え)'는 사진 공유 SNS인 인스타그램에 올리기 위해 찍은 잘 나온 사진을 의미하는 신조어이며, '시즐감(sizzle感)'은 고기 구울 때 소리라는 뜻을 지닌 영단어 'sizzle'에

기존의 정보 전달은 매스컴이 일반 소비자에게 일방적으로 정보를 전달하는 '수직적 흐름'이 주류였다면, 오늘날 SNS는 동일한 가치관·취향을 가진 사람들끼리 모여 이러한 관계들로부터 정보를 공유하는 '수평적 흐름'을 띠고 있어 정보의 확산·영향력도 더욱 커졌다. 이 같은 측면에서, 2017년 7월에 한국문화산업교류재단이 전 세계 12개국 15명의 한류 크리에이터들을 초청해 한국 문화 취재를 지원한 '2017 해외 온라인 오피니언리더 초청사업: Korea Joa'는 한류 확산의 새로운 방식으로 주목받고 있는 페이스북, 유튜브 등 온라인 플랫폼의 중요성을 다시금 확인하는 계기가 되었다. 한국 문화를 사랑하는 전 세계 한류 팬들에게 더욱 신선하고 다양한 소재의 한류 콘텐츠를 전하는 기회로써 매우 긍정적인 시도라 볼 수 있을 것이다.*

한식 요리를 체험 중인 글로벌 유튜브 스타
출처:《서울경제》(2017. 07. 18). 〈해외 유튜브 스타들… "I ♥ 비비고"〉.

　'감'을 붙여 육즙의 느낌을 표현, 식욕이 솟구치는 모습을 가리키는 단어로 쓰인다.
* 한국문화산업교류재단 (2017. 07. 11). 「전 세계 한류 크리에이터, 한국에 모이다」 보도자료.

시장 다변화는 선택이 아닌 필수

　2016년 촉발된 사드 배치 보복으로 대중국 수출길이 막히면서, 2017년 국내 식품 및 외식업계는 상당한 손해를 감내할 수밖에 없었다. 중국 정부의 보복성 조치가 전방위로 확산된 가운데 각종 규제와 불매 운동 여파로 2017년 4월 대중국 수출이 마이너스로 돌아선 바 있다. 중국에서 신라면 등을 판매하는 농심은 2017년 상반기 중국에서 28억 원의 영업 손실을 냈으며, 초코파이 신화를 쓴 오리온도 상반기 141억 원의 영업 손실을 냈다. 결국 오리온은 중국 법인 인력 1만 3,000명 중 20%가량을 감원하기도 했다.* 하지만 하반기 들어 김·라면·맥주 등 일부 품목의 수출은 증가한 것으로 나타났는데, 주된 요인이 중국 내부적 상황에서 기인한 만큼 근본적 문제의 해결로는 볼 수 없다. 예컨대, 김 수출이 대폭 증가한 것은 중국 현지의 작황 부진 여파로 원료 김 수출이 늘었기 때문이며, 맥주는 국내 제조업체들이 제조업자 개발생산Original Development Manufacturing, ODM으로 만든 제품을 중국에 수출하고 있어 사드 보복의 영향을 상대적으로 덜 받은 탓이다.** 외식업체도 다를 바 없다. 설빙은 중국에서 상표권 소송에 휘말렸으며, 미스터피자는 출점을 중단한 상태이다. 교촌치킨 역시 현지 업체와 갈등을 빚으며 사실상 철수한 것으로 알려졌다.***

　이렇듯 신보호무역주의 확산과 무역 보복 등 통상 여건의 악화로 기존 미·중·일 3개국 중심의 농식품 수출이 위축되고 있는 가운데,

---

* 《세계일보》 (2017. 09. 10). 〈유통·화장품·식품, 中 '사드 보복' 피해 눈덩이〉.
** 《연합뉴스》 (2017. 10. 09). 〈라면·맥주·김, 사드 보복 '무풍지대'… 대중 수출 급증〉.
*** 《매일경제》 (2017. 12. 20). 〈한국선 가맹사업 성장 힘들어… 더 위험하지만 일단 해외로〉.

수출 시장 다변화 전략 권역 및 국가

권역	최우선 전략 국가	차순위 전략 국가
아세안+인도	인도	미얀마, 캄보디아, 라오스
중동+중앙아시아	카자흐스탄	터키, 사우디아라비아, 이란
유럽	이탈리아	폴란드, 스웨덴, 체코
중남미	브라질	멕시코, 아르헨티나, 칠레
아프리카	남아공	이집트, 나이지리아

출처: 농림축산식품부. (2017. 04. 04). 「농식품 수출 신규시장 개척을 위한 '농식품 청년 해외 개척단(AFLO)' 발대식 개최」보도자료.

농림부는 신규 수출 시장을 개척하기 위한 시장 다변화 전략을 돌파구로 제시했다. 먼저 이를 위해 한국농수산식품유통공사와 함께 시장 다변화 테스크포스를 구성, 수출 시장 다변화 5개 전략 권역과 20개 전략 개척국가(최우선 5개국, 차순위 15개국)를 선정한 바 있다.

또한 2017년 4월 '농식품 청년 해외 개척단Agrifood Frontier Leader Organization, AFLO'을 발족하고, 이들을 시장 다변화를 위한 최우선 전략 국가에 파견해 시장 조사, 신규 바이어 발굴은 물론 초도 수출까지의 성과 창출을 목표로 수출 시장 다변화를 모색했다.

그중 인도와 남아공에 파견된 팀은 2017년 7월에 각각 최초로 김치와 두유 수출 계약을 체결하는 수출 성과를 달성했으며, 브라질 팀은 현지 19개 대형 바이어를 발굴, 현지 마트 신규 입점에 성공하는 등 새로운 시장 개척에 혁혁한 공을 세우기도 했다.* 외식업체들도 시장 다변화에 팔을 걷어붙이면서 베트남, 태국 등 동남아 국가 진출에 박차를 가하고 있는 형국이다. 이러한 노력은 가시적인 결과로 나타났다. 애초의 우려와 달리, 2017년 한 해 농림축산식품 수출 실적은 91억 5,570만

---

* 《조선비즈》 (2017. 08. 03). 〈농식품 수출시장 다변화, '공사-기업-청년' 상생 트리오로 정면 돌파〉.

농식품 해외개척단(AFLO) 단원들의 모습
출처: 《농업축산신문》 (2017. 04. 05). 〈농식품 수출시장 다변화 위해, 청년이 나선다〉.

달러(약 10조 713억 원)로 전년 대비 오히려 약 6.6% 늘어난 것으로 집계됐다. 대중국은 전년 대비 7.7% 감소했으나, 브라질(58.1%), 태국(43.2%), 남아공(42.0%), 러시아(30.6%) 등에서 선전하며 시장 다변화에 일부 성공했다. 하지만 당장의 성과에 취한 안일한 대처는 경계해야 마땅하다. 어느 시장이든 처음 발을 들이는 것만큼이나 지속 유지하고 전보다 키워나가는 것이 더욱 어려운 일이기 때문이다.

주요
진출국 및
진출 경로

진출 1위국은 중국, 비한식 매장의 약진

한국농수산식품유통공사에서 실시한 「2017년 국내 외식기업 해외진출 실태조사」에 따르면 총 50개국에서 193개 업체, 6,001개의 한

국내 외식기업 해외 진출 주요 국가 (복수 응답)

구분	기업 수(개)	비중(%)	매장 수(개)	비중(%)
중국	125	64.8	2,942	49.0
미국	56	29.0	1,279	21.3
베트남	31	16.1	322	5.4
필리핀	30	15.5	308	5.1
인도네시아	29	15.0	220	3.7
일본	28	14.5	92	1.5
말레이시아	27	14.0	95	1.6
홍콩	27	14.0	78	1.3
싱가포르	26	13.5	86	1.4
태국	25	13.0	205	3.4
대만	21	10.9	99	1.7
호주	13	6.7	40	0.7
캄보디아	11	5.7	31	0.5
몽골	9	4.7	50	0.8
캐나다	7	3.6	8	0.1
마카오	5	2.6	7	0.1

출처: 한국농수산식품유통공사 (2017). 「2017 국내 외식기업 해외진출 실태조사」, pp. 10~11.

국 음식 매장이 운영 중인 것으로 나타났다. 전체 해외 진출 매장 중 중국에 2,942개, 미국에 1,279개 매장이 운영되고 있으며, 이는 전체의 약 70.3%에 해당한다. 한편 베트남, 필리핀, 인도네시아 등 동남아시아 지역 국가에 대한 해외 진출이 지속적으로 늘어나는 추세다. 업종별로는 한식 매장이 925개, 비한식(치킨·서양식·제과 등) 매장이 5,076개 진출해 약 84.6%가 비한식 매장인 것으로 조사됐다. 이들 매장의 연간 매출액은 평균 약 5억 9,000만 원으로 나타났다.

'마스터 프랜차이즈' 방식을 통한 해외 진출 확대

국내 외식기업의 해외 진출 방식으로는 마스터 프랜차이즈 방식이 전체의 절반을 상회하는 54.1%로 조사됐다. 이어 국제 가맹점을 통한 진출이 23.6%, 라이선스 기술 전수가 10.3% 순으로 높게 나타났다. 반면, 직접 직영점을 운영하는 방식은 7.0%에 그쳤다.

국내 외식기업 해외 진출 방식 (단위: %)

구분	전체	업종별					
		한식	서양식	디저트	일식	중식	기타
직접 직영점 진출	7.0	7.5	8.3	6.3	0.0	0.0	0.0
마스터 프랜차이즈	54.1	43.8	50.0	66.7	66.7	50.0	100.0
국제 가맹점 진출	23.6	40.0	20.2	7.9	33.3	50.0	0.0
기술 전수(라이선스)	10.3	2.5	16.7	14.3	0.0	0.0	0.0
기술 전수(시설 장비)	2.9	0.0	4.8	4.8	0.0	0.0	0.0
기타(합자)	2.1	6.3	0.0	0.0	0.0	0.0	0.0

출처: 한국농수산식품유통공사 (2017). 「2017 국내 외식기업 해외진출 실태조사」, p. 39.

마스터 프랜차이즈는 기업이 해외에 직접 진출하는 대신 현지의 기업과 계약을 맺고 가맹 사업 운영권을 판매하는 방식을 말한다. 현지 법률이나 시장 동향에 어두워 실패할 가능성이 상대적으로 큰 직접 진출의 위험성을 줄일 수 있다는 점에서 이 방식을 많이 선호한다. 하지만 마스터 프랜차이즈는 해외 매장의 고객 서비스나 상품 품질, 브랜드 이미지를 현지 파트너사에게만 의존해야 하는 문제가 있다. 파트너사가 경영 능력이 부족할 경우 본사 기업이나 브랜드 이미지에 손상을 입는 위험성도 있어 파트너사 선택에 신중을 기해야 한다.

　　디저트 카페 기업 '설빙'은 2017년 7월 중국 허난성河南省 등 5개 지역으로 진출을 확대하기 위해 '서안설빙찬음관리유한공사西安雪氷餐飮管理有限公司'와 마스터 프랜차이즈 업무협약을 체결했으며, 이어 12월에는 필리핀 현지 기업인 번 영 컴퍼니Beon yeong company와 마스터 프랜차이

설빙의 마스터 프랜차이즈 계약 체결식 현장
출처: 《한국프랜차이즈산업신문》 (2017. 12. 11). 〈설빙, 캄보디아 이어 필리핀 마스터 프랜차이즈 계약〉.

즈 계약을 맺은 바 있다.* 이외에도 즉석떡볶이 전문점 '두끼'는 2017년 6월 베트남 현지 기업과 마스터 프랜차이즈 계약을 체결했으며, 한식 포장 전문 프랜차이즈 '국사랑'은 홍콩·중국·마카오 지역에 100만 달러(약 11억 원) 상당의 마스터 프랜차이즈 계약을, 삼겹살 구이 전문점 '구이가'는 상하이와 광둥성에 대한 마스터 프랜차이즈 계약을 성사시키는 등 해외 현지 법인을 통한 마스터 프랜차이즈 방식의 진출이 주된 해외 진출 방식으로 자리 잡아가고 있는 실정이다.**

---

* 《연합뉴스》(2017. 7. 15), 〈설빙, 중국 매장 확대… 마스터 프랜차이즈 MOU〉;《한국프랜차이즈산업신문》(2017. 12. 11), 〈설빙, 캄보디아 이어 필리핀 마스터 프랜차이즈 계약〉.
** 《매일경제》(2017. 10. 16), 〈국사랑, 해외 마스터프랜차이즈와 MOU체결… 해외 진출 신호탄 쏘다〉;《조선비즈》(2017. 5. 18), 〈구이가, 中 상해·광둥성 마스터 프랜차이즈 계약 체결〉.

2018 음식 한류 전망

신뢰도 높은 정보의 유무가 해외 진출 성패를 좌우

'2017 외식기업 해외진출 실패요인분석 사례집'에 따르면 해외 진출에 실패한 대부분의 기업들은 주로 '인허가 취득', '지식재산권 분쟁', '파트너사 선정', '매장 입지 선정' 등을 실패요인으로 꼽았다. 결과적으로 법률 및 제도, 문화 등 진출 국가에 대한 정보와 이해의 부족이 해외 진출 실패의 결정적 요인이 되었음을 알 수 있다. 예컨대 중국인은 체면을 중시해 크고 화려한 음식점을 선호하기에 치킨 배달 방식이 정착되기 어렵다든지(BBQ치킨), 음식을 푸짐하게 차려도 상당량을 남기는 경향이 있어 뷔페 방식이 적절치 않다든지(애슐리) 하는 식이다.

해외 진출을 모색 중인 기업 스스로가 진출 시기나 방식 등 다각적인 조사를 실시해야 함은 물론이다. 그러나 개별 기업들이 현지 정보를 일일이 수집·분석하는 데에는 상당한 시간과 비용이 소요될 뿐만 아니라 수집할 수 있는 정보의 범위에도 제약이 따른다. 그렇기에 의외로 많은 기업들은 시판 중인 책자나 인터넷에 떠도는 정보들에 대한 의존성이 매우 높다. 이들 정보는 대개 구체적이지 않거나 정확성이 떨어지는 데다가 상당히 철지난 정보라는 한계를 지닌다.

최근 우리 식품의 수출(혹은 외식업체의 해외 진출) 동향을 살펴보면, 특정 상품·특정 국가로 편중됐던 관행을 벗어나 수출 상품과 국가를 점차 확대해나가고 있음을 알 수 있다. 그만큼 새로운 상품과 시장에 대한 다양하고 믿을 수 있는 정보가 요구된다. 신뢰도 높은 정보의 유무가 해외 진출 성패를 좌우하기 때문이다.

물론 대한무역투자진흥공사KOTRA, 한국농수산식품유통공사aT 등 유관 기관들이 해외 시장에 관한 정보를 제공하고 있으나, 외국의 법률이나 제도에 근거한 통관·관세, 특허·인증 등의 정보가 주를 이루고 있다. 이러한 정보들은 분명 실패 가능성은 낮춰줄 수 있으나, 성공 가능성을 높여줄 수는 없다. 따라서 정부 및 관계 기관에서는 현지에 위치한 외교공관, 한국문화원, 해외 지사뿐만 아니라 현지 한인회 및 유학생 모임 등과 긴밀히 연계해 다양한 정보들을 수집·제공해야 한다. 여기에는 특정 국가의 역사, 관습, 종교 관련 정보와 더불어 국민 정서, 소비 형태, 트렌드 등의 시의성 있는 정보들도 담겨 있어야 한다. 기업이 상품의 구성이나 제조 및 판매 방식을 결정하는 데 도움을 주고, 해외 진출의 성공 가능성을 높일 수 있도록 하기 위함이다.

자유무역협정에 따른 한국 식품 수출 전망

2018년 세계 경제는 2016년부터 나타난 투자, 교역, 산업 생산 등의 회복세가 완만하게 지속되는 가운데 2017년 3.6%보다 0.1%p 상승한 3.7%대의 성장률을 보일 전망으로, 이는 한국 경제에 호재로 작용할 수 있다.* 세계 식품 시장은 확대될 것으로 예상되는데, 성장 규모는 아

---

* IMF (2017. 10). 「World Economic Outlook」.

시아·태평양 지역이 8% 이상으로 가장 크며, 유럽과 북미의 식품 시장은 성장률이 3% 수준에 머물 것으로 보인다.

대외 거래에 있어 매우 중요한 통상 수교의 경우, 2017년 3월 가서명을 완료한 한·중·미 자유무역협정Free Trade Agreement, FTA이 서명 및 국내 비준을 거쳐 2018년 발효 예정에 있다. 현재 정체된 역내포괄적경제동반자협정Regional Comprehensive Economic Partnership, RCEP 및 에콰도르, 이스라엘과의 자유무역협정은 2018년 연내 타결을 목표로 추진될 전망이다.* 아세안·인도·칠레 등과 자유무역협정을 발효했음에도 불구하고, 일부 상품의 양허 및 원산지 기준이 제한되어 있는 협정을 중심으로 추가 자유화 논의도 진행 중에 있다. 한·미 자유무역협정의 경우 통상 절차법에 따른 국내 절차가 완료되어 2018년 1월 5일부터 미국과의 개정 협상이 개시될 예정인데, 트럼프 행정부 출범 이후 지속되고 있는 미국발 수입 규제가 한층 강화될 가능성에 유의해야 할 것으로 보인다. 특히 트럼프 대통령이 후보 시절 한·미 자유무역협정을 '일자리를 빼앗는 협상'으로 비판한 바 있어 이 협정을 미국 무역 적자의 원인으로 보는 시각이 바뀌지 않는다면 협상에 난항이 길어질 것으로 예상된다. 특히 자동차와 철강뿐만 아니라 농축산물이 미국의 표적이 될 가능성이 커 벌써부터 개정 협상의 여파를 우려하는 시선이 적지 않다.**

2017년 중국과의 사드 배치 갈등으로 인해 불매 운동 확산과 영업 정지 등으로 매출이 크게 줄어 중국에 진출한 기업 다수가 철수한 바 있다. 이에 대중국 수출은 과자류, 조제분유, 음료류를 중심으로 크게 줄었

---

* 한국무역협회 (2017. 11), 「2017년 수출입 평가 및 2018년 전망」, 《트레이드 포커스》, 45호.
** 《에너지경제》 (2017. 01. 02), 〈2018년 경제 변수 FTA… 美에 빗장 걸고, 中 문 두드리고〉.

는데, 최근 한·중 관계가 개선의 기미를 보이며 2018년에는 수출이 증가할 것으로 예상된다. 그럼에도 불구하고 2018년 초 1차 개정 협상이 예정된 한·중 자유무역협정 협상에서도 주의를 기울여야 할 것으로 보인다. 한·미 자유무역협정과 달리 한·중 자유무역협정은 한국에게 더 실익이 많다는 낙관적인 시각이 지배적이지만, 이미 사드 보복을 경험한 바 있는 정부는 한·중 자유무역협정에 있어 투자자 보호와 안정적 투자 환경 조성 기능을 강화하는 데 집중할 방침이다. 따라서 진출 국가의 무역협정 내용과 규제 동향을 면밀히 파악해 해외 진출의 실패 요인을 최소화하고, 진출 이후에도 신속하고 유연한 대응에 주의를 기울여야 할 것이다.

2018년 자유무역협정 추진 전망[*]

발효(16건, 57개국)		협상 중		검토 중	
기(旣)발효 (15건, 52개국)	신규 발효 (1건, 5개국)	신규	개선	협상 재개 여건 조성	여건 검토 공동 연구
칠레, 싱가포르, EFTA(4), ASEAN(10), 인도, EU(28), 페루, 미국, 터키, 호주, 캐나다, 중국, 베트남, 뉴질랜드, 콜롬비아	중미 (SIECA- 과테말라 제외, 5)	한·중·일, RCEP(16), 에콰도르, 이스라엘	아세안, 인도, 칠레, 한중 FTA 서비스·투자	멕시코, GCC	MERCOSUR, EAEU

출처: 한국무역협회 (2017. 11). 「2017년 수출입 평가 및 2018년 전망」. 《트레이드 포커스》, 45호.

---

[*] EFTA(European Free Trade Association, 유럽자유무역연합), ASEAN(Association of Southeast Asian Nations, 동남아시아국가연합), EU(European Union, 유럽연합), MERCOSUR(Southern Common Market, 남미공동시장), EAEU(Eurasian Economic Union, 유라시아경제연합).

관광 한류

관광 한류韓流 vs. 관광 한류寒流

한국방문위원회 마케팅팀 팀장 **정주영**

2017 HALLYU WHITE PAPER

관광 한류 현황

2017년 방한 관광 시장에는 한류(寒流)가 흘렀다. 2018 평창 동계 올림픽이라는 세계인의 축제를 앞두고, 방한 관광 시장의 견인차 역할을 하는 한류(韓流)의 열기는 분명 뜨거웠지만 북핵으로 야기된 안보 위기가 방한 관광 시장을 차갑게 경색시켰다. 그 결과 한국을 방문한 외래 관광객은 전년 대비 22.7% 감소한 1,334만 명에 그쳤다(한국관광공사, 2018). 사드THADD(고고도미사일방어체계) 배치에 따른 한·중 간 갈등과 북한의 핵실험이 방한 시장에 찬물을 끼얹은 탓이다. 미국 ABC 방송사는 2017년 최대 국제뉴스로 북한의 핵위협과 한반도 긴장고조를 꼽았

연도별 방한 외래관광객 증감 추이

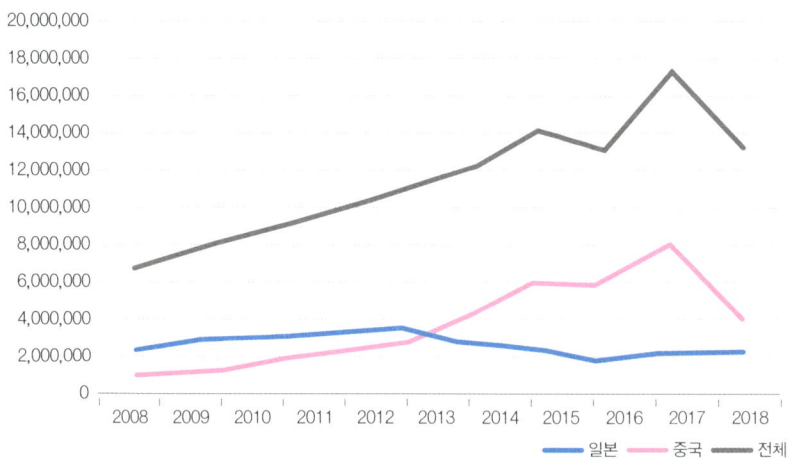

출처: 한국관광통계. URL: http://tour.go.kr/

고, 외신에서 집중 조명한 한반도의 불안정한 정세는 전 세계 방한 심리를 크게 위축시켰다. 관광의 주요 변수인 환율에서도 원화가 강세를 보이면서 한국 관광 경쟁력은 더욱 취약해졌다. 2017년 1분기까지 증가세를 보였던 중국과 일본, 유럽, 미주 시장은 5월 이후 감소세로 돌아섰고, 한국을 방문한 외래관광객은 전년 대비 22.7% 감소한 1,334만 명에 그쳤다. 2016년 방한 시장에서 47%를 차지했던 중국 관광객은 전년 대비 48.3%로 급감했다. 국가별 점유율은 중국 31%, 일본 17.3%, 대만 6.9%, 미국 6.5% 순으로 나타났다.

반면, 2017년 한국 국민 해외여행객은 전년 대비 18.4%가 늘어난 2,650만 명을 기록했다. 역대 최대치다. 세계관광기구World Tourism Organization, WTO에 따르면 2017년 전 세계 해외여행객은 전년 대비 7% 증가한 13억 2,000만 명으로 역대 최대 규모이며, 2010년 이후 7년 만에 가장 가파른 속도로 증가한 수치다. 한국 국민의 해외여행객 증가율은 이러한 세계 해외여행객보다 2.6배나 높다. 인구 대비 출국자 수는 약 48%로 2017년에 한국 국민 두 명 중 한 명꼴로 해외여행을 간 셈이다.

해외여행 증가는 선진국에서 흔히 볼 수 있는 현상이나, 해외여행객과 방한객의 불균형 심화는 관광산업 생태계를 위협한다. 대표적인 사례로 한국인들의 해외여행이 증가하면, 외국인 관광객들의 한국행 항공권 구매가 어려워져 오히려 방한 시장이 위축된다. 이는 방한 외래관광객이 한국에서 지출한 금액(관광수입)과 한국 국민 해외여행객이 해외에서 지출한 금액(관광지출)의 차이인 관광수지 적자를 야기하고, 내수 시장 기반을 흔드는 결과를 초래한다.

건강한 관광 산업 생태계 구축을 위해 관광업계는 외래관광객 유치와 국내 관광 활성화에 집중했다. 특히 타격이 컸던 인바운드 시장

주요 국가별 방한 입국객 추이 (단위: 명, %)

국적별	2015년		2016년		2017년		계	
	인원(명)	성장률(%)	인원(명)	성장률(%)	인원(명)	성장률(%)	인원(명)	구성비(%)
일본	1,837,782	-19.4	2,297,893	25	2,311,447	0.6	26,737,571	23.3
중국	5,984,170	-2.3	8,067,722	34.8	4,169,353	-48.3	38,117,432	33.3
대만	518,190	-19.5	833,465	60.8	925,616	11.1	5,549,281	4.8
필리핀	403,622	-7.2	556,745	37.9	448,702	-19.4	3,759,444	3.3
홍콩	523,427	-6.3	650,676	24.3	658,031	1.1	4,036,498	3.5
태국	371,769	-20.4	470,107	26.5	498,511	6	3,489,009	3
말레이시아	223,350	-8.7	311,254	39.4	307,641	-1.2	1,906,389	1.7
싱가포르	160,153	-20.4	221,548	38.3	216,170	-2.4	1,557,618	1.4
인도네시아	193,590	-7.1	295,461	52.6	230,837	-21.9	1,648,355	1.4
베트남	162,765	15	251,402	54.5	324,740	29.2	1,452,112	1.3
미국	767,613	-0.3	866,186	12.8	868,881	0.3	7,228,968	6.3
캐나다	145,547	-0.6	175,745	20.7	176,256	0.3	1,362,756	1.2
러시아(연방)	188,106	-12.3	233,973	24.4	270,427	15.6	1,827,914	1.6

출처: 한국관광통계. URL: http://tour.go.kr/

에서는 한류를 매개로 동남아 시장 확대 정책, 무슬림 친화정책, 의료관광과 마이스MICE(기업회의Meeting, 포상관광Incentives, 컨벤션Convention, 전시Exhibition) 활성화 정책 등 시장 다변화 정책을 펼쳐나갔다. 일본과 중국 시장의 비중이 컸던 만큼 완전한 극복은 어려웠으나, 베트남은 29.2%, 중동 지역은 12.4%, 대만은 11.1%씩 전년 대비 성장률을 보이는 등 향후 시장 다변화 가능성을 보여줬다.

특히 위의 표에서 나타난 베트남, 대만, 홍콩, 태국의 약진은 한류의 영향력에 기반을 두었다고 해도 과언이 아니다. '한류'라는 목적 지향 여행을 추구하는 이들은 한국 문화에 대한 이해도가 높고, 한국에 우호적인 성향을 지니기 때문에 정치적 이슈에 민감도가 상대적으로 낮은 편이다. 때문에 한류 관광객은 한반도 안보 위기에 크게 영향받지 않고 한국을 방문했다고 볼 수 있다.

2017년처럼 정치적·외교적 리스크가 큰 시기에 충성도가 높은 한류 관광객 유치를 위한 노력은 더욱 절실하다. 더군다나 한류의 영향력이 K-팝 공연이나 한류 스타에 국한되지 않고 음식, 의료, 패션, 뷰티 등으로 확장됨에 따라 관광에 미치는 파급효과의 규모와 영향력은 더욱 커지는 추세다. 관광업계는 한류 스타나 한류 드라마에서 시작한 한국에 대한 호감이 한국 방문까지 이어질 수 있도록 잠재 한류 관광객을 사로잡을 방법을 다각도로 펼치고 있다.

관광
한류
핫이슈

한국여행 금지령

중국인 관광객으로 북적이던 명동 거리는 2017년 그 어느 때보다 한산했다. 지금까지 중국인 관광객은 명동 거리의 일부라고 해도 과언이 아니었지만 중국 관광 주무부처인 국가여유국國家旅遊局에서 3월 15일 내린 '한국여행 금지령'* 이후 유커游客(중국인 단체관광객)는 자취를 감추었다. 2016년 전체 방한객 시장의 46.8%(806만 명)에 달했던 중국

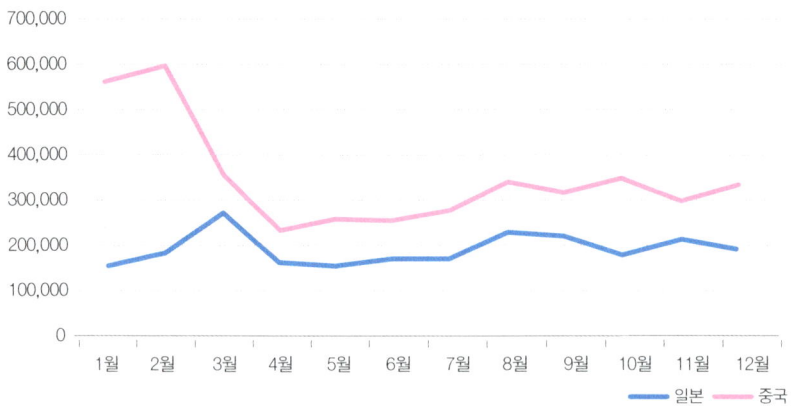

월별 일본·중국 관광객 증감 추이

출처: 한국관광통계. URL: http://tour.go.kr/

---

* 《조선일보》 (2017. 03. 15). 〈'사드보복'中, 오늘부터 '한국 관광금지' 전면 발효〉.

인 관광객 수는 2017년 48.3% 감소한 416만 명으로 급감했다. 중국 대형 여행사들이 한국행 단체관광상품 판매는 물론 한국 단체관광 비자신청 서비스도 중단하면서 유커의 한국행 발길이 뚝 끊긴 것이다.

제2의 방한 시장인 일본은 2012년 독도 영유권 문제 이후 급감했다가 2016년에서야 전환되어 오랜만에 훈풍이 부는 듯했다. 그러나 2017년 4월 11일 일본 외무성 누리집에 한국을 방문하는 자국민에게 한반도 정세에 주의하라는 경고문을 게재*하면서 방한 시장은 바로 위축됐고, 4월 이후에는 감소세에 접어들었다.

중국 의존도가 높았던 관광업계가 타격을 입은 것은 물론, 면세점과 화장품 등 관련 유통업계의 피해도 극심했다. 국내 화장품업계 1위 기업인 아모레퍼시픽그룹의 영업이익이 전년 대비 32.4% 감소하면서 11년 만에 처음으로 역신장했고, 한화갤러리아 면세점은 제주국제공항 면세점 사업권을 반납하기도 했다. 한때 중국인으로 인산인해를 이뤘던

2017년 한국 관광 복합 위기별* 방한객 감소율 (단위 : %)

시기(2017년)	이슈	중국 방한객	중국 외 방한객
3월	[15일] 중국 여유국, '한국여행 금지 7대 지침'	-40.0	10.8
4~5월	북한 중거리 탄도 미사일 발사 등	-64.1	-7.9
6월	[8일] 지대함 미사일 발사	-66.4	-7.4
7월	[4일, 28일] ICBM 발사	-69.3	-7.5
8월	[29일] ICBM 발사	-61.2	-3.3
9월	[3일] 6차 핵실험 및 수소탄 실험	-56.1	-4.7
10~11월	ICBM 화성-15 발사	-42.9	-0.0003

*주: 위기 요인에 한한령, 북핵 및 미사일 위협 등이 포함됨.
출처: 한국관광공사 내부자료

---

* 《국민일보》(2017. 04. 11). 〈소녀상·정세불안 등 빌미로 日외무성, 한국 방문주의 경고〉.

서울 명동 일대에는 폐업 점포가 속출하기에 이르렀다.

이 같은 경제적 피해가 늘어나자, 한국 정부는 중국과 갈등을 해결하고자 협상 테이블을 마련했다. 그 결과, 2017년 10월 31일 양국 외교부는 모든 분야의 교류 협력을 정상적인 발전 궤도로 회복시키기로 합의했다. 이어 11월 28일, 중국 국가여유국은 베이징과 산둥성 지역에 한해 한국행 단체상품 판매를 허용함으로써 갈등이 일단락되는 듯했다. 그러나 온라인 판매를 금지하고 롯데 소유의 호텔이나 면세점을 이용하지 말라는 단서를 달아 효과는 극히 제한적일 전망이다.

반면, 한국은 이미 유커가 돌아오는 신호탄을 쏘아 올린 것처럼 대대적인 환영행사와 언론보도를 펼쳤다. 오랫동안 유커 갈증에 시달린 면세점은 이를 계기로 적극적인 프로모션을 추진했다.* 신라면세점은 중국 대표 메신저인 위챗과 손잡고 위챗페이Wechatpay를 이용한 송금과 결제 서비스를 도입했고, 대중교통 이용 여행객들을 위해 택시호출 서비스와 대중교통 이용 안내서비스도 제공했다. 롯데면세점은 대세 아이돌인 방탄소년단BTS을 홍보 모델로 앞세워 SNS 홍보, 중국 현지 여행사 관계자와 함께하는 팸투어Familiarization tour(현지답사여행)를 검토하는 등 대대적인 마케팅을 준비 중이다.

하지만 한국행 단체관광상품을 판매하려는 여행사들의 경쟁이 심화되면서 허가 지역을 넘어선 판촉활동이 이뤄지자 국가여유국은 허가를 내린 지 한 달도 지나지 않아 산둥성 지역에 2018년부터 한국 단체관광 잠정 중단을 통보했다.** 한한령이 명확하게 해지되지 않은 채 미온

---

* 《스포츠동아》(2017. 11. 29). 〈면세점 '한류마케팅' 팔 걷었다〉.
《한겨레》(2017. 11. 28). 〈유커가 돌아온다… 중국, 한국행 단체관광 금지 부분해제〉.
** 《중앙일보》(2017. 12. 21). 〈한국관광 다시 묶은 중국의 오만… "이유는 없다"〉.

적인 중국의 태도에 한국 관광업계는 일희일비 중이다. 유커는 언젠가 한국을 다시 찾겠지만 언제든 봉쇄될 수도 있다는 점을 다시 한번 상기할 필요가 있다.

평창 동계올림픽에 대한 기대감

2018년 2월에 열리는 '2018 평창 동계올림픽'은 한국 관광의 호재임이 분명하다. 전 세계인이 주목하는 메가 이벤트로 사드 한파를 풀어줄 계기이자, 한국의 지방 관광 활성화에도 적잖은 기여를 할 것으로 예상된다. 축제·국제회의·올림픽·월드컵 등의 문화예술 행사는 해당 국가에 방문해 직접 참여하고자 하는 욕구를 증대시킨다는 연구 결과가 있듯이, 실제 1998년 서울 올림픽과 2002년 한·일 월드컵은 외국인 관광객의 한국 방문을 폭발적으로 증가시키는 계기가 됐다.

한국 정부도 이번 평창 동계올림픽을 단순 스포츠 이벤트로만 그치지 않고 '문화올림픽'으로 승화시키기 위해 다양한 준비를 하고 있다. 행사 기간 150여 개 문화·예술 프로그램을 통해 한국의 문화관광 가치를 세계에 알리고, 서울로 편중된 외래관광객을 강원도로 적극 유치할 예정이다.

평창 동계올림픽 조직위원회는 올림픽 붐업boom-up을 위해 한류를 적극 활용했다. D-500·D-365·D-100 등 기념일마다 대규모 한류 콘서트를 개최했고, 박지성·류현진·추신수 같은 스포츠 스타들과 이민호·김우빈·이동욱 등의 한류 스타, 태양·정용화·AOA·걸스데이 등 K-팝 가수들을 홍보대사로 위촉해 전 세계적 관심과 참여를 유도했다.

이민호

김우빈

태양

걸스데이

AOA

정용화

이동욱

장근석

평창 동계올림픽 홍보대사로 위촉된 한류 스타
출처: 평창 동계올림픽 조직위원회 홈페이지

(상) 평창 동계올림픽 기간에 개최된 장근석 팬미팅 광고
(하) 일본《닛칸 스포츠》의 장근석 단독 인터뷰 관련 지면
출처: 장근석 페이스북

특히 한류 스타 장근석은 2018 평창 동계올림픽 홍보대사로서 한국과 평창을 알리는 데 적극적으로 나서고 있다. 2018년 1월 1일자 일본 지면 매체에 '2018년 한국에서 만나요'라는 자필 메시지를 게재하고, 일본 오사카에서 열린 콘서트 현장에서 평창 동계올림픽 마스코트인 수호랑과 반다비를 소개하며 직접 인형을 나누어주는 등 일본 내에서 올림픽에 대한 관심과 참여를 끌어내기 위한 노력을 적극 펼쳤다. 뿐만 아니라 평창 동계올림픽 개최 기념 성화봉송 춘천 구간 주자로도 활약하고 팬들과 함께 경기를 관람하는 이벤트를 개최하는 등 한류 스타로서 올림픽 홍보대사 역할을 톡톡히 해내고 있다.

행사 기간 한국이 배출한 세계적인 문화예술계 스타들의 공연도 이어진다. K-팝 스타들을 한자리에서 만날 수 있는 'K-POP월드페스타'를 비롯해, 바이올리니스트 정경화, 피아니스트 손열음, 발레리나 강수진과 김유미 등의 공연이 행사 기간 내내 펼쳐진다. 더불어 주변 관광지와 연계한 관광 프로그램을 개발해 한류를 활용한 문화관광 콘텐츠로 한국을 찾는 외국인 관광객들에게 풍성한 볼거리를 선사할 예정이다.

2020년 도쿄 하계올림픽과 2022년 베이징 동계올림픽 개최를 앞두고 있는 만큼 일본과 중국에서 이번 올림픽에 대한 관심이 높을 수밖에 없다. 2018 평창 동계올림픽을 계기로 경색된 일본과 중국 방한 시장에 물꼬가 트일 것으로 전망하고 있다. 특히 이번 올림픽은 북한의 참여를 통해 '평화올림픽'으로 전 세계의 주목을 받음으로써 위축된 방한 시장의 긴장을 풀어줄 가능성은 한층 더 높아졌다.

관광 한류의 역발상, 〈어서와~ 한국은 처음이지?〉

힐링healing과 욜로YOLO, You Only Live Once 시대에 맞춰 여행 예능이 주목받고 있다. KBS 〈배틀트립〉, MBC 〈오지의 마법사〉, JTBC 〈뭉쳐야 뜬다〉·〈효리네 민박〉·〈나의 외사친〉, tvN 〈신서유기〉·〈서울메이트〉·〈김생민의 짠내투어〉, 올리브TV 〈원나잇 푸드 트립〉 등 여행을 소재로 한 예능방송 프로그램이 대세다.

그중에서도 MBC every1의 〈어서와~ 한국은 처음이지?〉는 기존 예능과 다른 색다른 시각의 여행 프로그램으로 주목받고 있다. 한국에서 활동 중인 외국 출신 방송인이 고국의 친구들을 초대해 한국을 여행하는 콘셉트다. 지금까지 이탈리아·멕시코·독일·러시아·인도·핀란드·프랑스·영국 편이 방송됐으며, 각 국가별로 차별화된 한국의 여행지 소

(상) 〈어서와~ 한국은 처음이지?〉 방송 타이틀
(하) 〈어서와~ 한국은 처음이지?〉 프랑스편
출처: 〈어서와~ 한국은 처음이지?〉 홈페이지

개와 한국 문화에 대한 색다른 시선이 매회 시청자를 사로잡았다.

서울의 밤 문화를 즐기는 인도 친구들, 꼼꼼한 역사 여행을 계획했던 독일 친구들, K-팝 아이돌과 한국 축구를 사랑하는 멕시코 친구들, 막걸리부터 산낙지까지 먹방 여행을 떠났던 핀란드 친구들 등등 지금까지 우리에게 너무나 익숙한 나머지 관광자원이라고 생각지 못했던 한국의 구석구석을 시청자들도 함께 탐방하고 있다. 한국인들도 몰랐던 한국을 즐기는 다양한 방법을 한국을 처음 찾은 외국인들이 제시해준 것이다.

이 같은 예능방송 프로그램을 관광업계가 주목하는 이유는 예능방송 프로그램이 해외에서 높은 인기를 얻으면서 드라마 촬영지 이상의 관광객 유치 효과를 얻을 수 있기 때문이다. 예컨대, 국내보다 중화권에서 더 높은 인기를 구가하는 SBS의 〈런닝맨〉은 관광업계가 예능 프로그램을 관광객 유치에 활용한 대표적 사례다. 인천관광공사는 인천 시내에 런닝맨 촬영지 관광상품을 출시했고, SM면세점은 2017년 11월 면세점 내 '런닝맨 체험존'을 구성하는 등 외래관광객 유치를 위한 다양한 시도들을 이어갔다. 앞으로 이 같은 예능 프로그램과 관광업계의 활발한 콜라보레이션이 더욱 늘어날 것으로 보고 있다.

관광으로 스며드는 팬덤 문화

2017년 말 아이돌 그룹 방탄소년단이 '서울관광 명예홍보대사'로 위촉됐다. 그들이 부른 서울시 홍보곡 〈위드 서울With Seoul〉은 무료로 다운받을 수 있는 음원이 올라온 지 5분 만에 서울시 관광홈페이지www.visitseoul.net 서버가 다운됐고, 유튜브에 공개된 지 한 시간 만에 '좋아요'

추천 수 4만 건을 훌쩍 넘겼다. 팔로워 1,000만 명 이상, 유튜브 1억 뷰 이상의 뮤직비디오를 열 개 이상 보유한 한류 스타의 위력이다.

방탄소년단은 〈위드 서울〉보다 앞서 제작된 서울 홍보 영상 〈BTS's 서울 라이프Seoul Life〉에서 남산, 청계천, 서울로 7017, 여의도 한강공원 등 서울의 주요 관광지를 뮤직비디오의 배경으로 담아냈다. 영상은 유튜브, 페이스북, 유쿠 등 디지털 플랫폼과 100여 개국의 TV채널을 통해 전파되어 서울의 관광지를 세계에 알리는 계기가 됐다. 해당 영상에는 "당장 방탄소년단이 있는 서울행 티켓을 끊고 싶다", "서울은 네가 있어 정말 멋진 곳이라고 생각해", "서울에 가고 싶은 이유 중~" 등의 전 세계어로 작성된 수천 개의 댓글이 달렸다. 방탄소년단의 서울시 홍보영상이 실제 방문으로 얼마나 이어질지는 미지수다. 그러나 지금까지 그 어떤 홍보대사보다 영향력이 클 것임은 자명하다.

요즘 한류 스타에게 SNSSocial Network Service(사회관계망 서비스) 사용은 필수다. 전 세계 팬들과 소통할 수 있는 창구이자, 팔로워 수에 따라

BTS' Life in Seoul
출처: 서울시 관광홈페이지(visitseoul.net)

그들의 인기를 가늠하는 잣대가 되기도 한다. 방탄소년단은 SNS를 적극적으로 활용하는 것으로 유명하다. SNS를 통한 팬들과의 쌍방향 소통을 통해 나이와 인종, 종교, 국가를 뛰어넘는 팬덤 형성은 물론 나아가 팬덤 간의 연대까지 이뤄지고 있다. '아미ARMY'라고 불리는 방탄소년단의 팬클럽은 방탄소년단을 세계적인 가수로 직접 만들어간다고 해도 과언이 아닐 만큼 그 힘이 강력하다.

업계에서는 보다 구체적으로 한류 스타 팬덤을 활용하고 있다. 롯데백화점은 업계 최초로 화장품이나 명품 매장 대신 1층에 아이돌 굿즈Goods 숍을 열었다. 한류 스타 굿즈를 전문적으로 판매하는 SM타운과 YG플레이스에는 가수의 스타일을 대표하는 패션제품이나 엑소 손짜장, 슈퍼주니어 스노우 콜라, 레드벨벳이 좋아하는 리얼넛츠 등 아이돌 이름을 붙인 상품들이 진열되어 있다. 한류 굿즈 숍은 한류 팬들에게 이내 관광 코스로 자리 잡았고, 그 결과 숍 입점 후 젊은 고객 비중이 수직 상승해 백화점의 매출 급증으로 이어졌다. 한국 관광 시 반드시 구매해야 하는 '머스트 바이 아이템Must-Buy Item'으로 한류 굿즈가 선택되는 것이다.

#YOLO #혼행 #여행스타그램 #여행의 일상화

현재의 행복을 중시하는 라이프스타일을 일컫는 욜로YOLO, You Only Live Once는 2017년 젊은 세대를 중심으로 떠오른 핵심 트렌드다. 밀레니얼 세대millenials(1980~2000년대 초반에 출생한 세대)가 여행의 주류가 되면서 이러한 욜로 열풍은 여행업계에도 고스란히 반영됐다. 실제로 항공사 일평균 카드 결제액은 전년 동기 대비 24.2% 증가했고, 면세점과 주유소, 대중교통 여행사 및 렌터카 사용액도 두 자릿수 성장률을 기록했다.* 미래보다 현재의 삶을 즐기는 경험재에 돈과 시간을 아끼지 않는 가치소비가 두드러지게 나타난 것이다.

1인 경제라는 소비 핵심층이 트렌드로 떠오르면서 혼자 밥 먹고(혼밥), 혼자 술 먹는(혼술) 데 이어 혼자 여행가는(혼행) 1인 여행자 수도 꾸준히 증가하고 있다. 중국 온라인 여행사 투니우Tuniu에 따르면, 2017년 1인 여행자는 전년 대비 20% 이상 증가한 것으로 집계됐다.

대세로 떠오른 일명 '여행스타그램'과 '먹스타그램' 또한 관광업계 마케팅에서 중요한 화두가 됐다. 유명한 레스토랑이나 먹음직스러운 음식 사진이 끊임없이 SNS에 올라와 유명 맛집이 되고, 인생샷(인생에서 가장 잘 나온 사진)을 찍기 적합한 관광지들이 핫플레이스로 꼽혀 여행객들을 모으고 있다.

과거 여행사를 통해 진행했던 항공권이나 숙박 예약을 이제는 누구나 간편하게 온라인 여행사를 통해 최저가 항공과 숙박을 검색하고, 현지 맛집까지 할인쿠폰을 받아 예약할 수 있는 세상이 된 것도 해외여행 시 겪는 의사소통의 불편함을 실시간 번역 애플리케이션으로 상당 부분 해소할 수 있게 됐다.** 덕분에 체감하는 여행비용이 낮아져서, 주머니가 가벼운 젊은 세대를 비롯해 많은 사람들이 보다 쉽게 여행을 떠나고 있다. 글로벌 여행 인구의 확대뿐만 아니라, 여행의 일상화 추세는 한동안 지속될 것으로 보인다.

---

* 《매일경제》(2017. 12. 18), 〈복합여행·YOLO·TV예능… 2017년 투어트렌드 키워드〉.
** Ramos & Rodrigues(2013)는 인터넷 중심의 기술발전이 관광수요 확대에 긍정적인 영향을 미친 것으로 분석했다. 실제 정보통신 기술의 고도화가 여행 분야에도 적용됨으로써 다양한 비교검색 엔진을 통해 여행비용 부담은 지속적으로 줄어들고 있다. 이로써 글로벌 여행인구는 더욱 늘어나고 여행의 일상화 추세는 보다 탄력받을 것으로 보인다.

주요 진출국 및 진출 경로

아시아 중심의 방한국

한류 관광은 한류의 인기가 높은 아시아 국가를 중심으로 발달되었다. K-팝이나 드라마 등 국가별, 연령별로 인기 있는 한류 콘텐츠의 분야에 따라 한류 관광상품의 성격 또한 달라진다. 한류 관광이 가장 발달한 일본의 경우, 연령에 따라 상품구성이 달라진다. K-팝 관련 공연 콘텐츠는 젊은 층을 중심으로, 드라마 관련 배경지 방문은 중년 세대를 중심으로 상품이 형성되어 있다. 국가별로 선호하는 한류 콘텐츠에 따라 관광상품이 달라지기도 한다. 한류의 다른 한 축인 중국 시장에서는 K-팝 공연이나 콘서트 관람은 활성화되어 있으나 드라마나 영화 촬영지 방문 상품은 상대적으로 인기가 낮은 편이다. 반면, 뷰티나 의료 관련 상품은 중국 · 동남아 · 유럽 · 미주 시장에서 인기가 높다.

| 일본

일본은 2003년 NHK에서 〈겨울연가〉를 방영하면서 경기도의 작은 섬이었던 남이섬을 글로벌 관광지로 만든 한류 관광의 원조국이다. 일본의 1세대 한류 관광은 드라마 촬영지를 중심으로 중년 여성들이 주도했다면, 2세대 한류 관광은 카라 · 소녀시대 · 빅뱅 등 아이돌 스타들의 공연 관람이나 팬미팅을 중심으로 남성을 포함한 젊은 세대가 주도했다. 그러나 2012년 한·일 관계가 악화되면서 일본 내 한류는 몇몇 아이돌의 공연 관람을 중심으로 명맥을 유지하는 침체기를 맞았다.

그러나 2017년, 한류의 열기가 재점화됐다. 방탄소년단과 트와이스의 인기에 힘입어 한동안 일본 방송에서 사라졌던 한류 드라마가 성황리에 방영되고, 지상파 TV에 한류 스타가 다시 등장했다. 한·일 관계에 덜 민감한 10~20대 젊은 층이 한류의 전면에 등장하면서 한식과 뷰티 체험, 스몰 럭셔리 등을 중심으로 3세대 한류 관광의 역사를 쓰고 있다.

일본은 자국 내에서도 드라마나 영화 촬영지 투어 프로그램이 활성화되어 있다. 때문에 일본에서 인기를 얻은 한국 드라마나 영화의 주인공 스토리를 중심으로 촬영지를 세부적으로 관람하는 성지순례 형식의 관광상품이 인기를 끌고 있다. 상품의 가격대는 다른 관광지나 체험 상품보다 상대적으로 고가에 형성되어 있다.

공연이나 콘서트 관람의 경우 티켓 구매대행 위주의 상품 구성, 좌석의 등급, 호텔에서 공연장까지 픽업 여부, 티켓 수령 시 가이드 동행 여부에 따라 가격이 다르게 구성된다. 한류 스타의 공연은 대부분 상설공연이 아니기에 특정 개최 시기에 맞춰 상품으로 기획되며, 팬클럽이나 기획사에서 정보를 얻은 여행사나 공연상품을 전문으로 취급하는 여행사에서 상품을 구성해 판매한다.

익스피디아Expedia, 카약Kayak, 호텔스닷컴Hotels.com 등 온라인 여행사를 이용한 자유 여행자가 증가 추세에 있지만, 일본에서는 아직까지 전통적인 오프라인 여행사 상품을 통한 예약이 강세다. 일본 전체 인구의 80%에 육박하는 1억 명을 회원으로 보유한 라쿠텐 트래블Rakuten Travel, JTB 여행사, HIS 여행사 등을 통해 한류 여행상품이 주로 판매된다.

| 중화권

중국 국가여유국은 2017년 중국인 해외여행객이 1억 2,300만 명을 돌파할 것으로 전망했다.* 중국 관광 산업은 최근 5년간 16%의 성장률을 기록하면서, 전 세계 관광 시장에 커다란 영향력을 행사하고 있다.

중국은 1992년 한·중 수교 이후 단체관광 비자 완화(2000년), 제주 무비자 입국(2008년), 중산층 대상 복수비자 발급 확대(2009년) 등 단계적인 비자 완화 조치와 중국 여유법 시행(2013년)으로 현재 제1의 방한 국가 자리를 유지하고 있다. 최근 사드 이슈로 인해 방문지로서 한국의 인기는 주춤하지만 지리적 근접성, 편리한 대중교통과 쇼핑 인프라, 한류 콘텐츠의 인기, 비자 완화 제도의 확대, 중국 경제 수준 향상 등으로 인해 향후 중국인 방한객은 상승세를 유지할 전망이다.

중국 한류 팬은 20~30대 지우링허우**가 주를 이룬다. 이들은 온라인 여행사나 모바일 여행 애플리케이션에 익숙한 세대로, 단체여행보다 개별관광을 택하는 성향이 높다. 자유여행 전문 서비스 업체인 마펑워Mafengwo에서 후기를 보고 한국 여행일정을 계획하며, 중국 최대 온라인 여행사 씨트립Ctrip에서 항공권이나 숙박을 예약하고, 명품 쇼핑보다는 관광지나 문화 체험 중심을 선호한다.

---

* 《매일경제》(2017. 12. 18), 〈복합여행·YOLO·TV예능 2017년 투어트렌드 키워드〉.

** 지우링허우(九零後, 90后)는 80년대 생을 뜻하는 바링허우(八零後, 80后)에서 파생된 용어로, 중국 시장의 새로운 소비층으로 부각되는 '90년대 출생자'를 의미한다. 해당 인구는 약 1억 7,000만 명이다. 지우링허우의 소비 패턴은 크게 자아 및 개성 추구, 모바일 인터넷, 이성적이고 합리적인 소비, 방콕족(히키코모리), 과소비, 오락 및 레저, SNS를 통한 구전 효과 등으로 정리할 수 있다. 이들이 소비 시장의 중심으로 나서게 되면서 동시에 모바일 구매가 증가하고 지우링허우를 겨냥한 새로운 비즈니스 모델이 나타났다. 마케팅 방식 역시 기존의 TV 광고를 중심으로 한 전통적인 광고에서 모바일 SNS 이용 방식으로 변화했다(대외경제정책연구원, 2016).

한류 관광상품은 주로 중국 내 대표적 한국 여행정보 사이트인 한유망hanyouwnag에서 보다 특화된 상품으로 제공하고 있다. 한국의 숙박·교통·한류 공연 등 다양한 스케줄에 맞춰 실시간 예약서비스를 제공하고, 관광 명소·입장권·쇼핑 쿠폰·맛집 정보·가이드 매칭 같은 한국여행 관련 최신 콘텐츠를 다양하게 공급한다. 중국 최대 SNS인 웨이보·웨이신에서도 한국여행 관련 정보들이 꾸준히 업로드되고 있으며 개별여행객을 위한 지도 서비스도 제공하고 있다.

중국 한유망 한류 관광상품 모객 광고 이미지
출처: 한유망. URL: http://www.hanyouwang.com/

전자상거래와 모바일 인터넷의 급속한 발전으로 중국인들의 여행 소비 또한 모바일 인터넷을 중심으로 빠르게 진화하고 있다. 이에 한국 면세점이나 백화점에서도 중국인 관광객 유치를 위해 알리페이Alipay나 위챗페이Wechatpay 같은 중국 모바일 전자화폐 결제에 발 빠르게 대응하고 있다.

한편, 1999년 중국에 반환된 홍콩은 중국 본토와 달리 개별관광객 시장이 오래전부터 발달했다. 홍콩은 한류의 인기에 힘입어 2011년 이후 방한 시장에서 두각을 나타내기 시작했다. 2015년 메르스 확산으로 한국 방문 리스크가 부각되어 큰 타격을 입었으나, 2016년에는 기저효과로 전년 대비 약 24% 이상 증가하기도 했다.

대만은 한국 문화 콘텐츠의 인기 지속과 항공편 확대 등으로 지난해 안보 위기 속에서도 11% 성장해 점차 핵심 방한 시장으로 자리를 굳히고 있다.

| 동남아시아

「2016-2017 글로벌한류실태조사」에 따르면 현재 한류는 동남아 국가에서 가장 많은 인기를 얻고 있다. 동남아시아를 비롯한 아시아에서 한류의 인기가 꾸준히 지속되는 가운데 한류 팬들의 관심 범위가 점차 화장품, 패션, 식품 등으로 확대되고 있다. 나아가 동남아 국가의 경제 성장으로 현지인들의 구매력이 올라가면서 자연스럽게 한국 방문으로 이어지고 있다. 특히 베트남, 태국 관광객의 경우 2017년 북핵과 사드 이슈 속에서도 전년 대비 각각 29.2%, 6%의 성장률을 기록했다.

동남아 권역을 대표하는 온라인 여행 플랫폼 '케이케이데이KKDAY'에는 숙박형보다 당일 관광상품이 중점적으로 올라와 있는데, K-팝 댄스강습, 쿠킹클래스 등 트렌드를 반영한 학습형 콘텐츠들이 다수 포함되어 있어 눈길을 끈다. 한편, 아시아 여행 액티비티 플랫폼인 '클룩KLOOK'에서는 약 200여 개의 한국 여행상품을 판매하고 있으나 상대적으로 한류 콘텐츠를 반영한 상품은 미미한 편이다. 아시아에서 가장 빠르게 성장하고 있는 온라인 여행 플랫폼 '익스피디아Expedia'에는 한국 관광상품으로 드라마 〈대장금〉과 〈별에서 온 그대〉 촬영지 투어가 판매되고 있다. 이밖에 모험과 액티비티 분야에서 K-팝 댄스강습을, 공연과 스포츠 분야에서 K-팝 홀로그램 콘서트를, 뷰티와 미용 상품 분야에서 K-팝스타 메이크오버 & 사진 촬영 디럭스 패키지 등과 같이 세분화된 한류 관련 여행상품을 판매하고 있다.

5대 진출 경로와 방식

| 영상 콘텐츠 : 드라마, 영화, 뮤직비디오 등

온라인 여행 검색엔진 카약Kayak의 「2017년 여행소비 트렌드 분석」 자료에 따르면, 아시아 태평양 지역 21~45세 성인 남녀 2,100명을 대상으로 '2017 여행중독 지수'를 주제로 설문조사를 한 결과, '주로 어떠한 상황에서 여행을 예약하는가?'라는 질문에 약 절반(47%) 정도가 '여행방송 혹은 관련된 영상 시청 중'이라고 답변했다.[*] 2017년 한국관광공사의 「방한 개별관광객 여행수요조사」에서도 한국을 방문한 외국인 개별관광객(에어텔 관광객 포함) 2명 중 1명은 한국의 TV드라마

---

[*] 《한국경제》 (2017. 11. 05). 〈여행지 선택 둘 중 한 명꼴 "영화, TV 속 그곳 간다"〉.

나 영화를 보고 한국을 방문한 것으로 나타났다. 한국 TV드라마나 영화(55.6%) 외에, 여행지 소개 TV프로그램(36.8%), SNS · 블로그 · 커뮤니티 여행 후기(28.4%), 지인 등 주변 추천(26.5%), 여행 전문사이트의 소개 · 후기(24.4%) 순으로 답변했다.

요컨대, 한류 드라마나 영화가 외국에 소개되면서 한국에 대한 이미지가 향상되고, 영화나 드라마의 촬영 장소를 방문하거나 주인공들과 직접 만나보고 싶은 욕구가 높아져 한류 관광에 대한 수요 증가가 두드러지고 있다.*

〈별에서 온 그대〉, 〈태양의 후예〉, 〈도깨비〉 등 드라마 인기에 힘입어 영상 콘텐츠를 활용한 한류 관광에 대한 관심이 높아지고 있다. 2016년 말부터 2017년 초, 국내에서 방영된 〈도깨비〉는 그 인기만큼이나 촬영지 역시 높은 인기를 얻었다. 남녀 주인공이 처음 만났던 주문진 해변가, 인천의 작은 중고 서점, 여주인공이 아르바이트를 했던 치킨집과 스키리조트는 밀려드는 관광객으로 수혜를 톡톡히 보고 있다. 드라마 촬영지였던 캐나다 퀘벡 현지인들은 영문도 모른 채 밀려드는 아시아 관광객으로 관광특수를 맞기도 했다.**

최근에는 드라마 기획 단계에서부터 관광업계가 참여해 홍보용으로 드라마 컷이나 이미지를 확보해 상품을 기획하는 등 한류 관광을 전략적으로 접근하려는 시도가 이루어지고 있다. 해외 관광객 유치가 목적인 관광상품은 상품 기획단계, 현지 홍보와 모객, 직접 상품 구매와 방문

---

* Kim, Chen, & Su(2009)는 한국 TV드라마가 한국을 방문하는 대만 여행객에게 미치는 영향이 크다는 것을 실증 분석으로 증명한 바 있다.
** CBC (2017. 7. 12). 〈"Goblin: The Lonely and Great God's 250 million viewers discover allure of Old Quebec"… How a popular Korean soap opera is drawing Asian tourists to Quebec City〉.

지자체 관광지 홍보를 위한
드라마 〈도깨비〉 PPL 제작 지원
출처: 인천관광공사 홈페이지

까지 절대적인 시간이 소요된다. 이 같은 특성상 드라마 흥행 여부를 알기 전부터 관광상품 개발에 오랜 시간을 투자해야 한다. 때문에 한류 콘텐츠의 흥행에 따라 리스크의 진폭이 크다. 뿐만 아니라 방송 제작 분야는 영세한 여행업계가 진입하기에 장벽이 높다. 이에 관광공사나 정부 기관에서 사전기획 단계부터 한류 관광을 국가적 차원으로 활용할 수 있도록 현지 홍보를 위한 언론인 팸투어를 실시하고, 관련 한류 관광 가이드북을 제작하는 등의 지원을 펼치고 있다. 이밖에도 현지의 잠재 관광객을 대상으로 하는 행사에 한류 스타를 직접 참여시키는 등 여러 방식으로 한류 관광 활성화 지원책을 마련하고 있다.

| 온라인 바이럴 콘텐츠 : SNS, 인플루언서, 리뷰

이미지 중심의 SNS 인스타그램이 각광을 받으면서 남들과 차별화된 이미지, 이색적이고 특별한 이미지를 올리기 위한 노력이 여행과 만나 '여행스타그램Travelgram'이라는 신조어를 등장시켰다. 예쁜 음식점이나 이색적인 카페, 독특한 상점들이 밀집된 골목은 인스타그램에서 집중적으로 해시태그를 얻으면 이내 새롭게 떠오르는 관광지가 되는 것

이다. 특히 국내에서는 엑소와 방탄소년단 같은 한류 스타들이 SNS를 적극 활용하면서 한류 관광에도 한몫을 하고 있다.

  SNS는 전 세계인에게 실시간으로 정보가 빠르고 강력하게 전파될 수 있다는 점에서 여행업계에서도 매우 유효한 홍보수단이다. 과거에는 개인의 해외여행 경험이 언어의 장벽이나 지리적 거리 때문에 공유에 한계가 있었지만, 지금은 SNS가 이를 극복하게 해줬다. 예컨대, 여행 리뷰 전문사이트 트립어드바이저TripAdvisor와 마펑워Mafengwo는 몇 년 전부터 여행 전 필독 사이트가 됐다. 리뷰들이 누적되는 만큼 신뢰도가 쌓이며 이제 리뷰 평점은 관광 일정을 계획하는 중요한 지표가 되고 있다.

  나아가 한국을 방문하는 해외여행객들 중에는 1인 방송채널을 운영하는 인플루언서Influence들도 적지 않다. 자신의 방송채널에 한국 여행 콘텐츠를 채우기 위해 혼자서 셀카봉을 들고 다니며 중계를 하는 광경도 어렵지 않게 목격할 수 있다. 이들이 올리는 콘텐츠는 팔로워 수에 따라 매출에 직접적인 영향력이 바로 나타나기 때문에 업계에서는 유명 인플루언서를 섭외하기 위해 치열한 경쟁을 벌이기도 한다.

| 한류 스타 × 기업 콜라보 콘텐츠

  지금까지 한류 스타를 내세운 광고는 면세점이나 화장품업계가 주를 이뤄왔다. 그러나 최근에는 외국인 관광객을 대상으로 한류 스타를 기용해 기업 인지도를 제고하고 브랜드를 강화하는 추세다. 한류 스타 굿즈를 상품화해 시너지를 내기도 한다.

  대표적 사례로 SM엔터테인먼트를 꼽을 수 있다. SM엔터테인먼트는 2012년 코스닥 상장 여행사인 BT&I를 인수해, 2015년 코엑스에 한류 체험 공간인 'SM타운'을 열었고, 2016년 청담동에 오픈한 SM카페

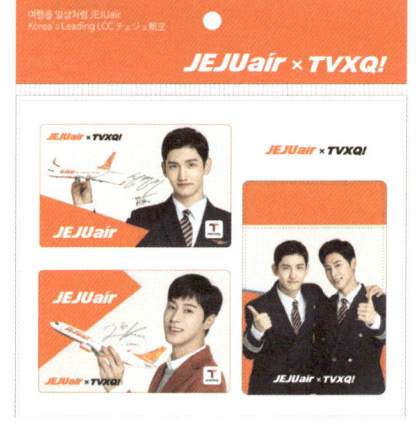

(좌) 제주항공에서 선보인 동방신기 랩핑 모형 비행기
(우) 제주항공 동방신기 티머니카드 세트
출처: 제주항공

'썸SUM'은 한류 관광객 사이에서 인기 방문지로 급부상하고 있다.

제주항공은 동방신기를 모델로 내세워 비행기 랩핑 광고뿐만 아니라 동방신기 기내식, 한정판 랩핑 모형 비행기, 기념 교통카드 등 콜라보 제품을 기획 판매해 높은 호응을 얻었다.

해외에서 오히려 더 인기가 많은 라인프렌즈는 방탄소년단이 함께 제작한 'BT21' 캐릭터를 출시하기도 했다. 2017년 12월 출시된 'BT21' 제품을 구매하기 위해 외국인 관광객들이 새벽부터 매장 앞에 대기하고 있을 만큼 높은 인기를 누리고 있다. 스타가 단순 광고모델이 아니라 직접 캐릭터 제작과정에 함께 참여한 제작자라는 스토리로 한국에 꼭 방문해야 할 이유를 제공함으로써 관광객들에게는 쇼핑 관광이 아닌 일종의 성지聖地가 되고 있다. 해외 시장 진출과 환전 고객 유치를 위해 금융권에서도 한류를 적극 활용하고 있다. 신한은행은 워너원Wanna-One을, 우리은행은 박형식을, KB국민은행은 방탄소년단을 모델로 발탁했고, 중국계 글로벌카드사인 유니온페이는 씨엔블루CNBLUE 정용화를 모델로 한 카드를 출시하는 등 한류를 활용한 마케팅이 다양한 분야로 확산되고 있다.

| 여행박람회 및 현지 설명회

글로벌 여행박람회는 한류 관광지 홍보와 상품 판매에 빼놓을 수 없는 기회다. 일본 여행엑스포Tourism Expo Japan, TEJ, 중국 국제트래블마트China International Travel Mart, CITM, 말레이시아 국제관광전Malaysian Association of Tour and Travel Agents Fair, MATTA Fair, 싱가포르 나타스National Association of Travel Agents Singapore, NATAS, 홍콩 국제관광박람회International Travel Expo, ITE 등 아시아에서 개최하는 주요 박람회에 한국관광공사한국방문위원회·지자체·유관기업 등이 해마다 참여해 한류 콘텐츠를 소재로 한 한국 관광상품을 선보인다.

한국관광공사에서는 핵심 방한 시장으로 꼽히는 지역에서 한류 스타와 함께하는 대형 소비자 행사를 '한국문화관광대전'이라는 이름으로 정기적으로 개최한다. B2B 대상 트래블마트와 설명회, B2C 대상 한류 공연과 이벤트 부스 등을 운영해 한국의 새로운 관광상품을 소개하는 장을 펼친다. 더불어 각국에서 사랑받았던 한류 드라마 촬영지와 연계한 관광지를 소개하는 설명회를 개최하고, 필요 시 현지 여행사나 미디어를 한국으로 직접 초청하는 팸투어도 진행해 한류 상품개발을 유도한다.

중국·일본·대만·태국 등 주요 경쟁국들이 참가하고 현지 아웃바운드 여행사들이 해외여행상품을 직접 판매하기도 하는 아시아 여행박람회에서는, 특히 한류 드라마를 배경으로 하는 상품이 인기다. 2017년 상반기에는 드라마 〈태양의 후예〉를 시작으로 〈구름이 그린 달빛〉, 〈푸른 바다의 전설〉 등이 반향을 일으켰고 하반기에는 〈도깨비〉와 〈사임당, 빛의 일기〉 등과 관련한 여행상품이 주목을 받았다.

과거 영상 콘텐츠가 해외에서 소비된 후 인기를 얻어 이를 본 외국인이 방한하기까지는 적지 않은 시간이 소요됐다. 그러나 온라인을 통한 실시간 상영으로 국내와 해외의 방영 시차가 줄어들면서 방한에 소요되는 시간도 점차 짧아지고 있다. 국가별로 비슷한 시기에 동일한 콘텐츠가 인기를 얻고 있는 것도 관광 한류의 큰 변화다. 드라마와 연계한 한류 관광상품이 점점 사전 기획으로 바뀌고 있으며, 동시기에 출시되어 각광받고 있다.

드라마나 K-팝의 인기가 상대적으로 낮은 유럽, 미주, 중동 지역에서는 음식이나 뷰티를 활용한 한류가 인기다. 전 세계적으로 규모가 큰 스페인 국제관광박람회Feria Internacional de Turismo, FITUR, 독일 여행박람회Internationale Tourismus-Börse, ITB, 영국 세계관광박람회World Travel Market, WTM 등에서는 비빔밥이나 김밥 체험 같은 음식 한류를 소재로 한국 관광상품을 소개해왔지만 최근에는 K-팝의 인지도가 높아지면서 관련 체험상품의 인기도 늘어나는 추세다.

| **여행상품 : 콘서트, 팬미팅, 한류문화 체험상품**

한류가 지금처럼 다양한 분야로 확산되기 전 한류 관광객은 일반적으로 '한류 문화 콘텐츠 및 연예인 활동에 참여한 외래관광객'으로 정의됐다.* K-팝 공연을 관람하거나 한류 스타의 팬미팅에 참석하는 등 한류 콘텐츠를 소비하기 위한 목적으로 방한하는 한정된 의미의 관광객을 일컬었다. 이들을 대상으로 판매되는 한류 관광상품들은 콘서트나 K-팝

---

* 이원희·채지영 (2014). 『한류관광시장 조사연구』. 한국문화관광연구원.

방송 프로그램, 한류 스타 출연 뮤지컬, 팬미팅 등 한류 스타의 일정이나 이벤트가 중심이 된다. 기획은 전문 여행사 또는 팬클럽에서, 소비는 주로 팬덤 사이에서 이뤄진다. 이들은 방한 빈도가 높기 때문에 자연스럽게 한류의 관심 영역이 확대되며, 다양한 관광상품들을 찾게 된다.

이런 방식으로 한류가 보다 폭넓은 대상에게 인기를 얻게 되면서 한류 스타 중심으로 이루어졌던 상품이 음식이나 패션, 뷰티, 문화 체험 등으로 확대되는 추세다. 'CJ E&M'은 한류 드라마 속 'K-푸드 쿠킹 클래스' 상품을 출시했다. 드라마 〈도깨비〉에서 여주인공 지은탁이 만들었던 김밥을 테마로 직접 요리하고 시식하는 체험 프로그램이다. 김치 만들기로 대표되던 한식 체험이 드라마 한류 스토리로 한 단계 진화한 것이다. 이 밖에도 'SM엔터테인먼트'는 K-팝 댄스 체험을, 'MBC'는 방송 테마파크 투어를, 화장품 브랜드 '에스쁘아'는 한류 스타 메이크업 체험 프로그램을 운영하고 있다.

한류 관광객들의 다양한 요구에 부합하기 위한 사업에 스타트업 기업도 가세했다. 한복 대여업체 '한복남'은 시간제 한복 대여상품을 최초로 내놓았고, 셀프 뮤직비디오 제작업체 '뮤직킹'은 K-팝 녹음 체험 상품을 출시하는 등 반짝이는 아이디어로 한류 관광상품의 지평을 넓히고 있다.

2018 관광 한류 전망

한한령으로 드러난 한국 관광업계의 민낯

한한령으로 한국 관광 산업의 취약함이 여실히 드러났다. 중국인 관광객 수는 전년 대비 절반 수준으로 반 토막이 나고, 전체 외래관광객 역시 20% 정도 감소했다. 중국인 관광객을 대상으로 해마다 높은 성장세를 유지해오던 호텔과 면세점, 관광지, 식당, 여행사들은 도미노 타격을 입었다. 방한 시장의 중국 의존도가 높았던 탓이다.

한한령 이후 정부와 관광업계는 중국 시장 위축에 따른 피해를 최소화하기 위해 시장 다변화와 대체 시장 개발에 마케팅 역량을 집중했

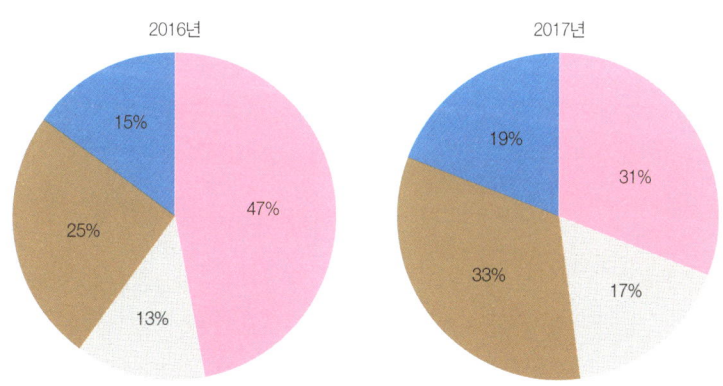

외래관광객 권역별 비중 변화

출처: 한국관광통계, URL: http://tour.go.kr/

다. 중국인 관광객에게 집중됐던 정책 방향을 수정하고, 무슬림과 동남아 시장 등으로 방한 시장 다변화를 본격 논의하고 있다. 2016년에 비해 2017년 방한 시장의 구성비는 시장별로 좀 더 균일화됐으나, 이 수치는 관광업계의 노력이라기보다 의존도가 컸던 중국인 관광객 감소로 인한 착시현상에 더 가깝다. 아직까지도 동남아 관광객에게 비자 발급은 매우 제한적이고, 동남아와 아랍권 관광객을 위한 관광통역 안내사는 현저히 부족하다. 2017년 11월 기준, 등록된 관광통역 안내사 수는 태국어 94명, 베트남어 30명, 아랍어 6명에 불과하다. 이는 시장 다변화 정책의 부족한 현실을 그대로 보여주는 결과다.*

  2017년 한국을 찾은 개별관광객은 전체 방한시장에서 75%에 이를 만큼 시장이 빠르게 재편됐지만 국내 여행업계는 시장의 변화 속도를 따라가지 못하고 있다. 전 세계 항공과 호텔요금을 실시간으로 검색하고 예약할 수 있는 글로벌 온라인 여행사(Online Travel Agency, OTA)들이 대두되면서 단체 패키지상품 중심의 여행사들의 입지가 점점 좁아지고 있다. 관행처럼 시장이 어려워질 때 지원되는 융자대출이나 지원금으로는 글로벌 온라인 여행사와의 경쟁에서 살아남기 어렵다. 실적 관리가 용이한 단체 관광객 중심의 정책 기조도 관광 환경에 맞춰 변해야 한다. 늦었지만 지금이라도 현실을 직시하고 급변하는 관광 시장에 발맞추기 위한 각고의 노력이 필요하다.

  관광 산업의 영역은 한류를 중심으로 점차 확대되고 있다. 호텔이나 여행사와 같은 전통적인 관광 산업뿐만 아니라 의료, 음식, 패션 등 융합관광 산업도 관광 정책 영역으로 부상하고 있다. 한류 관광객 유치

---

* 《이데일리》 (2017. 12. 12), 〈韓면 해외로, 유커는 발길 '뚝'… 적자만 무려 17兆〉.

를 위해 다양한 부처와 관계 기관, 관련 기업들이 협력 시스템을 마련해야 함에도 불구하고, 해당 주체들은 '각개전투'를 벌이고 있다. 업계와 부처의 협력을 이끌어야 할 주무부처인 문화체육관광부 내부에서는 관광을 육성하자는 차원에서 '전담 차관'도 검토한다고 했으나 결국 생기지 않았고, 오히려 관광정책실이 폐지되면서 관광 정책이 축소됐다는 논란이 일었다. 애초 대통령 직속으로 논의된 국가관광전략회의는 국무총리실 산하로 격하됐다. 확대된 관광 산업영역을 포괄할 수 있는 관련 조직이나, 법률에 대한 고민을 보다 심도 깊게 논의할 때다. 관광 정책의 성패는 멀리 내다볼 수 있는 안목과 일관성 있는 추진력 발휘 여부에 달렸다.

위기가 기회, 변화와 혁신의 계기로 삼아야

한한령은, 한국 관광 산업의 경쟁력이라 믿었던 외래관광객 증가 속도나 가파른 매출 상승이 외부 요인에 얼마나 취약한지 깨닫는 계기가 됐다. 뼈아픈 경험만큼 교훈도 컸다. 이제 유커가 오기만을 바라보는 '천수답天水畓 관광'에서 벗어나 근본적인 문제 해결이 필요하다는 공감대가 형성됐다. 시장 다변화와 개별 관광객 시장 대비, 관광 컨트롤 타워의 필요성은 관광업계에서 새로운 화두가 아니다. 지속적으로 제기됐으나 성장하는 관광 관련 실적에 묻혀 개선의 필요성이 절실하지 않았던 것이다. 역대 최악의 위기를 맞은 지금이 바로 변화의 최적기다. 문제 인식이나 공감 형성에서 나아가 실천에 옮길 때다.

이를 위해 첫째, 시장 다변화를 위한 보다 장기적이고 구체적인 방안이 필요하다. 방한 시장이 오늘날과 같이 특정 국가에 편중되면 그만큼 리스크에 취약할 수밖에 없다. 중국인 관광객 증가에 대비하면서도 시장 다변화를 꾀하는 등 체질 개선을 위한 노력이 병행돼야 한다.

정부는 시장 다변화를 위해 주력·도약·신흥·고부가 시장으로 구분하여 맞춤형 마케팅을 실시하겠다고 밝힌 바 있다. 가장 유력한 대체 시장은 한류의 인기로 한국에 대한 호감이 높은 도약 시장인 동남아다. 동남아 지역 대상의 무비자 입국이나 복수비자 확대와 같은 전향적인 정책이 필요하다. 방한 수요가 늘고 있는 도약 시장을 중심으로 국가나 세대, 지역 등으로 유치 대상을 세분화하고, 선호하는 콘텐츠를 맞춤형으로 발굴할 필요가 있다. 동남아 국가의 경우, K-팝 콘서트 투어상품, 한류 스타 연계형 관광상품, 드라마 촬영지 연계상품, 한류 스타 동반 방한 관광 이벤트와 같이 한류 시장 성숙도에 따른 맞춤형 상품을 개발할 수 있다.

신흥 시장의 경우, 수요 대비 공급이 부족한 특수 언어권 통역사를 확충하기 위한 노력이 필요하다. 한편 미식美食과 휴양 등 럭셔리 관광, 미용 성형과 건강검진, 난치병 치료를 포함한 의료관광 같은 고부가가치 관광상품도 출시해 다양한 선택지를 제공함으로써 방한 콘텐츠의 다변화도 추진해야 한다.

둘째, 개별관광객 서비스 제공에 보다 적극적으로 대응할 필요가 있다. 방한 시장의 75%를 차지하는 개별관광객 수요에 걸맞은 관련 정책과 지원이 따라주지 못하는 실정이다. 관광업계에서는 사드 보복을 계기로 관광객의 수數가 아닌 질적 성장을 지원하는 방향으로 관광 정책을 전환해야 한다고 입을 모은다. 지금까지 유커游客(중국인 단체관광객)에게 집중됐던 지원과 정책의 중심축을 이제 산커散客(중국인 개별관광객)로 옮겨야 할 때다.

더불어 이용자의 편의를 돕는 세심한 서비스도 빠져서는 안 된다. 쇼핑 일정 위주의 저렴한 단체관광객보다 경제력을 충분히 갖춰 몇 번이든 한국을 다시 찾는 개별관광객의 중요성은 모두가 공감하고 있지만, 특정 기업이나 부처에서 단독으로 정책을 추진하기는 어렵다. 대표적인 사례가 대중교통이다. 단체관광객과 달리 개별관광객은 대중교통 의존도가 높다. 버스나 택시, 지하철과 같은 대중교통 이용 편의를 돕는 시비스가 전제돼야 한다.

한류 팬들은 대체적으로 온라인에 익숙한 젊은 세대들로 한국을 방한할 때도 개별여행을 선호한다. 이들은 한류 관광 만족도가 높아 재방문 확률도 높다는 장점이 있다. 한류 콘서트나 공연 관람은 규모와 빈도 면에서 매우 제한적이다. 일반적으로 한류를 체험할 수 있는 다양한 1일 체험상품들이 늘어나고, 보다 쉽게 상품을 구매할 수 있어야 재방문율을 높일 수 있다. 한복 체험이나 K-팝 녹음, 한식 만들기, 한류 스타 메이크업 클래스, K-팝 댄스 클래스, K-팝 방송 관람 등의 상품은 이미 시장에 출시되어 높은 인기를 얻고 있다.

다만 이런 체험 위주 상품들은 대부분 스타트업 기업과 같은 소규모 회사들이 주도하고 있는데, 이들은 많은 예산이 수반되는 해외 홍보에 취약하다. 외국인 관광객들에게 이들 콘텐츠를 보다 효과적으로 소개해줄 수 있는 가교 역할이 정부와 유관기관의 몫이다. 이제 막 발을 내딛는 다양한 체험 프로그램들이 앞으로 어떻게 성장할 수 있을지는 정책적 육성 지원이 얼마나 뒷받침되느냐에 따라 달라질 것이다.

마지막으로 국가 차원의 의지와 정책적 관심이 필요하다. 일본은 지난 2007년 '관광입국觀光立國'을 표방한 이래 입국 문턱을 낮추고, '요

코소 재팬(ようこそ, 어서오세요 일본)' 캠페인을 앞세워 외국인을 맞기 시작했다. 일본정부관광국JNTO 관계자의 말을 빌리면 "관광입국을 표방할 당시 일본에선 '한국을 배우자'는 말이 있었다"고 한다. 2009년 방일 외래관광객은 679만 명, 방한 외래관광객은 782만 명으로 한국이 앞서 나가고 있었다. 그러나 2015년이 되면서 상황이 달라졌다. 방일 외래관광객은 1,974만 명, 방한 외래관광객은 1,420만 명으로 역전된 지 3년 만에 2017년 2,869만 명의 해외관광객이 일본을 찾았다. 1,334만 명을 기록한 한국과 방문객 차이가 두 배에 이른다. 일본이 관광을 오랜 경기 침체의 극복수단으로, 성장 전략 산업의 구심점으로 보고 전폭적인 지원을 아끼지 않은 덕분이다. 일본은 가전제품, 화장품, 의류에서 생활용품까지 면세품 대상을 확대하고 해외 온·오프라인 광고도 강화했다. 관광입국 추진 각료회의와 차관급 회의 등 중앙정부 주도의 견고한 협력 체제를 운영하며 중국과 동남아 대상 비자 발급 기준을 완화하고 절차도 간소화하여 '관광 입국' 전략에 속도를 내고 있다.*

한편 문화체육관광부는 2017년 7월에 발표한 '문재인 정부 국정운영 5개년 계획'을 통해, 2022년까지 현재 6,000만 명 정도로 추정되는 한류 팬을 1억 명까지 확대하겠다고 밝혔다. 문화 콘텐츠와 소비재 수출, 관광 수입 등도 연평균 6% 키우겠다고 명시했다. 그러나 관광과 관련한 비전은 잘 보이지 않는다. 2018년 정부 예산은 전년 대비 7.1% 증가한 428조 8,000억 원이지만 문화·체육·관광 예산은 6조 5,000억 원으로 전체 예산의 1.5%에 불과하다. 이마저도 전년 대비 6.3% 감소한 수치다. 문화관광 산업에 대한 정부의 관심과 의지를 보여주는 단적

* 《중앙일보》(2017. 11. 30), 〈문화체육관광부의 '관광패싱' 언제까지〉.

인 수치다.

세계경제포럼World Economic Forum에서 발표한 2017년 관광경쟁력 평가에서 한국은 19위를 차지했다. 문화 자원의 순위는 12위, 관광 관련 정책의 우선순위는 63위였다. 그만큼 한국 정책에서 관광이 차지하는 위상이 낮다는 의미다. 관광 산업의 일자리 창출효과는 제조업의 2배 이상이다.* 일자리 창출을 내세우고 있는 이번 정부에서 관광에 관심을 기울여야 하는 이유기도 하다.

급변하는 관광 트렌드에 걸맞은 관광업계 체질 개선

관광 산업을 전망하는 것은 어려운 일이다. 통제하기 어려운 정치, 안보, 환율, 테러, 자연재해, 기후 등 외부 변수에 민감할뿐더러 예측할 수 없는 변수도 많다. 현대경제연구원은, 2018년은 신흥국을 중심으로 세계 경기가 완만한 회복세를 이어갈 것으로 전망했다. 한류 관광 측면에서 2018년은 '평창 동계올림픽'과 '한류'라는 호재가 있지만, '사드'와 '북핵' 이슈는 여전히 악재로 남아있다. 2월 평창 동계올림픽을 계기로 유커들이 돌아올 것이라는 기대감은 높아졌지만 중국 정부의 우회적인 제재 아래 여행사의 소극적인 판촉 활동으로 예전과 같은 유커 러시는 당장 기대하기 어렵다.

관광 산업은 글로벌 관광 시장의 급속한 성장과 새로운 소비 트렌드, 디지털화, 안보 이슈, 기후 변화 등 다양한 도전에 직면하고 있다.

---

* 취업유발계수 (2014년 기준, 한국은행) : 서비스업 17.3%, 제조업 8.8%, 관광산업 18.9%.

2017년 뼈아픈 교훈을 바탕으로 관광업계 체질개선이 본격적으로 이루어져야 한다. 강력한 관광 경쟁력으로 부상하는 한류를 적극 활용해야 한다. 위기의 관광 한국이 택할 수 있는 선택지가 많지 않다.

콘텐츠 기업 분석

카지노 기업·드라마 제작사·영화 제작사·엔터테인먼트사·아이돌 그룹

하나금융투자 리서치센터 애널리스트 **이기훈**

2017
HALLYU
WHITE
PAPER

중국 매출 비중에 따른 주가 성적표 희비

　　2017년 한류 콘텐츠 기업들의 주가는 평균 25% 상승했다. 주가는 사드 관련 규제 완화에 대한 기대감이 부각된 9월 중순 전후로 큰 차이를 보였다. 9월 이전에는 평균 4% 상승(JYP 제외 시 -2%)했지만, 9월 이후에는 평균 20% 상승했다. 한류 기업들에게 중국 시장의 성장성이 얼마나 중요한지를 알 수 있는 주가 흐름이었다.

　　2016년 8월부터 부각된 중국의 사드 규제는 길어야 6개월 이내에 해소될 것으로 예상했지만, 2017년 말인 현시점에도 지속되고 있다. 그럼에도 불구하고, 정부의 적극적인 노력이 이어질 경우 빠르면 2018년 상반기, 늦어도 2018년 하반기 내에는 완화될 것으로 기대한다. 규제 완화의 첫 번째 대상은 가장 먼저 제재를 받았던 한국여행 금지(금한령)의 완화가 될 것으로 보이며, 이어 콘텐츠 수출(한한령)의 재개가 이뤄질 것으로 예측한다.

　　2017년 한류 관련 주요 기업들의 영업이익 증가율을 보면 여행 종목과 JYP 주가는 상승한 반면, 카지노·엔터테인먼트(이하 엔터) 관련 주가는 하락했다. 이런 차이는 중국 매출 비중에 의해 나뉘는데, 모두투어와 JYP 등 중국 매출 비중이 낮은 기업(평균 5% 이하)들의 실적은 우상향한 반면, 중국 비중이 높았던 카지노(파라다이스는 적자 전환)

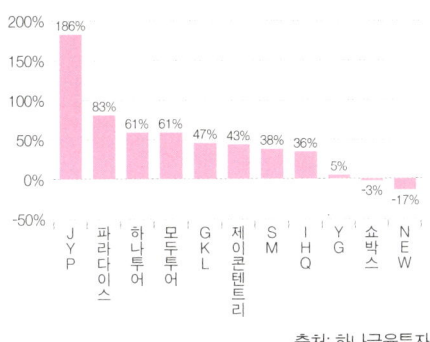

나 엔터(SM · YG 평균 15% 내외) 기업들은 하락했다. 특히 파라다이스와 NEW의 경우 적자로 전환했고, 이는 곧바로 주가에 영향을 미쳤다. 여행주와 JYP는 가장 견조(堅調)한 주가 상승 흐름을 보여줬으며, 가장 높은 상승률을 기록한 JYP는 1년간 183% 상승했다.

카지노, 사드 규제 완화에 대한 기대감

사드 규제 이후 가장 어려움을 겪었던 산업은 외국인 카지노이다. 파라다이스의 경우 1)중국 내 마케터 체포*에 이어, 2)사드 규제가 본격화된 2016년 8월부터 중국인 드롭액drop額(고객이 카지노 게임에 투입한 금액)이 꾸준히 감소하면서, 2016년 658억 원에서 2017년 -301억 원으로 영업이익이 적자로 전환됐다. 중국인 드롭액 비중은 2014년 64%로 절대적이었지만, 2017년 37%까지 하락했다.

---

* 2015년 6월 중국인 고객의 항공권과 비자 발급을 돕던 VIP 모객 마케터들이 중국 공안당국에 체포돼 구속 수감된 사건을 말한다.

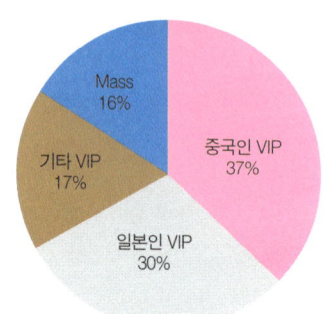

출처: 파라다이스, 하나금융투자

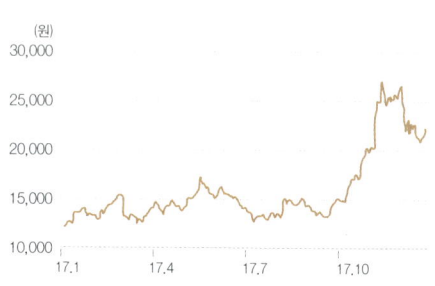

출처: 하나금융투자

　파라다이스는 이후 일본 등지로 영업력을 확대해 중국인 드롭액 하락을 상쇄함으로써 대규모 적자에서 BEP Break-Even Point(손익분기점)까지 실적을 개선시켰다. 중국 없이도 어느 정도 이익 개선이 가능한 체질 개선에 성공한 것이다. 파라다이스의 연간 주가 상승률은 83%로 JYP 다음으로 가장 높았다.

　파라다이스의 주가 상승은 단순히 실적 개선 때문만은 아니다. 사드 규제가 지속되던 2017년 9월, 문재인 대통령이 CNN 인터뷰를 통해 사드 규제 완화에 대해 언급하면서 사드 관련 주들의 주가가 상승하기 시작했다. 이어 10월 한·중 통화 스왑 currency swaps(서로 다른 통화 표시의 채권 및 채무의 교환) 연장, 11월 미국 트럼프 대통령의 아시아 5개국 방문 및 한·미·중 정상회담을 통해 12월 마침내 한·중 양국 경제 채널의 복원이 선언됐다. 이후 금한령 완화를 기대하게 하는 여러 뉴스 및 이벤트들이 있었지만, 그다지 개선되지는 못했다. 다만, 2018년 2월 평창 동계올림픽 개최 이후 개선에 대한 기대감이 높은 상황인데, 공교롭게도 2022년 동계올림픽 개최지가 중국 베이징이기 때문이다.

　금한령이 완화된다면 파라다이스의 주가를 가장 먼저 주목할 필요가 있다. 파라다이스는 2017년 4월 복합리조트 '파라다이스 씨티'의

1-1 단계 완공에 이어 2018년 9월에는 각종 엔터테인먼트 시설이 포함된 1-2 단계를 마무리할 예정이다. 다운사이클(사드 보복과 같은 하락 주기)에 증설했기에 중국 인바운드 관련 주 중 가장 중국 베타가 높다. 9월 중순 이후 파라다이스의 주가는 가장 높은 65%의 상승률을 기록했다.

사드 보복 관련 일지

일시	사드 규제 관련 내용
2016년 8월	한한령 시작
	1) 한국 아이돌의 중국 활동 금지
	2) 신규 한국 문화산업 회사 투자 금지
	3) 1만 명 이상의 아이돌 공연 불허
	4) 신규 한국 방송물 사전 제작 금지
	5) 한국 배우들의 중국 드라마 출연 금지
2016년 10월	한국 단체 관광객 20% 감축
2016년 11월	한일 군사보호협정 체결로 한한령 강화
2016년 12월	한국산 배터리 장착 차량 보조금 지급 대상 제외
2017년 3월	한국 단체관광 전면 금지

출처: 언론 보도 정리

사드 규제 완화 가능성에 대한 뉴스 및 이벤트 추이

일시	사드 규제 관련 내용
2017년 9월	문재인 대통령 CNN 인터뷰 통해 사드 규제 완화에 대해 언급
	미국에서 한·미 정상회담 진행. 규제에 대한 미국의 적극적 역할 요구
	한·중 통화 스왑이 한·중 관계 개선의 리트머스 시험지임을 언급
2017년 10월	한·중 통화 스왑 연장 후 사드 관련 주 주가 반등
2017년 11월	미국 트럼프 대통령의 아시아 5개국 방문
	한·미 정상회담
	미·중 정상회담
2017년 12월	문재인 대통령과 중국 리커창 총리 한·중 양국 경제 채널 복원 선언
2018년 2월	평창 동계올림픽 개최(2022년 동계올림픽 개최지 중국 베이징)

출처: 언론 보도 정리

워너원의 성공, 과점화된 아이돌 산업을 방증

2017년 가온차트 기준 Top 100 앨범의 CD 판매량은 1,448만 장으로, 전년 동기 대비 53% 증가했다. 2014년 이후 연평균 39% 증가한 셈이다. 음원 스트리밍 시대에 앨범 판매량이 빠르게 증가하는 이유는 앨범이 1)팬 사인회/쇼케이스 추첨권, 2)앨범의 내지 화보 같은 MD Merchandising (기획 상품)의 개념으로 판매되고 있기 때문이다.

더 주목해야 할 점은 아이돌 산업 내 뚜렷한 과점화 현상이다. 최근 3년간 데뷔한 그룹 수만 170개를 상회하고 있지만, 대중적으로 이름을 알린 그룹은 10% 내외에 불과하다. 이들 중에서 콘서트 등의 수익화 과정으로 넘어가는 그룹의 수는 더욱 적다. 이와 반대로 상위 5개 그룹의 앨범 판매량 비중은 2015년 49%, 2016년 54%, 2017년 56%로 매년 꾸준히 상승하고 있다. 방탄소년단 BTS, 엑소 EXO, 트와이스 TWICE, 갓세븐 GOT7 등은 2년 연속 Top 5를 기록하고 있다. 때문에 중소형사에 소속된 그룹들은 아무리 데뷔해도 이름을 알릴 수 없는 상황이다.

이런 현실 속에서 오디션 프로그램 〈프로듀스 101-시즌 2〉는 출연자와 시청자 모두에게 새로운 시도로 다가왔다. 대규모 오디션을 기반으로 한 이 프로그램은 데뷔 전부터 출연자들의 팬덤이 결집되었으며, 국민 투표가 데뷔로 직결되기에 팬덤 충성도가 특별할 수밖에 없었다. 경연곡들은 방송 다음 날 음원 차트 상위권을 휩쓸었고, 지하철 광고판은 출연자(연습생) 팬덤 경쟁의 장이 되었으며, 연예 뉴스는 방영 기간인 3개월 내내 이들로 도배됐다. CJ E&M의 자본력과 콘텐츠의 흥행이 맞물리면서 신인 그룹들의 팬덤을 사실상 워너원이 독점한 것이다. 워너원은 데뷔하자마자 2017년 8월 고척 스카이 돔, 12월 올림픽핸

국내 Top 100 앨범 판매량 추이   2017년 Top 5 앨범 판매량

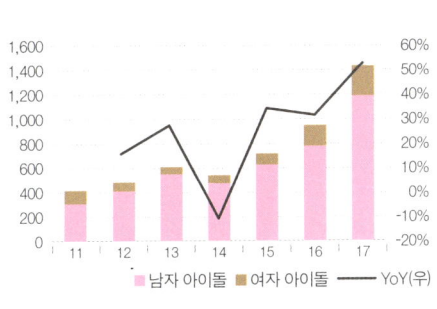
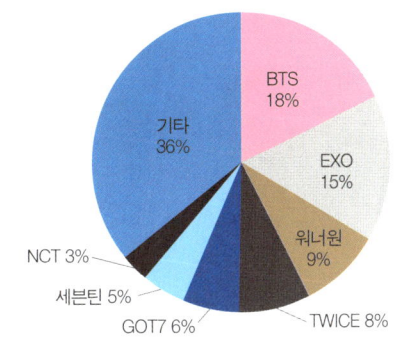

출처: 가온차트, 하나금융투자   출처: 가온차트, 하나금융투자

드볼 경기장 등에서 콘서트를 열었으며, 2017년 음반 판매량 136만 장으로 방탄소년단과 엑소에 이어 3위를 기록했다. 9월부터는 태국, 싱가포르, 홍콩, 대만 등 다양한 아시아 지역에서 팬 미팅을 진행하고 있다.

    워너원의 팬덤 독점 현상은 대형 기획사에도 영향을 미쳤다. 2015년 데뷔한 주요 아이돌 그룹의 2017년 앨범 판매량을 보면 워너원이 1위를 기록했으며, 이 외 50만 장 이상 판매한 그룹은 트와이스(114만 장), 세븐틴(74만 장)뿐이다. SM의 NCT는 41만 장으로 4위를 기록했으며, YG의 아이콘과 FNC의 SF9은 각각 7만 장을 판매했다. 큐브의 펜타곤 역시 큰 성과를 기록하지 못했다. 신인 그룹, 특히 남성 그룹들의 팬덤 성장이 부진을 겪으면서 트와이스의 JYP, 동방신기의 대규모 일본 콘서트를 진행 중인 SM을 제외하면 대다수 기획사들의 주가가 부진한 상황이다. SM과 JYP는 2017년 각각 38%, 186% 상승했지만, YG, FNC, 큐브는 각각 +5%, -9%, -7% 변동하면서 부진했다. 전술했듯, 아이돌 산업 내 가파른 과점화가 진행되는 가운데 2018년 신인 그룹들의 팬덤 성장을 통해 과점화에 진입할 수 있는 그룹 혹은 기업들을 눈여겨 볼 필요가 있다.

〈프로듀스 101-시즌2〉의 데뷔 그룹 워너원
출처: 워너원 공식 트위터

2015년 이후 데뷔한 아이돌 앨범 판매량

출처: 가온차트, 하나금융투자

YG의 주가 추이

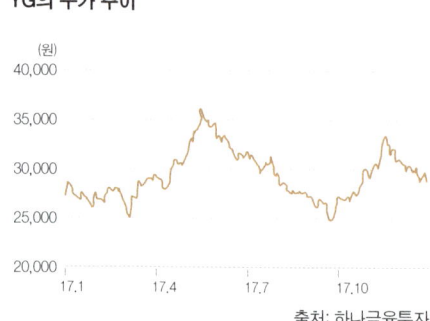

출처: 하나금융투자

FNC의 주가 추이

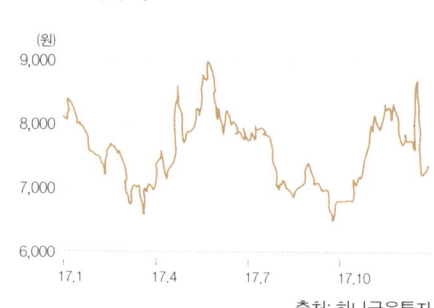

출처: 하나금융투자

일본 매출 비중이 상승하는 기획사를 주목

한한령의 지속에도 불구하고 기획사 간에 주가 차별화는 매우 뚜렷하다. 이를 결정짓는 두 가지 요인이 있는데, 1)주요 신인 그룹들의 팬덤의 차이와 2)매출 다변화를 통한 일본 매출 비중의 상승 또는 하락 여부다. 일본 매출 비중이 뚜렷하게 늘어나고 있는 SM, JYP의 2017년 주가 상승률은 각각 38%, 186%를 기록했다.

SM의 중국 매출 비중은 2016년 13%에서 사드 규제로 2017년 8%까지 하락했다. 그러나 동방신기가 군 제대 후 1년도 되지 않아 약 100만 명 규모의 일본 투어를 확정했다. 2017년 진행된 돔 투어는 17회 동안 78만 명을 동원했으며, 2018년 6월에는 3일간 닛산 스타디움 콘서트(회당 7만 5,000명)도 발표했다. 3일간 열릴 닛산 스타디움 공연은 일본 공연 역사상 동방신기가 처음이다. 이에 따라 SM의 일본 콘서트 매출 인식 규모는 2016년과 2017년 각각 107만 명, 175만 명에서 2018년 249만 명까지 증가할 예정이다. 영업이익 역시 2015년 364억 원 이후 2017년 177억 원(추정)까지 감소했지만, 2018년에는 513억 원으로

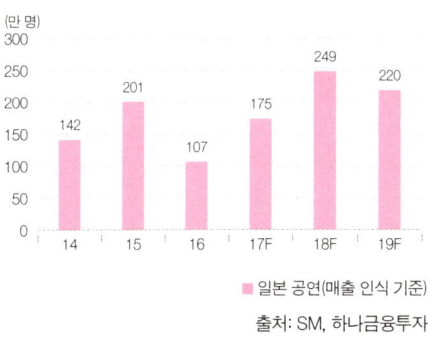

SM의 일본 콘서트 매출 추이

출처: SM, 하나금융투자

SM의 중국 매출 비중 추이

출처: SM, 하나금융투자

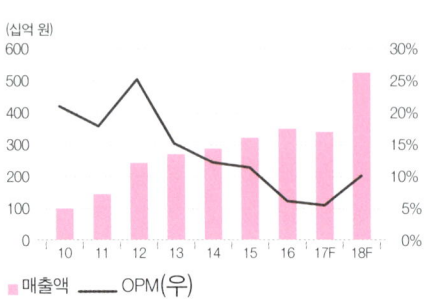

SM의 실적 추이

출처: SM, 하나금융투자

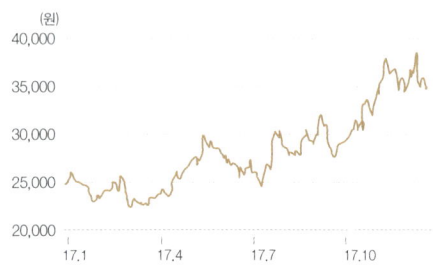

SM의 주가 추이

출처: 하나금융투자

증가가 예상된다.

일본뿐만 아니라 글로벌 기반으로 가장 강력한 팬덤을 보유하고 있는 방탄소년단BTS도 주목해야 한다. 방탄소년단은 국내에서는 10년 만에 첫 비非 SM 소속 가수로서 2017년 앨범 판매 1위를 차지했는데, 그들이 기록한 269만 장은 전체 판매량 중 18%의 비중을 차지한다. 미국 빌보드 뮤직 어워드에서는 저스틴 비버Justin Bieber가 2011년부터 독식해왔던 '톱 소셜 아티스트Top Social Artist' 상을 한국인 최초로 수상했다. 일본에서 12월에 발표한 싱글 앨범 〈MIC DROP〉, 〈DNA〉, 〈Crystal Snow〉의 초동 판매는 37만 장으로 역대 한국 아이돌 그룹 중 1위를 기록했다. 강력한 팬덤을 기반으로 열린 일본 콘서트는 2017년 첫 돔 투어를 통해 약 30만 명까지 관객을 모았으며, 2018년 이후부터는 더욱 가파른 성장이 예상된다. 방탄소년단의 소속사 빅히트엔터테인먼트는 늦어도 2019년 상장을 추진하고 있으며, 기획사 중 역사상 가장 높은 밸류에이션valuation에 상장할 수 있을 것으로 추정한다.

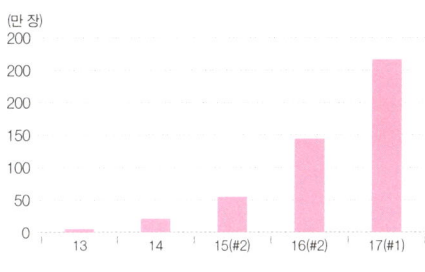

방탄소년단의 국내 앨범 판매량 추이

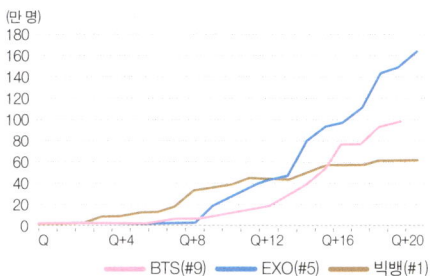

빅뱅/방탄소년단/엑소의 누적 콘서트 규모 비교

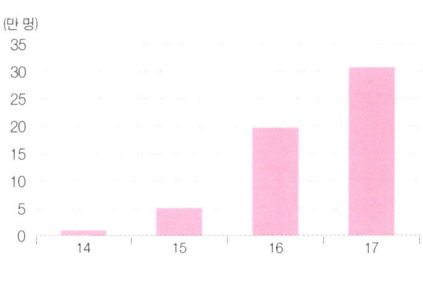

방탄소년단의 일본 콘서트 관객 수 추이

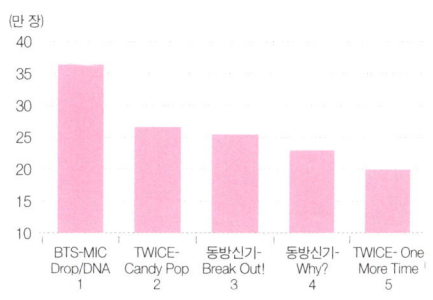

한국 아이돌의 역대 일본 싱글 초동 판매량 Top 5

역대 '원 탑' 걸 그룹으로 성장한 트와이스

JYP가 2017년 가장 높은 주가 상승률(186%)을 기록한 배경에는 트와이스의 엄청난 성장이 있었다. 2016년에 이미 여자 아이돌 그룹 기준 역대 최고 앨범 판매량(58만 장)과 〈Cheer Up〉으로 음원 스트리밍 1위를 동시에 기록하면서 팬덤과 대중성을 양립할 수 있는 가능성을 보여주었다. 2017년에는 음반 판매량이 약 두 배 증가(114만 장)했으며, 일본 진출도 성공적이었다. 10월 발매한 첫 번째 싱글 앨범의 초동 판

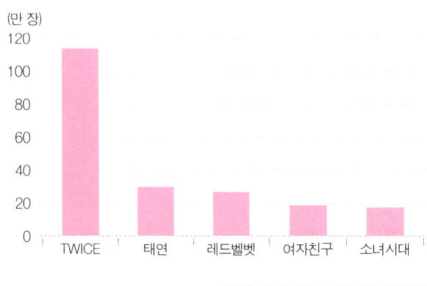

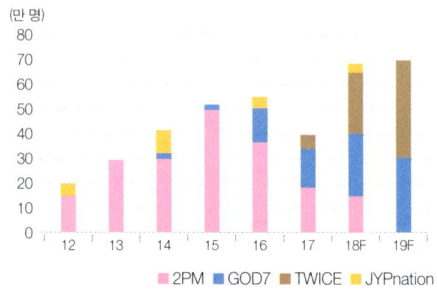

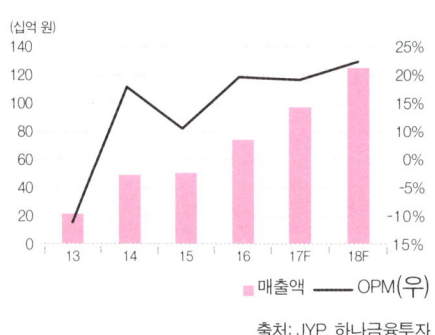

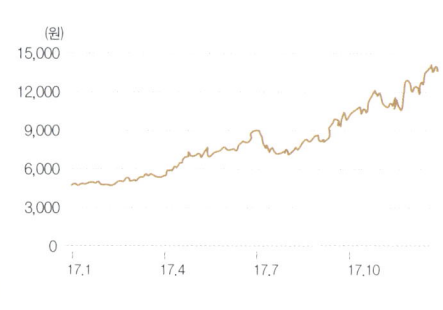

매량은 약 20만 장으로 한국 아이돌의 역대 싱글 초동 판매량 중 5위, 2018년 2월 발매한 두 번째 싱글은 26만 장으로 2위를 기록했다. 상위 Top 5 내에는 방탄소년단, 트와이스, 동방신기뿐이다.

이런 팬덤을 바탕으로 2017년 5월 26~27일 사이타마 슈퍼 아레나(회당 3만 명)를 포함, 약 8만 명의 관객과 만나는 첫 번째 아레나 투어를 발표했다. 슈퍼 아레나가 매진된다면, 걸 그룹 역사상 가장 빠른 돔 투어도 기대해볼 수 있을 것이다. 트와이스가 데뷔하기 전인 JYP의 2015년 실적은 매출액과 영업이익이 각각 506억 원, 42억 원을 기록했지만, 2018년에는 각각 1,251억 원(+147%), 276억 원(+557%)을 달성할

카라, 소녀시대, 2NE1, 트와이스의 한·일 활동 사항 비교

	카라	소녀시대	2NE1	트와이스
소속사	DSP미디어	SM	YG	JYP
데뷔(한국)	2007년 3월	2007년 8월	2009년 5월	2015년 10월
데뷔(일본)	2010년 8월	2010년 8월	2011년 9월	2017년 6월
일본 데뷔까지 걸린 시간	3년 5개월	3년	2년 4개월	1년 8개월
일본 콘서트 시기	2012년 4월	2011년 5월	2011년 9월	2018년 5월
데뷔 후 일본 콘서트까지 걸린 시간	5년 1개월	3년 9개월	2년 4개월	2년 7개월
첫 해 공연 규모	22만 명, 13회 (아레나, 돔)	16만 명, 14회 (아레나)	7만 명, 6회 (아레나)	8만 명, 4회 (아레나)
돔 투어	2013년 1월	2014년 12월	-	2019년 하반기 (추정)
데뷔 후 일본 돔 투어까지 걸린 시간	5년 10개월	7년 4개월	-	4년(추정)

출처: 각 사, 하나금융투자

것으로 전망된다.

다만, JYP 주가 상승에는 트와이스뿐만 아니라 신인 아이돌 그룹에 대한 기대감도 같이 포함되어 있다. 2018년에만 세 팀의 남자 아이돌 그룹이 데뷔하는데, 국내 한 팀과 중국 두 팀이다. 국내 남자 신인 그룹인 '스트레이 키즈'의 경우 3월 데뷔를 앞두고 있으며, 트와이스의 성공 방정식인 '데뷔 전 오디션 프로그램'을 통해 팬들에게 자주 노출시킬 것이라고 한다. 기존 남자 아이돌의 대부분이 SM의 팬덤형 아이돌과 유사했다면, 스트레이 키즈는 자작곡을 기반으로 한 아티스트형 아이돌로 방탄소년단과 유사하다. 흥행에 성공한다면 JYP 역사상 가장 성공적인 남자 아이돌이 될 수 있을 것이다.

JYP의 중국 남자 아이돌은 하반기에 두 팀이 데뷔하는데, 평균 연령 13세인 '보이스토리'는 이미 프리 데뷔해 두 번의 싱글을 발매했다. 중국에서 오디션 프로그램을 통해 선발된 이들은 모두 중국인으로 JYP

에서 연습생 기간을 거쳤다. 텐센트가 60%, JYP가 40% 지분을 보유한 NCC엔터테인먼트 소속으로 데뷔하며, 향후 흥행에 따라 JYP가 지분법 수익 40%를 얻게 될 것이다. 남자 아이돌뿐만 아니라 신인 여자 그룹도 2019년 상반기 데뷔 계획이 있기에 JYP를 지속적으로 주목할 필요가 있다.

JYP 남자 아이돌 그룹 '스트레이 키즈'
출처: JYP, 하나금융투자

JYP 중국 아이돌 그룹 '보이스토리'
출처: JYP 트위터, 하나금융투자

넷플릭스의 등장: 드라마 제작사들의 변화 시작

기존 국내 드라마 제작 환경에서는 제작사들이 방송사로부터 사전에 절반 이상(50~80%)의 제작비를 지원받기에는 리스크의 부담이 있고, 흥행에 성공했다 해도 이에 따른 수익을 공유하기 어려웠다. 특히 해외 판권도 방송사에게 귀속되었기에 영업이익률은 3~5% 내외가 최대였으며, 이마저도 연간 3~4편 제작한다는 가정이 있어야 한다.

그러나 2016년 방영된 〈태양의 후예〉는 드라마 제작 사업 모델의 변화를 가져왔다. 애초에 중국향 수출을 위해 제작했으며, 관련 제작비를 중국 플랫폼 사업자를 통해 충당했다. 물론 흥행 리스크 최소화를 위해 흥행 가능성이 높은 작가 및 배우들의 섭외가 필연적으로 이뤄져, 회당 제작비가 가파르게 상승한 부작용도 있다. 중요한 것은 흥행 리스크와 무관하게 방송사 및 중국 플랫폼으로부터 거의 100%에 가까운 제작비를 충당했다는 사실이다. 흥행에 따라 PPL, OST, 2차 판권 등을 통해 높은 수익이 가능하게 된 것이다.

2013년 방영된 〈별에서 온 그대〉의 경우 회당 판권 매출이 4만 달러(약 4,400만 원)였지만, 〈태양의 후예〉는 25만 달러(약 2억 7,500만 원)까지 증가했으며, 제작사 NEW는 관련 영업이익으로만 80억 원을 기록했다. 중국 드라마를 리메이크한 〈달의 연인-보보경심 려〉의 경우 회당 40만 달러(4억 4,000만 원)까지 상승했으며, IHQ는 한한령에도 불구하고 〈당신이 잠든 사이에〉를 텐센트에 〈달의 연인-보보경심 려〉와 같은 40만 달러에 판매했다. IHQ은 국내에서 유일하게 두 번의 사전 제작 드라마를 만들어내면서 주가가 36% 상승했다.

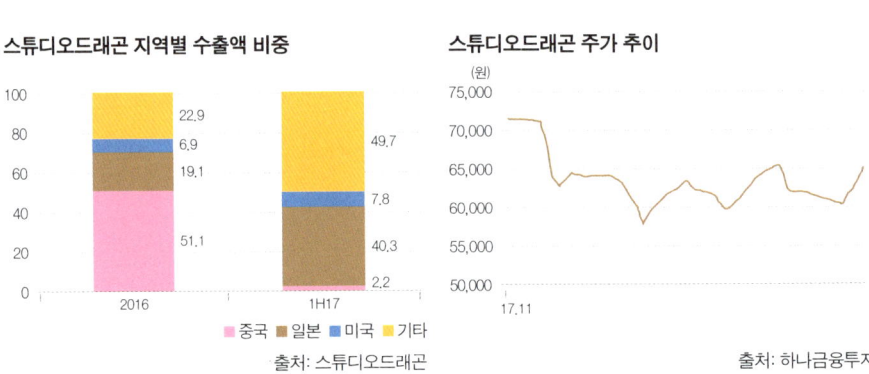

　　국내 드라마 제작사들은 한한령으로 인해 중국 판권 수출이 막히자 매출 다변화를 통해 대응했다. 국내 드라마 제작사 가운데 1위 업체인 스튜디오드래곤의 경우 2016년 수출액 424억 원 중 중국 비중이 51%였지만, 2017년에는 상반기 만에 387억 원의 수출액을 달성했음에도 중국 비중이 2%에 불과했다. 일본, 동남아 등 기타 지역으로 수출 다변화를 진행한 덕분이었다.

　　한한령이 지속되는 가운데 '넷플릭스'라는 글로벌 OTT Over The Top 플랫폼의 등장은 드라마 제작 산업의 헤게모니를 바꾸어놓았다. 유료 가입자 성장의 상당 부분이 아시아에서 발생하고 있고, 한류 콘텐츠의 중요성 부각에 따라 상당히 높은 가격에 콘텐츠를 수급하고 있다.

넷플릭스 유료 가입자 추이

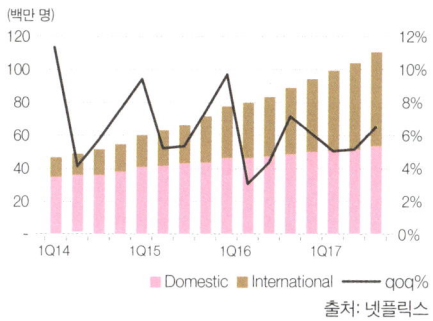

출처: 넷플릭스

일본과 한국의 넷플릭스 라이브러리 비교

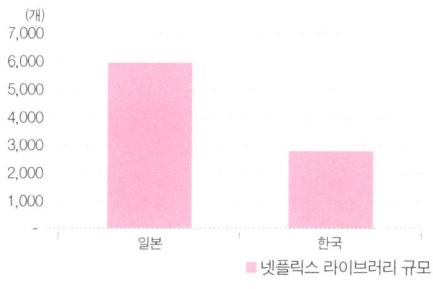

출처: 넷플릭스

제이콘텐트리 주가 추이

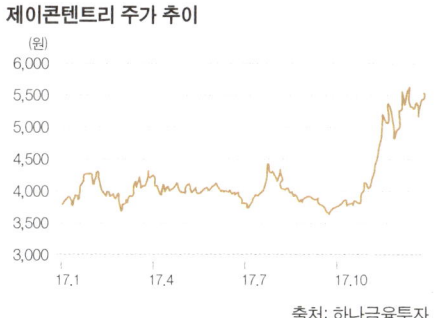

출처: 하나금융투자

넷플릭스 오리지널 콘텐츠 〈킹덤〉의 원작
〈버닝 헬 신의 나라〉
출처: 알에이치코리아 홈페이지

    2018년 넷플릭스의 전 세계 콘텐츠 투자액은 약 80억 달러(약 8조 8,000억 원)이며, 한국의 콘텐츠도 확대할 계획이다. 최근 컨퍼런스 콜에서는 프랑스, 폴란드, 인도, 한국, 일본 등에서 오리지널 콘텐츠 확대에 대해 언급했다. 넷플릭스가 JTBC와 600시간이 넘는 콘텐츠 방영권

계약을 진행하자 제이콘텐트리의 주가가 43% 상승했다. 그밖에 NEW와 영화 판권 계약을 진행했으며, 웹툰 원작의 〈좋아하면 울리는〉, 좀비 드라마인 〈킹덤〉, YG가 제작하는 〈유병재의 블랙코미디〉, 〈YG전자〉의 방영이 예정되어 있는 등, 올해는 넷플릭스의 오리지널 한국 콘텐츠 제작이 확대되는 원년이 될 것이다.

이런 변화에 맞춰 영화 투자 배급사들도 드라마 제작을 확대하고 있다. 쇼박스는 자체 IP를 보유한 웹툰 〈이태원 클라스〉의 드라마 제작을 논의 중이며, NEW는 JTBC와 네 편 이상의 드라마 제작에 합의했다. 드라마 제작을 통해 국내 영화 시장에만 한정되던 영화 투자 배급사들의 본격적인 성장이 시작되기를 기대해본다.

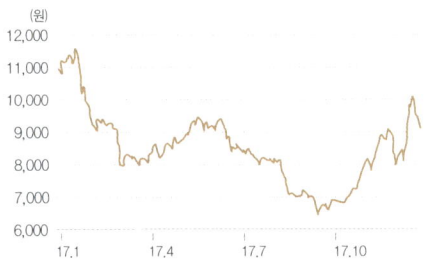

NEW 주가 추이
출처: 하나금융투자

2018년 NEW의 드라마 제작 라인업
출처: NEW

참고 자료

2017
HALLYU
WHITE
PAPER

방송 한류

과학기술정보통신부 · 방송통신위원회 (2017). 「2017년 방송산업 실태조사 보고서」, p. 197, 402.

김영수 (2015). 「콘텐츠산업 동남아시장 진출 확대방안 연구」, p. 68. 문화체육관광부.

김영수 (2017). 「2017 브라질 한류콘텐츠 인식소비조사결과」, p. 6. 한국콘텐츠진흥원 내부자료.

문화체육관광부 (2016). 「제180차 대외경제관계장관회의 자료」.

한국문화산업교류재단 (2017). 「제12회 아시아드라마컨퍼런스 발제집」, pp. 19~24.

한국수출입은행 해외경제연구소 (2016). 「Issue Report: 드라마 '태양의 후예' 수출 파급 효과」, p. 4.

한국콘텐츠진흥원 (2017). 「2017 방송영상독립제작사 실태조사 보고서」, 39, pp. 40~42.

한국콘텐츠진흥원 (2017). 「미국 한류 소비자조사 보고서」, 9, p. 66.

한국콘텐츠진흥원 (2017). 「브라질 한류 소비자조사 보고서」, 9, p. 66.

한국콘텐츠진흥원 (2017). 「중국 내 한류콘텐츠 동향 종합 보고서」, pp. 76~83.

한국콘텐츠진흥원 (2017). 「중국 진출 문화산업 기업 피해조사 보고서」, pp. 2~3.

《브릿지매거진》 (2016). 〈한국 드라마 태국 기상도 여전히 맑음〉.

Mouseler, V. (2016. 05. 21). How To Create a Hit Format in 10 Lessons.

The Wit. URL: https://mipblog.com/2016/05/create-hit-format-10-lessons-wit/

영화 한류

영화진흥위원회 (2018. 02. 12). 「2017년 한국 영화산업 결산」.
《마이데일리》(2017. 05. 13). 〈[70th 칸] 봉준호 '옥자', 해외포스터 공개… 거대돼지+안서현〉.
《머니투데이》(2016. 12. 19). 〈덱스터, 中 알파 1500만 위안 '신과함께' 투자 유치〉.
《매일경제》(2017. 06. 07). 〈'옥자' 3대 극장 체인서 못 본다〉.
《매일경제》(2017. 10. 25). 〈롯데시네마, 中·베트남 등 해외영화 시장 진출도 확대〉.
《매일경제》(2017. 12. 19). 〈덱스터스튜디오, 中 영화 시각특수효과 잇단 수주〉.
《비즈니스포스트》(2017. 08. 10). 〈CJ CGV 국내 사업 부진해 2분기 적자, 서정 '글로벌 기업 변신 중'〉.
《서울경제》(2017. 05. 30). 〈'악녀' 136개국 선판매 쾌거! 칸→해외 모두 通〉.
《연합뉴스》(2017. 05. 26). 〈칸 초청작 '불한당' 해외 128개국에 판매〉.
《연합뉴스》(2018. 02. 19). 〈박찬욱·정병길·김용화… "이젠 유럽·할리우드가 무대"〉.

《OSEN》(2018. 01. 04). 〈[Oh!llywood] '옥자', 로튼 토마토 선정 2017년 최고의 SF/판타지 영화〉.

《일간스포츠》(2018. 01. 30). 〈아시아 휩쓴 '신과함께', 1400만 이상의 의미〉.

《조선비즈》(2018. 01. 04). 〈[이코노미조선] 세계로 뻗어나가는 CJ CGV⋯ 해외 스크린 수만 2000개 돌파〉.

《중앙일보》(2017. 05. 02). 〈칸 초청 효과 '불한당'⋯ 세계 85개국 판매〉.

《토요경제》(2017. 06. 02). 〈CGV, 4D플렉스·스크린X 해외진출 가속화〉.

《티브이데일리》(2018. 01. 17). 〈'신과함께', 대만서 '부산행' 꺾고 韓 흥행작 1위 등극〉.

《한국영화》(2018. 01). 〈Global Box Office_12월 중국 흥행시장 분석〉.

《한국영화》(2018. 02). 〈FOCUS 1_한한령 후 중국 극장가는?〉.

《한국일보》(2017. 07. 10). 〈인도네시아판 '수상한 그녀'도 흥행몰이〉.

《한국일보》(2018. 01. 27). 〈'신과함께', 아시아에서 잘 팔리네〉.

익스트림무비 (2018. 02. 06). URL: http://extmovie.maxmovie.com/xe/movietalk/29492832

Media Rising (2018. 02. 06). URL: http://www.hrising.com/movie/?mode=view&no=6719&search_type=&keyword=%EC%8B%A0%EA%B3%BC%ED%95%A8%EA%BB%98

음악 한류

김준후 (2017. 09). 「V-LIVE 속의 K-pop, 세계를 매료시키다」. 한국콘텐츠진흥원 2017년 하반기 뮤직포럼.

박대민·이규탁 (2016). 「한류 16년: 뉴스 빅데이터로 본 한류 보도, 지금은 케이팝 시대」. 《News Big Data Analytics & Insights》, 1권 3호.

이규탁 (2016). 「실시간 인터넷 방송과 케이팝, 그리고 수용자: 네이버 '브이앱'을 중심으로」. 《예술경영연구》, 39권, pp. 33~65.

한국콘텐츠진흥원 (2017a). 『2016 음악산업백서』.

한국콘텐츠진흥원 (2017b). 「K-POP 글로벌 확산을 위한 음악시장 다변화 전략 연구」.

한국콘텐츠진흥원 (2017c). 「브라질 내 K-Pop 소비 행태 조사」.

홍석경 (2013). 『세계화와 디지털 문화 시대의 한류』. 경기: 한울엠플러스.

《스포츠조선》(2016. 02. 23). 〈프로듀스101 측 'AKB48 표절? 콘텐츠 분명한 차별'〉.

《스포츠조선》(2017. 09. 19). 〈또 韓 기록 경신…방탄소년단 'DNA' MV 2000만뷰 돌파〉.

《오마이뉴스》(2017. 12. 11). 〈방시혁이 '방탄소년단'에게 강조한 두 가지 원칙〉.

《일간스포츠》(2016. 06. 14). 〈아이돌 7년의 법칙… 배우도 예외는 아니다〉.

《주간동아》(2017. 12. 13). 〈[김범석의 쫄깃한 일본] 日에 상륙한 3차 한류〉.

《Time》(2017. 06. 26). 〈The 25 Most Influential People on the Internet〉.

Hassan, Badrul (2017, August). *K-Pop Communities: Comparative*

  Insigts from Bangi to Pekanbaru. Paper presented at Hallyu in Southeast Asia: The Present and Future of International Cultural Exchange Conference, Seoul, Korea.

Pyar, Khin Kyi (2017, August). *The Present and Future of International Cultural Exchange*. Paper presented at Hallyu in Southeast Asia: The Present and Future of International Cultural Exchange Conference, Seoul, Korea.

공연 한류

문화체육관광부 보도자료 (2017. 07. 06).「'런던 코리아 페스티벌'로 '영국 내 한국의 해 개막'」.

문화체육관광부 보도자료 (2017. 12. 07).「문체부 2018년도 예산 5조 2,578억 원으로 최종 확정」.

예술경영지원센터 (2015).「공연예술 전략적 해외 진출지원 사업 성과평가 및 발전방안 연구」.

한국문화관광연구원 (2017).「예술분야 해외시장 진출 확대를 위한 지원방안 연구」.

한국문화산업교류재단 (2016).「2016 해외한류실태조사」.

《국민일보》(2017. 11. 01).〈외국에서 더 유명한 민요 록밴드… 세계를 홀린 '씽씽'〉.

《국민일보》(2017. 12. 09). 〈꽃길 걷는 뮤지컬계… 일본·중국서 라이선스 공연〉.

《뉴데일리》(2017. 11. 28). 〈고학찬 예술의전당 사장 "문화융성, 거리낌 없다"〉.

《뉴시스》(2017. 11. 12). 〈세계 홀린 민요록밴드 '씽씽', 이희문 "발버둥 칠 수밖에 없다"〉.

《뉴시스》(2017. 11. 15). 〈'비후리 시벨리우스 음악상' 진은숙 "작곡가로 일할 용기 더 생겼다"〉.

《THE MUSICAL》(2017. 09). 〈마이버킷리스트 중국 공연 – 새로운 감성으로 만난다〉.

《매일일보》(2017. 10. 30). 〈대학로 공연관광 페스티벌, 스마트 패드 활용 韓·中·日·英 자막지원으로 큰 호응〉.

《브릿지경제》(2017. 05. 19). 〈'빨래' '마이 버킷리스트' '빈센트 반 고흐' 중국行… 한한령 해빙? 희망은 있다〉.

《세계일보》(2017. 05. 14). 〈한국 창작뮤지컬 '빨래' 내달 베이징 공연… 한한령 녹는 신호탄?〉.

《아시아뉴스통신》(2017. 08. 02). 〈즉흥음악앙상블 블랙스트링, 장르의 경계를 허물다〉.

《연합뉴스》(2017. 11. 29). 〈창작뮤지컬 '공룡이 살아있다' 홍콩 등 중화권 시장 본격 진출〉.

《이데일리》(2016. 10. 24). 〈2017 결산_공연계② 공연계 적자 악순환·K클래식은 돌풍〉.

《이데일리》(2017. 10. 31). 〈박지하·AUX '워멕스' 초청… 해외 진출 가능성 높여〉.

《중앙일보》(2017. 10. 17). 〈한한령 후폭풍… 기로에 선 한국 관광공연〉.

《중앙일보》(2017. 10. 17). 〈난타도 휘청… 국내 관광공연 절반 막내렸다〉.

《한경비즈니스》(2016. 06. 07). 〈낯설어서 흥미롭다! 국악의 시대 열린다〉.

《한국경제》(2016. 10. 24). 〈K팝·드라마부터 연극까지… '한류 신대륙 중동이 부른다〉.

《한국일보》(2017. 08. 05). 〈한국 민요밴드 '씽씽' 조스 펍 초청 단독 공연〉.

게임 한류

한국콘텐츠진흥원 (2017). 『대한민국게임백서』, pp. 6~9.

《데일리e스포츠》(2017. 11. 17). 〈[지스타17] 지스타 '배틀그라운드'로 물들다〉.

《데일리e스포츠》(2017. 11. 20). 〈[이슈] WEGL 2017 파이널, 12만 관객! 첫 대회 흥행 '성공'〉.

만화 한류

김덕중·남상현 외 (2017).『한류 메이커스』. 한국문화산업교류재단, p. 180.

김재용 (2017).「카카오재팬(픽코마) 일본 진출 전략 및 방향: 세계웹툰포럼 발제문」. 서울: 한남동 블루스퀘어.

문화체육관광부 (2017. 06).「한중 문화콘텐츠산업 협업 전략 연구」, pp. 70~71.

정보통신산업진흥원 (2017. 12).「웹툰플랫폼 글로벌화 전략연구」, p. 58/66.

《동아일보》(2016. 08. 24.). 〈만화 강국 일본 어린이들, 한국 과학학습 만화에 빠지다〉.

《아시아경제》(2016. 02. 03). 〈웹툰 서비스 '코미코', 1700만 다운로드… 해외서 85%〉.

《연합뉴스》(2013. 06. 25). 〈한국, 작년 스마트폰 보급률 세계 첫1위… 67.6%〉.

《월드안미디어그룹》(2016. 10. 11). 〈네이버웹툰, 영어권 시장 성공 가능 높다〉.

《전자신문》(2017. 09. 05). 〈해외에 부는 한국웹툰 바람, 상반기 전 세계 227개 국가서 레진코믹스 웹툰 봐〉.

《중앙선데이》(2017. 09. 17). 〈콘텐트 '도둑질'에 솜방망이 처벌 플랫폼·작가 망친다〉.

《지디넷코리아》(2017. 02. 14). 〈탑툰 "올해 해외서 500만 달러 벌겠다"〉.

《한겨레》(2017. 11. 30). 〈카카오재팬 '만화 앱' 픽코마 일본 망가 팬 홀렸다〉.

《한경닷컴게임톡》(2017. 11. 01). 〈배승익 대표 "게임 웹툰 배틀코믹스, 韓

中 IP기업 도약"〉.

《한국일보》(2017. 04. 17). 〈日 웹툰시장서 1위 NHN코미코 대표 "만화의 나라도 디지털 흐름 못 피해〉.

インプレス(Impress Holding) (2017). 「電子書籍ビジネス調査報告書 2017 (전자서적 비즈니스조사 보고서 2017)」.

出版科学研究所(출판과학연구소) (2017. 04. 25). 「2017年版 出版指標 年報(2017년판 출판지표 연보)」.

패션 한류

KOTRA (2017). 「산업별 글로벌시장 진출 전략 보고서 - 패션 산업 현황 및 글로벌 밸류체인 진출전략」.

KOTRA (2017. 07. 12). 「우리나라 5대 유망 소비재의 아세안 내 시장동향: 패션의류」.

한국패션협회 (2014). 「패션 한류 마케팅 활용 전략 방안연구 보고서」.

한국패션협회 (2015). 「2035 한국 패션 산업 발전 전략」.

한국패션협회 (2017a). 「2017년 주간 업계 동향」.

한국패션협회 (2017b). 「POST CHINA, 동남아시아 패션시장 진출 전략」.

《경향비즈》(2017. 08. 30). 〈신세계 '분더샵' 뉴욕 진출… K패션, 세계 유명 브랜드와 경쟁〉.

《국제섬유신문》(2017. 07. 04). 〈에이랜드, 방콕 시암센터 오픈 현장 '후끈'〉.

《문화뉴스》(2017. 07. 24). 〈명품 브랜드 전시회, 실제로는 어떨까?〉.
《아시아경제》(2017. 12. 20). 〈韓 상품 구매한 해외 국가 2년만에 75개국으로 확대… 유럽 비중 '최다'〉.
《조선비즈》(2017. 02. 13). 〈삼성물산 패션부문, 여성복 '구호' 남성복 '준지'로 글로벌 사업 가속화〉.
《패션넷코리아》(2017. 12. 12). 〈패션계에 부는 아마존 위협〉.
《패션비즈》(2017. 11. 27). 〈LF「헤지스」중국 프랑스 이어 베트남 시장 진출〉.
《패션비즈》(2017. 12). 〈K-Fashion 세계화 우리가〉.
《패션인사이트》(2017. 12. 01). 〈2017 한국 패션 산업 10대 뉴스〉.

뷰티 한류

관세청 (2017).「수출입통계조사」. URL: www.customs.go.kr
변재웅 (2010).『해외직접투자론: 이론 및 전략』. 서울: 비즈프레스.
식약처 (2018).「화장품 분야 주요 정책 변화 발표」.
이장우 (2017).『퍼스트무버 4차 산업혁명의 선도자들』. 서울: 21세기북스, pp. 115~122.
KOTRA (2017).『2018 한국이 열광할 세계트렌드』. 서울: 알키, pp. 4~5.
KOTRA (2017).「중동 주요국 화장품 시장 동향과 우리 기업 진출전략」.
KOTRA (2017. 05. 22).「KOTRA 4차산업 시대의 뷰티시장, 스마트 패키징이 주도」.

KOTRA (2017. 12. 07). 「미국 뷰티업계에도 '클린 레이블' 바람이 분다」.

한국증권거래소 (2017). 「2017년 상장 화장품 업체」.

《뉴스앤미디어》 (2017. 08. 19). 〈이니스프리 워너원 #컬러마스크 360° VR 매장체험 도입〉.

《머니투데이》 (2018. 01. 02). 〈제이준 "中 2만 오프라인 유통 본격화… 646억원 공급계약"〉.

《머니투데이》 (2017. 12. 20). 〈사드로 멍든 K뷰티, 제대로 키운다… 화장품 종합컨트롤타워 구축〉.

《스포츠서울》 (2017. 10. 15). 〈챗봇, 뷰티미러… 다채로워지는 뷰티 AI〉.

《CNCNEWS》 (2017. 09. 21). 〈천연 유기농 화장품 인증제도, 맞춤형 화장품 제도화 추진〉.

《이데일리》 (2017. 08. 03). 〈네이처컬렉션 강남점, "메이크업 상태 AI로 상담받으세요"〉.

《조선닷컴》 (2017. 08. 21). 〈베트남 호찌민시 더마스터 베트남 뷰티&트레이닝센터 개원식〉.

《조선비즈》 (2017. 04. 10). 〈한국 화장품 캐리어에 쓸어 담는 태국 여성들〉.

류재복 (2017. 07. 01). 〈화장품업계, "중국에서 중동으로" 시장 바꿔〉. URL: http://blog.daum.net/yjb0802/16378

음식 한류

농림축산식품부 (2017. 04. 04). 「농식품 수출 신규시장 개척을 위한 '농식품 청년 해외 개척단(AFLO)' 발대식 개최」 보도자료.

농림축산식품부 (2018. 01. 05). 「2017년 농식품 수출, 전년 대비 5.6% 증가한 68억불 달성」 보도자료.

산업통상자원부 (2018. 01. 01). 「2017년 수출입 동향 및 2018년 수출입 전망」 보도자료.

세계김치연구소 (2017). 「2016 김치 수출입 동향」.

세계김치연구소 (2017. 11. 29). 「김치 어디까지 먹어봤니?」 보도자료.

최종산 (2017). 「소셜 빅데이터를 이용한 외국인의 한식에 대한 인식분석」. 《예술인문사회 융합 멀티미디어 논문지》 Asia-pacific journal of multimedia services convergent with art, humanities, and sociology.

통계청 (2018. 02. 02). 「2017년 12월 및 연간 온라인쇼핑 동향(온라인 해외 직접 판매 및 구매 통계 '17년 4/4분기 및 연간 포함)」 보도자료.

KOTRA (2017). 「2018 해외시장 진출 유망·부진 품목」.

한국관광공사 (2017). 「2017 외래관광객 음식관광 실태조사 및 컨설팅」.

한국농수산식품유통공사 (2017). 「2017 국내 외식기업 해외진출 실태조사」.

한국무역협회 (2017. 11). 「2017년 수출입 평가 및 2018년 전망」.《트레이드 포커스》, 45호.

한국문화산업교류재단 (2017). 「2016-2017 글로벌한류실태조사」.

한국문화산업교류재단 (2017. 07. 11). 「전 세계 한류 크리에이터, 한국에

모이다」 보도자료.

한식진흥원 (2017). 「2017 글로벌 한식당 현황 조사 결과」.

한식진흥원 (2017). 「2017 글로벌 한식소비자 조사보고서」.

해양수산부 (2017. 12. 26). 「한국 김 수출, 사상 최초로 5억 달러 넘어섰다」 보도자료.

해양수산부 (2018. 01. 05). 「2017년 수산물 수출 23.3억 달러로 역대 2위 실적 달성」 보도자료.

IMF (2017. 10). 「World Economic Outlook」.

《농업축산신문》 (2017. 04. 05). 〈농식품 수출시장 다변화 위해, 청년이 나선다〉.

《매일경제》 (2017. 10. 16). 〈국사랑, 해외 마스터프랜차이즈와 MOU체결… 해외 진출 신호탄 쏘다〉.

《매일경제》 (2017. 12. 20). 〈한국선 가맹사업 성장 힘들어… 더 위험하지만 일단 해외로〉.

《서울경제》 (2017. 07. 18). 〈해외 유튜브 스타들… "I ♥ 비비고"〉.

《세계일보》 (2017. 09. 10). 〈유통·화장품·식품, 中 '사드 보복' 피해 눈덩이〉.

《연합뉴스》 (2017. 07. 15). 〈설빙, 중국 매장 확대… 마스터 프랜차이즈 MOU〉.

《연합뉴스》 (2017. 10. 09). 〈라면·맥주·김, 사드 보복 '무풍지대'… 대중 수출 급증〉.

《에너지경제》 (2017. 01. 02). 〈2018년 경제 변수 FTA… 美에 빗장 걸고, 中 문 두드리고〉.

《조선비즈》 (2017. 05. 18). 〈구이가, 中 상해·광둥성 마스터 프랜차이즈 계약 체결〉.

《조선비즈》(2017. 08. 03). 〈농식품 수출시장 다변화, '공사-기업-청년' 상생 트리오로 정면 돌파〉.

《한국프랜차이즈산업신문》(2017. 12. 11). 〈설빙, 캄보디아 이어 필리핀 마스터 프랜차이즈 계약〉.

《New York Post》(2017. 03. 07). 〈Diet secrets from the world's healthiest countries〉.

《PRTIMES》(2017. 11. 30). 〈女子大生社長・椎木里佳率いるJCJK調査隊が厳選！JCJK流行語大賞2017&2018年トレンド予測を発表〉.

라이브재팬 (2017. 12. 25). '2017년 올해의 한 접시 요리는 바로 닭 가슴살 요리!'. URL: https://livejapan.com/ko/article-a0001735/

KOTRA 해외시장정보 (2017. 12. 20). '일본 인스타그램을 장악한 한국 치즈닭갈비'. URL: https://news.kotra.or.kr/user/globalBbs/kotranews/4/globalBbsDataList.do?setIdx=243

쿡패드(Cook Pad) 홈페이지. URL: https://cookpad.com/campaign/foodtrend2017

한국농수산식품유통공사 농수산식품수출지원정보. '[일본-도쿄] 2017년 일본 유행음식 10위'. URL: https://www.kati.net/board/exportNewsList.do

관광 한류

권장한 (2017).「한류와 방한 외래객 간의 상관관계 분석」.《관광학연구》, 41(1). 한국관광학회.

대외경제정책연구원 (2016).「90后(지우링허우)의 주요 소비패턴 특징」, vol 19(2).

대한상공회의소 (2017).「한국 관광산업의 현주소와 개선과제」.

문화체육관광부 (2017).「방한관광시장 활성화 방안」. 관계부처합동자료.

유진호 (2017).「드라마와 한국관광」.《한류NOW》, Vol. 17. 한국문화산업교류재단.

이강욱·오유라·송철재 (2017).「국제관광수요 영향요인 분석」. 한국문화관광연구원.

이용근 (2017).「한류관광을 통한 의료관광 산업의 글로벌화 방안」.《무역연구》, 13(2). 한국무역연구원.

이원희·채지영 (2014).「한류관광시장 조사연구」. 한국문화관광연구원.

이정민 (2017).「사드가 관광산업에 미치는 영향과 시사점」.《한국관광정책》, 제67호. 한국문화관광연구원.

이훈·황영주 (2017).「지속가능한 관광을 위한 관광콘텐츠 개발방식」.《한국관광정책》, 제67호. 한국문화관광연구원.

최진성·현성협 (2017).「한류 콘텐츠 관여 수준에 따른 온라인 커뮤니티 참여, 브랜드 사랑, 방문 의도 간 구조적 관계: 태권도 커뮤니티를 사례로」.《관광학연구》, 41(2). 한국관광학회.

한국관광공사 (2016).「FIT맞춤형 관광상품개발 활성화 방안연구」.

한국관광공사 (2017a).「2015 방한관광시장의 모든 것」.

한국관광공사 (2017b).「방한관광시장분석」.

한국관광공사 (2017c).「한국관광공사 시장별 마케팅 조사분석」. 내부자료.

한국문화관광연구원 (2017).「2017년 11월 기준 관광동향분석」.

한국문화산업교류재단 (2017).「2016-2017 글로벌한류실태조사」.

한국은행 (2014).「한국은행 산업 연관표」.

현대경제연구원 (2014).「한류의 경제적 파급효과 분석과 시사점」.

Kim, H. J., Chen, M.H., & Su, H. J. (2009). Research Note: The impact of Korea TV dramas on Taiwanese tourism demand for Korea. Tourism Economics, 15(4), pp. 867~873.

Ramos, C. M., & Rodrigues, P. M. (2013). Research Note: The importance of online tourism demand. Tourism Economics, 19(6), 1443-1447.

《국민일보》(2017. 04. 11). 〈소녀상·정세불안 등 빌미로 日 외무성, 한국 방문 주의 경고〉.

《연합뉴스》(2017. 12. 11). 〈한·일 관광객 역조심화… 한국인 일본 관광이 3배 많아〉.

《조선일보》(2017. 03. 15). 〈'사드보복' 中, 오늘부터 '한국 관광금지' 전면 발효〉.

《중앙일보》(2017. 11. 30). 〈문화체육관광부의 '관광패싱' 언제까지〉.

《CBC》(2017. 07. 12). 〈"Goblin: The Lonely and Great God's 250 million viewers discover allure of Old Quebec"… How a popular Korean soap opera is drawing Asian tourists to Quebec City〉.

관광지식정보시스템 URL: http://www.tour.go.kr

서울시 관광홈페이지 URL: http://seoul.go.kr

〈어서와~ 한국은 처음이지?〉 공식 홈페이지 URL: https://www.mbcplus.com/web/program/contentList.do?programInfoSeq=62

장근석 개인 페이스북 URL: https://www.facebook.com/Officialilovejanggeunsuk

평창 동계올림픽 조직위원회 URL: https://www.pyeongchang2018.com/ko/ambassadors

한국관광통계. URL: http://tour.go.kr/

한유망 URL : http://www.hanyouwang.com

UNWTO (2018). 2017 International Tourism Results: the highest in seven years. URL: http://media.unwto.org/press-release

2017 한류백서

1판 1쇄 인쇄 2018년 4월 25일
1판 1쇄 발행 2018년 4월 30일

발행인	김용락
발행처	한국국제문화교류진흥원(KOFICE)
주소	03920 서울시 마포구 성암로 330 DMC첨단산업센터 A동 107호
전화	02-3153-1786
팩스	02-3153-1787
전자우편	ahyoung@kofice.or.kr
홈페이지	www.kofice.or.kr

필진
 방송한류 김영수 한국콘텐츠진흥원 방송유통지원팀 과장
 영화한류 박희성 영화진흥위원회 산업정책연구팀 과장
 음악한류 이규탁 조지메이슨대학교 교양학부 교수
 공연한류 김혜진 예술경영지원센터 전략기획팀 팀장
 게임한류 이택수 데일리게임·데일리e스포츠 발행인
 만화한류 박인하 청강문화산업대학교 만화콘텐츠스쿨 교수
 패션한류 신희진 한국패션협회 사업2부 부장
 뷰티한류 김혜란 국제사이버대학교 뷰티비즈니스학과 겸임교수
 음식한류 서용희 한국외식산업중앙연구원 선임연구원
 관광한류 정주영 한국방문위원회 마케팅팀 팀장
 기업분석 이기훈 하나금융투자 리서치센터 연구원

기획·편집	남상현, 김아영 한국국제문화교류진흥원
디자인	김희진, 박현주, 김유정 화인페이퍼
인쇄	화인페이퍼
ISBN	979-11-85661-42-1 03300

* 파본은 바꾸어 드립니다.
* 이 책의 국립중앙도서관 출판사도서목록(CIP)은 e-CIP홈페이지(http://www.nl.go.kr/ecip)와 국가자료공동목록시스템(http://www.nl.go.kr/kolisent)에서 이용하실 수 있습니다.
 (CIP제어번호: 2018012088)
* 이 책의 전부 또는 일부를 인용하려면 반드시 출처(한국국제문화교류진흥원)를 밝혀주시기 바랍니다.